La France et la déclaration Balfour

Philippe Prévost

La France et la déclaration Balfour

Préface de Christophe Oberlin

Encre d'Orient

ERICKBONNIER

Du même auteur

– *La France et la tragédie palestinienne, retour sur les accords Sykes-Picot*, préfacé par Christophe Oberlin (Erick Bonnier éditions, collection Encre d'Orient, 2012).

– *L' Église et le ralliement: histoire d' une crise 1892-2000* (C.E.C., 2010).

– *La condamnation de l'Action française* (Librairie canadienne, 2009).

Maquette : Farida Jeannet

EAN : 9782367601212
Dépôt légal : février 2018
Imprimé en France par ISIPrint

À mon beau-père qui aurait tant aimé
voir la Palestine libre et indépendante,

À mon épouse, Assia, trop tôt disparue,
À Fadila qui m'a redonné le goût de vivre.

La déclaration Balfour
a été l'acte de naissance de l'État d'Israël.
Ilan Greilsammer, 4 novembre 2016 sur Judaïques FM

Table des sigles

AE : Affaires étrangères (archives de Paris)

AE Nantes : Affaires étrangères (archives de Nantes)

JO : *Journal officiel*

Préface

Si l'on posait la question aujourd'hui : « À quand remonte l'origine de l'État d'Israël ? », la réponse la plus fréquente serait probablement : « 1948 par un vote de l'Organisation des Nations unies ». Première erreur : il n'a jamais été dans les prérogatives de l'ONU de créer comme de défaire les États. 1948, c'est en réalité la *reconnaissance d'un État israélien* par l'Assemblée générale de l'ONU, rien de plus. D'autres encore, minoritaires mais de plus en plus nombreux, ceux qui ont lu, déclareraient sans doute : « les accords Sykes-Picot de 1916 entre la France et l'Angleterre ».

Philippe Prévost démontre ici que rien n'est plus faux. C'est en effet *en contradiction* avec ces accords qu'une simple lettre du cabinet britannique à un banquier anglais à la fin de l'année 1917 est à l'origine de tout. Un texte sans valeur juridique initiale, sans reconnaissance ni du Parlement britannique ni d'aucun gouvernement étranger. Mais un texte bien ficelé que les sionistes parviendront à faire mentionner en annexe, puis figurer en bonne place dans les accords qui suivront la fin de la Première Guerre mondiale, un texte dont le contenu va finir par s'imposer mot après mot dans l'histoire conflictuelle du XXe siècle. Comment a-t-on pu en arriver là ?

Philippe Prévost nous en donne les clés.

On ne peut comprendre la Palestine aujourd'hui si l'on ignore l'histoire de l'Europe. Pas celle du génocide, ni même celle du sionisme. Pour contenir la puissance allemande, il fallait la prendre en tenaille : c'est ce que fit François Ier par l'alliance franco-suédo-ottomane, alliance qui perdure jusqu'à la mort de « l'homme malade de l'Europe ». La chute de l'Empire ottoman est naturellement liée à la turquisation de l'empire aux dépens de l'arabe, à la conscription qui voit combattre des Arabes contre d'autres Arabes, à une laïcité malvenue en pays d'islam. Mais la chute de l'empire est surtout partie intégrante du projet colonial de l'Occident.

Pour les Britanniques il s'agit de consolider la route des Indes, tandis que les Arabes doivent rester dans un état de sous-développement favorable au pillage de leurs ressources naturelles et en premier lieu « les pétroles ». Et il faut aussi garder le contrôle du canal de Suez s'il s'avère un jour menacé.

Les objectifs français sont beaucoup plus mesurés. Pays vaincu, la France essaye, au prix d'une hémorragie humaine qui semble intarissable, de récupérer ses frontières d'avant 1870. Le pays tient, difficilement, en attendant l'entrée en guerre des États-Unis, voit fondre ses liquidités et emprunte à tout-va pour financer un effort de guerre titanesque, puisqu'il ne s'agit pas moins que de passer d'une guerre napoléonienne, infanterie et chevaux, à une guerre moderne avec chars et avions. On comprend que la Palestine n'est pas une priorité.

L'objectif du sionisme est la création d'un État pour les Juifs, objectif théorisé politiquement par Herzl et prophétisé d'ores et déjà comme la source d'une bataille sans merci. « Du résultat final de cette lutte entre ces deux peuples représentant deux principes contraires, dépendra le sort du monde entier », écrit Negib Azoury dès 1905[1].

Commence alors l'engrenage infernal. Comme dans certaines pièces de théâtre où l'on assiste à des scènes se déroulant simultanément dans des lieux différents, Philippe Prévost nous présente des histoires parallèles. Mais, à la différence du théâtre où chaque scène fait intervenir des personnages différents, ici l'un des personnages est toujours présent : le lobby sioniste.

1. Negib Azoury, *Le réveil de la nation arabe dans l'Asie turque*, lib. Plon, Paris, 1905.

Philippe Prévost met bien en évidence la remarquable adaptation des sionistes aux retournements du conflit mondial. La première préférence allemande (celle-ci étant supposée gagner la guerre), le passage aux Anglais dès que l'Allemagne est menacée à l'est par le surgissement bolchevique, enfin la conquête par les banques juives américaines du centre de décision des États-Unis alors que l'Angleterre frôle la banqueroute. Fondant une alliance avec l'Amérique, alliance qui tient toujours un siècle plus tard. Rien n'est négligé : l'Italie et le minuscule Vatican sont courtisés, sans difficulté pour ce dernier, dix ans après la violente séparation en France de l'Église et de l'État. Là où se joue la partie, le lobby sioniste a toujours un coup d'avance.

Au printemps 1917, tandis que la deuxième guerre de Gaza fait rage, une guerre anglaise, et alors que Lloyd George a décidé d'offrir Jérusalem aux Britanniques pour Noël, le diplomate français François Georges-Picot a compris que la partie est perdue. Pour garder la Syrie sous influence française, il s'agit désormais simplement de ne pas voir « se constituer un jour à sa porte des ennemis irréductibles ». Une bataille en retraite qui, comme souvent, va collectionner les échecs.

C'est ainsi qu'on passe des accords Sykes-Picot – la Syrie à la France, le Golfe à l'Angleterre, la Palestine internationalisée – à la déclaration Balfour avec la Palestine aux Anglais. Logique : ils viennent de s'en emparer. Pendant que l'armée française se battait sur le chemin des Dames, l'anglaise élargissait la route des Indes. Entre Sykes-Picot et Balfour, dix-huit mois d'une intense propagande sioniste anglo-américaine, alors que les gouvernements français successifs restent pris à la gorge par une guerre effroyable sur le sol français. Une gigantesque histoire de propagande et de lobbying qui réussira mieux qu'une guerre, sans tirer un coup de canon.

Une autre différence de taille avec le texte de Sykes et Picot : si le respect des droits civils et religieux des populations autochtones de Palestine est mentionné pour la première fois, les droits politiques sont absents. Ils ne seront jamais récupérés, malgré les efforts des diplomates français lors des conférences successives de Londres et de San Remo. Par contre les Juifs immigrant en Palestine continueront à conserver les droits politiques de leur pays d'origine. C'est ainsi qu'en 2017, un siècle après la déclaration Balfour, le Parlement français comporte automatiquement un député sioniste israélien. Le saviez-vous?

Ainsi donc la déclaration Balfour du 2 novembre 1917, en remettant largement en cause les accords Sykes-Picot, en les « dynamitant » selon la formule de l'auteur, prépare la voie à une massive colonisation de peuplement. Ce nouvel ouvrage de Philippe Prévost, puissamment documenté, est une magnifique leçon d'écriture de l'histoire, et aussi un livre politique d'une actualité brûlante. Il est remarquable qu'un troisième ouvrage sur un thème analogue sous la plume du même historien, fruit de nouvelles recherches basées essentiellement sur les nombreux écrits et *Mémoires* des sionistes eux-mêmes, aboutisse à des conclusions plus incisives encore que celles des deux premiers. L'histoire est en perpétuelle réécriture.

Christophe Oberlin

Introduction

1917 a été l'année charnière de la Première Guerre mondiale. Jusque-là on vivait encore dans l'ancien monde tant sur le plan politique que militaire puisque l'Europe, au bout de deux ans d'un conflit sanglant, était encore, grosso modo, celle héritée du Congrès de Vienne, tandis que la stratégie s'inspirait toujours de celle de Napoléon qui avait fait de l'infanterie la reine des batailles et de l'offensive une règle d'or.

Le 2 mars 1917, le tsar Nicolas II abdiquait en faveur de son frère, le Grand-Duc Michel qui, devant l'opposition populaire, renonça lui-même à la couronne. Le tsarisme avait vécu. Il fut remplacé par le régime provisoire de Kerensky et en octobre par le bolchevisme dont le premier souci fut de faire la paix en Allemagne.

La chute du tsarisme permit l'entrée en guerre des États-Unis le 6 avril. En effet, les juifs américains, dont l'influence était considérable, étaient très hostiles à la famille impériale et à l'orthodoxie. La disparition de l'une et l'affaiblissement de l'autre allaient transformer leur méfiance envers les pays de l'Entente, alliés de la Russie, en alliance. À terme, l'arrivée des troupes américaines en France compenserait la disparition de l'alliance russe.

Mais en attendant, il fallait tenir. Or, c'était l'époque où la guerre devint totale aussi bien sur mer que sur terre.

Sur mer, à la suite de la bataille de la Somme, la bataille la plus sanglante de la guerre, puisqu'elle fit un million deux cent mille victimes, tués, blessés et disparus dans les deux camps et dura du 24 juin au 18 novembre 1916 pour un résultat dérisoire du côté des Alliés, Guillaume II se rangea à l'avis du Grand État-major, de Ludendorff en particulier. Il décida de lancer en janvier 1917 une guerre sous-marine à outrance, c'est-à-dire qu'on ne faisait pas de différence entre navires civils et navires militaires, entre ceux des pays neutres et ceux des pays ennemis. Cette guerre avait commencé dès 1914, mais à la suite du torpillage du « Lusitania » dans lequel 1 200 personnes avaient trouvé la mort, les Allemands avaient mis une sourdine à leurs « exploits ». Le 31 janvier 1917, l'Allemagne annonçait que ses U-Boote engageaient à nouveau une guerre sans merci.

En France, l'échec de l'offensive du Chemin des Dames marquait aussi l'échec de la stratégie appliquée depuis 1914, stratégie héritée de Napoléon. Le remplacement de Nivelle par le général Pétain ne se limita pas seulement à un changement d'hommes, mais elle entraîna un bouleversement dans la stratégie. Aux gros bataillons, le nouveau commandant en chef allait substituer une guerre de chars et donner à l'aviation un rôle de premier plan. En attendant ces nouvelles armes dont il exigeait la construction massive, ainsi que l'arrivée des Américains, il fallait tenir car à l'est le front se délitait complètement.

Au milieu de tous ces bruits et de toutes ces fureurs dont la révolution d'Octobre ne fut pas la moindre, on comprendra que la lettre adressée le 2 novembre par Lord Balfour, secrétaire d'État au Foreign Office, à Lord Rothschild, soit passée pratiquement inaperçue d'autant que peu de gens, en France tout au moins, en comprirent la redoutable novation. Ils ne saisirent pas que ces quelques lignes, d'apparence anodine, étaient lourdes de conséquences. Ils crurent qu'elles s'inséraient dans la droite ligne des accords Sykes-Picot alors que le but de leurs auteurs était, au contraire, de les dynamiter, ce qu'ils réussirent parfaitement, au moins en ce qui concerne la Palestine.

N'oublions pas, en effet, que la France avait acquis en Terre sainte une position culturelle et religieuse considérable, à nulle autre pareille. Or, elle s'en est trouvée évincée à l'issue de la guerre. Il faut savoir comment et pourquoi, en n'oubliant jamais que les premières victimes de toute dette affaire furent évidemment les Palestiniens dont le pays fut donné, contre leur gré, à d'autres. Privés de droits politiques, ils furent considérés et traités comme des étrangers chez eux. Depuis un siècle, ils sont devenus des parias de l'histoire.

En Terre sainte, l'éviction de la France est donc allée de pair, comme on le verra, avec celle des Palestiniens : les droits des uns ont disparu en même temps que les droits des autres à tel point que l'on peut se demander si cette coïncidence est fortuite alors même que leurs fondements étaient plus anciens et combien plus solides que les bases de ceux qui allaient les remplacer, notamment les Anglais qui ne tirent leur légitimité que de la ruse et du mépris d'accords dûment signés l'année précédente.

Chapitre I

La politique française au Proche-Orient avant 1914

Depuis que la France est devenue une nation moderne, elle a été écartelée entre sa vocation maritime à laquelle l'appellent les quatre mers qui l'entourent et sa vocation terrienne à laquelle la condamne sa frontière du nord, dangereusement ouverte. Le premier à comprendre que cette opposition apparente pouvait devenir en réalité une force fut François Ier.

La politique monarchique

À peine sortie de la guerre de Cent Ans, la France se trouva encerclée et menacée de disparition par l'Empire des Habsbourg qui la prenait en tenaille. Le trait de génie du premier des Valois fut de répliquer à cet encerclement par un autre qui prenait Charles Quint à revers. Vaincu et fait prisonnier à Pavie en 1525, François Ier se révéla en cela meilleur diplomate que soldat. Il forma une alliance avec Gustave Vasa, roi de Suède, d'un côté et avec Soliman le Magnifique de l'autre. En 1535 étaient conclues les premières capitulations, mot qui n'a rien à voir avec l'art de la guerre mais qui dérive du bas latin *capitulatio* qui désigne un écrit ou un acte contenant plusieurs chapitres ou articles. Cela a donné en français le terme «récapituler», c'est-à-dire reprendre chapitre par chapitre.

Les capitulations de 1535 qui servirent de base et de modèle à celles qui suivirent, stipulaient que les Français vivant chez le Grand Turc pouvaient pratiquer librement leur religion, que le roi nommait des consuls pour juger les causes les opposant entre eux, sans que les juridictions locales eussent à en connaître, que dans leurs différends avec les sujets du Sultan, ils auraient le droit de disposer d'un interprète devant les tribunaux locaux... Ils étaient dispensés de corvée et libres de revenir en France. Leur sécurité était garantie et la liberté du commerce assurée. Les deux puissances s'interdisaient d'établir de nouveaux droits de douane.

Ces capitulations de 1535 donnèrent un coup de fouet au commerce provençal. La suprématie de la France au Levant devint telle qu'en 1569 Charles IX obtint de Selim II qu'il ne fût plus permis de naviguer que sous la protection du pavillon français et que ces traités ne fussent plus limités à la vie des souverains comme c'était le cas jusqu'alors.

En 1608, le sultan accorda à la France la protection des Lieux saints. Ce privilège, joint au fait qu'à partir du moment où furent signées les premières capitulations, les rois de France, par l'intermédiaire de leurs ambassadeurs à Constantinople, s'efforcèrent d'étendre leur protection aux chrétiens orientaux, en majorité orthodoxes, conféra à ce pays une situation privilégiée dans ces régions, en particulier en Palestine.

Au XVIIe et au XVIIIe siècle, la France renouvela à plusieurs reprises son alliance avec la Suède et avec la Turquie. En 1683, l'armée turque fut anéantie sous les murs de Vienne : alors commença le déclin de la Sublime Porte menacée tour à tour ou en même temps par la Russie et par l'Autriche. Les Français essayèrent de venir au secours de leur allié en rapprochant les Turcs et les Suédois. C'est ainsi que Villeneuve, ambassadeur à Constantinople, à partir de 1728, tout en conseillant l'armée turque, réussit à traiter avec les Russes et avec les Autrichiens. Il rétablit l'autorité du sultan sur les Balkans ainsi que sur la Moldavie et sur la Valachie. À son initiative, un traité d'alliance en bonne et due forme fut signé entre la Suède et la Turquie. Pour le remercier, le sultan signa de nouvelles « capitulations » en mai 1740. Ce furent les dernières. Elles restèrent en vigueur, pour l'essentiel, jusqu'à la Première Guerre mondiale[1].

La politique de la monarchie n'avait pas peur de voir loin, loin dans le temps et loin dans l'espace, pour protéger la France. Le règne de Louis XV, en raison de l'intrusion de l'opinion dans la politique étrangère, allait marquer une rupture.

La conclusion de la guerre de Sept Ans coûta à la France son empire colonial en Amérique et en Asie. Désormais elle abandonna à l'Angleterre la suprématie mondiale. Elle limita ses ambitions. Même lorsqu'eut lieu la guerre d'Indépendance qui donna naissance aux États-Unis, elle se garda bien de remettre les pieds en Amérique.

L'Égypte, substitut des rêves impériaux français

Cependant, à la fin du règne de Louis XV s'ouvrit un débat pour savoir ce qu'il conviendrait de faire en cas de désagrégation de l'Empire ottoman. L'idée s'imposa que la création d'un empire colonial en Orient pourrait compenser la perte des îles, des Antilles en particulier qui produisaient du sucre. Un parti se créa, composé de drogmans

1. Ces lignes sont extraites du livre de Ph. Prévost, *Henri Coursier, un homme d'honneur*, CEC, Paris, 2000, p. 122 et suiv.

orientalistes, comme Venture de Parades, de consuls comme Magallon, de conseillers militaires de la Sublime Porte comme le baron Tort, des ambassadeurs de France à Constantinople comme Saint-Priest ou Choiseul-Gouffier, de personnalités comme La Fayette et de ministres comme Sartine et Choiseul.

C'est surtout à l'Égypte qu'ils s'intéressèrent. Missions et voyages se succédèrent là-bas. Ce pays et plus généralement l'Orient furent mis à la mode par des récits de voyage comme celui de Volney paru en 1787, *Voyages en Égypte et en Syrie*, de Savary paru l'année suivante, Lettres d'Égypte[1].

La Révolution arrêta tout jusqu'à ce que Talleyrand, nommé ministre des Affaires étrangères, prît connaissance d'un « Essai sur les avantages à retirer de colonies nouvelles dans les circonstances présentes ». L'ancien évêque d'Autun s'était converti aux idées de Choiseul qu'il fréquentait dans sa retraite de Chanteloup.

En juillet 1797, il exposa devant ses collègues de l'Institut les avantages qu'il y aurait pour la France à posséder des colonies et spécialement l'Égypte. Il fit part de ses idées au Directoire en janvier 1798. Spéculant sur la disparition de

1. Michèle Battesti, dans *Historia*, avril 1998, p. 32 *et sq.*

l'Empire ottoman à moyen terme, il pensait que, si la partie européenne de cet Empire devait revenir à la Russie et à l'Autriche, la France pourrait revendiquer l'Égypte, la Crète et une partie de l'Égée[1].

Talleyrand présenta un rapport en ce sens le 14 février 1798 devant le Directoire dans lequel il résumait tous les avantages d'une conquête de l'Égypte. Ce pays, déclarait-il, serait une colonie qui vaudrait « *à elle seule toutes celles que la France avait perdues*[2] ». Cela vengerait les échecs de la France durant la guerre de Sept Ans en coupant la route du commerce anglais avec les Indes. Les Directeurs y virent surtout une occasion inespérée pour se débarrasser d'un jeune général dont ils craignaient les ambitions : Bonaparte.

L'expédition d'Égypte lancée en juillet 1798 obligea la Turquie, notre alliée depuis près de trois siècles, à se joindre à la coalition formée contre la France par l'Angleterre, l'Autriche et la Russie. Elle allait faire du Levant l'enjeu d'un conflit entre les grandes puissances, spécialement entre la France et l'Angleterre – la première parce qu'elle voulait consolider son influence dans cette partie de la Méditerranée, la seconde parce qu'elle refusait de se voir coupée de l'une des routes impériales.

1. B. Lugan, *Histoire de l'Égypte des origines à nos jours*, éd. du Rocher, Paris, 2002, p. 181.

2. *Ibid.*

Elle eut aussi une conséquence indirecte et imprévisible.

Pour lutter contre Bonaparte et ses soldats qui venaient de débarquer en Égypte, le sultan fit appel à des troupes venues de tout son Empire, et en particulier à des Albanais. Parmi eux se trouvait un petit fonctionnaire Mehemet-Ali qui, après avoir évincé par sa ruse et par son intelligence, tour à tour, les représentants de Constantinople, les mamelouks et les chefs du clergé, se retrouva bientôt seul à la tête de l'Égypte.

Après s'être emparé d'Alexandrie et avoir assis son pouvoir, Mehemet-Ali, à la demande de Constantinople, conquit l'Arabie, puis, de sa propre autorité, le Soudan. Appelé à son secours par son suzerain, lors de l'affaire grecque, le nouveau pacha d'Égypte fut fort mécontent de la façon dont ses troupes et sa toute récente marine furent employées et en partie anéanties. En dédommagement la Sublime Porte ne lui accorda, en 1830, que le pachalik de Candie alors qu'il aurait voulu celui de Syrie.

Qu'à cela ne tienne, en octobre 1831, son fils, Ibrahim, envahit la Syrie, mais en dépit de ses victoires, son père, devant la mise en garde des puissances, lui interdit de marcher sur Constantinople. Sa brutalité et ses maladresses entraînèrent une série de révoltes dans le pays. Profitant de l'une d'elles, la Grande-Bretagne dont la politique étrangère était remarquablement menée par Palmerston, la Russie, l'Autriche et la Prusse dont les représentants se réunirent en Angleterre, exigèrent par le traité de Londres du 15 juillet 1840 que Mehemet-Ali retirât ses troupes de Syrie.

Cette conférence, capitale, s'était tenue sans la France dont la politique semble avoir été singulièrement incohérente.

Après s'être lancée dans l'expédition d'Égypte pour couper la route des Indes, ce qui entraîna le remplacement de l'influence française à la cour de Constantinople par celle de l'Angleterre, la France, par la voix de Talleyrand, refusa de soutenir Mehemet-Ali. L'ancien évêque d'Autun écrivait à Sebastiani, notre représentant à Constantinople en 1806 : « *Laissez, pour le moment, marcher sans vous les événements dans ce pays ; c'est dans les provinces d'Europe que vous aurez quelquefois à les diriger*[1] ».

Cette contradiction politique a été aussi celle du gouvernement de Charles X qui a cherché à favoriser à la fois la cause turco-égyptienne et la cause grecque. Gilbert Sinoue pense que cette double politique n'a pas manqué

1. Gilbert Sinoué, *Le dernier pharaon*, éd. Pygmalion, Paris, 1997, p. 104.

« *de diviser l'opinion française*[1] »… alors que c'est plutôt la division de l'opinion publique française qui semble avoir été la cause de la politique incohérente de Charles X. Le roi et les ultras étaient plutôt favorables au statu quo européen et donc à l'Empire ottoman tandis que l'opinion libérale s'enthousiasma pour la cause hellène dont le soulèvement résonnait comme un écho lointain des principes révolutionnaires et en particulier du fameux « *droit des peuples à disposer d'eux-mêmes* ».

C'est une contradiction du même genre qu'on retrouve dans les rapports franco-égyptiens. En théorie tout était simple puisque Mehemet-Ali avait besoin de l'appui de la France pour conserver son empire et l'étendre à la Syrie ; la France, quant à elle, avait besoin de Mehemet-Ali pour contrebalancer l'influence anglo-russe en Orient[2]. Il existait cependant un point d'opposition entre les deux pays : le vice-roi d'Égypte rêvait d'indépendance alors que la France aurait voulu le prendre sous sa protection. Mais là n'était point la contradiction essentielle ; elle résidait dans la politique française elle-même. C'est ce qui éclata lors de la conférence de Londres en 1840.

1. *Ibid.*, p. 332.
2. *Ibid.*, p. 359.

La politique anglaise était claire. Elle acceptait que l'Égypte devînt indépendante dans l'espoir de mettre un jour la main sur cette ancienne province turque mais elle refusait de la voir en Syrie parce que l'Angleterre, Palmerston l'a dit sans ambages à Guizot, « *ne peut tolérer que la Syrie reste entre les mains d'un protégé de la France*[1] ». Et pour éviter cela, elle était prête à y mettre le prix, c'est-à-dire à aller jusqu'à la guerre.

Six semaines après avoir été nommé Premier ministre, Thiers écrivit à Cochelet, consul de France à Alexandrie, pour lui indiquer la position de son gouvernement. Sa lettre date du 18 avril 1840, donc à une époque où la coalition des quatre puissances contre Paris et Le Caire n'était pas encore officielle. Voici le passage, semble-t-il essentiel, de cette longue dépêche : « *Quand cette coalition aura été formée, l'amour-propre engagé des quatre puissances peut amener des résolutions extrêmes. La France, prête à se lever tout entière pour un intérêt sur le Rhin ou sur les Alpes, ne montrerait pas le même élan pour des événements qui se passeraient sur le Nil ; et il ne faudrait pas que le pacha crût que, pour sa cause, une guerre générale serait entamée*[2] ».

1. *Ibid.*, p. 483.
2. *Ibid.*, p. 485.

Et Thiers ajoutait : « *Il faudrait lui faire bien entendre que, s'il voulait résister à des concessions raisonnables, nous ne pourrions plus l'appuyer; et que nous ne risquerions pas notre alliance avec l'Angleterre pour soutenir des prétentions démesurées*[1] ».

Toute la politique française était résumée en ces quelques phrases à savoir que l'Orient, pourtant si proche d'elle et sur lequel elle avait des visées, ne valait pas une guerre, surtout contre l'Angleterre dont elle recherchait l'amitié.

Cela n'empêcha pas l'influence française de se développer paisiblement en Égypte pendant les décennies qui suivirent.

La modernisation du pays commencée par Mehemet-Ali, grâce à la présence d'un certain nombre de Français, fut continuée par ses successeurs, en particulier par Mohamed Saïd (1854-1863) et par Ismaïl (1863-1879). Certes les Anglais ne furent pas absents puisqu'ils construisirent la voie ferrée reliant Alexandrie au Caire mais ils ne crurent pas à la possibilité du percement de l'isthme de Suez. Ferdinand de Lesseps, avec l'aide de capitaux français, démontra le contraire. En 1869, le canal fut inauguré, donnant à l'Égypte

---

1. *Ibid.*, p. 486.

une place importante sur l'échiquier mondial, en particulier sur la route des Indes.

La première fracture du rêve : ses causes essentielles

Les premières années du règne d'Ismaïl virent un essor considérable des exportations de coton qui décuplèrent entre 1861 et 1865. Mais cet effort de modernisation et la politique expansionniste poursuivie par Ismaïl en mer Rouge et au Soudan provoquèrent, après 1870, une crise financière qui se transforma en banqueroute. En 1875, le khédive (titre donné au vice-roi d'Égypte) dut vendre ses actions du canal de Suez à l'Angleterre pour quatre millions de livres. L'année suivante la France et l'Angleterre lui imposèrent deux contrôleurs généraux des Finances. En août 1878 ces deux pays exigèrent d'Ismaïl qu'il constituât un gouvernement composé d'experts européens. Devant son refus de cette tutelle à peine déguisée, Paris et Londres demandèrent au sultan de le déposer, ce qu'il fit en juin 1879.

Il fut remplacé par son fils Tewfik, considéré par les nationalistes égyptiens comme un fantoche. Il y eut des soulèvements populaires avec à leur tête Arabi-Pacha. Le khédive dut céder et prendre Arabi comme ministre. Mais des massacres de chrétiens se produisirent à Alexandrie en juin 1882, fournissant ainsi à l'Angleterre le prétexte d'une intervention.

La Grande-Bretagne invita la France à rétablir l'ordre à ses côtés, mais à ce moment-là les républicains étaient profondément divisés. Il y avait les partisans d'une expansion coloniale afin de compenser l'humiliation de la défaite de 1870 et la diminution de prestige qui s'en était suivie ; à leur tête se trouvait Gambetta, tandis que les radicaux craignaient que ces expéditions africaines – il ne faut pas oublier que la France venait de s'installer en Tunisie l'année précédente avec le traité du Bardo – ne se révèlent être de véritables pièges et que l'Allemagne et l'Italie ne profitent de l'occasion et de l'absence de ses meilleures troupes pour l'attaquer. Le porte-parole le plus brillant de ce parti était Clemenceau.

Le 19 juillet 1882, il intervint dans le débat. Il convient de citer quelques passages de son long discours :

« *S'il y a des hommes qui sont prêts je ne dis pas à tenter une aventure, mais à jouer, sans une absolue nécessité, une partie que, pour ma part, je considérerais comme suprême, je ne suis pas de ces hommes-là (approbation sur plusieurs bancs de divers côtés).*

Si les intérêts vitaux de ce pays étaient en jeu, nous aurions à examiner quelle résolution dernière il conviendrait de prendre. Mais nous n'en sommes pas là ; il s'agit d'intérêts d'ordre particulier... (très bien !) qu'il faut peser, examiner de sang-froid. Il faut voir... si le jeu en vaut la chandelle.

Je ne veux juger des intentions de personne, mais enfin, une chose me frappe : il me semble qu'on nous pousse du côté de la Méditerranée ; il me semble qu'on cherche à nous éparpiller sur les rivages de l'Afrique ; de même qu'on a poussé l'Autriche en Herzégovine et en Bosnie, il me semble qu'on nous a poussés en Tunisie et qu'on nous pousse en Égypte.

Sur divers bancs : C'est vrai !

M. Clemenceau : J'ajoute qu'il faut prendre garde. Nous avons déjà un assez grand nombre de soldats en Afrique...

Si nous augmentons le nombre, il y a une chose à laquelle il faut songer : c'est que nous perdrons les cadres d'une armée double de celle qui sera sur la terre d'Afrique.

M. Langlois : C'est la vérité !

M. Clemenceau : C'est là une considération qui est bien de nature à nous faire réfléchir (mouvement)[1] ».

1. G. Clemenceau, séance du mercredi 19 juillet 1882, JO du 20 juillet 1882.

On trouve dans ce discours de Clemenceau la même pensée que celle exprimée par Thiers quarante-deux ans auparavant, pensée rendue plus prégnante par le fait qu'après la guerre de 1870, la France était devenue une puissance moyenne qui se sentait éminemment vulnérable sur sa frontière de l'Est, en face d'un adversaire demeuré le même : l'Allemagne de Bismarck. En face de ces périls, la France ne disposait, à cette époque en Europe, que d'un allié, allié relatif d'ailleurs : l'Angleterre, qu'il convenait donc de ne point fâcher comme l'avaient fait ressortir d'autres orateurs.

Ce discours de Clemenceau ainsi que celui qu'il prononça le 29 juillet suivant[1] exprimaient si bien les sentiments d'une partie de l'Assemblée, à gauche comme à droite, qu'on peut dire qu'ils amenèrent le gouvernement de Freycinet, homme falot, ballotté au gré d'une majorité contradictoire, à renoncer à débarquer aux côtés des Anglais, après avoir donné l'ordre à l'escadre de ne pas bombarder Alexandrie, et à abandonner ainsi, sans coup férir, la prééminence politique, économique et culturelle que la France s'était acquise dans ce pays.

1. Débats parlementaires, séance du 29 juillet 1882, JO du 30 juillet 1882.

Ainsi s'écroulait sans gloire une part du rêve de certains de faire de l'Orient un substitut de l'empire colonial perdu au traité de Paris de 1763. Il restait néanmoins la Syrie.

La Syrie, dernier lambeau du rêve français en Méditerranée

Le traité de Londres de 1840, s'il avait entraîné la reculade de la France en Égypte, n'avait pas été sans intérêt : il reconnaissait que la Palestine faisait partie intégrante de la Syrie. Or, en 1878, au congrès de Berlin, Lord Salisbury, secrétaire d'État au Foreign Office, admit que la Syrie tout entière était dans la sphère d'intérêt de la France en contrepartie de l'acceptation par ce pays de la convention passée entre la Grande-Bretagne et la Turquie à propos de Chypre.

Or, en Palestine se trouvaient les Lieux saints, en particulier ceux de la chrétienté, sur lesquels la France s'était vu reconnaître, au cours des siècles passés, un droit de protection spécial. Ce protectorat catholique, que les rois de France ont exercé en leur qualité « d'évêques du dehors » et en s'appuyant sur les « Capitulations » signées entre la Sublime Porte et eux, reçut une première base légale grâce à un « firman » du sultan de juillet-août 1757. Ce firman fut conforté par ce qu'on a appelé les « firmans du statu quo » de mars 1852 et de mai 1853. Ils donnaient à la France une situation privilégiée, c'est-à-dire un droit d'intervention dans les Lieux saints dont ne disposait aucune autre puissance[1].

Ce fut précisément un incident entre religieux catholiques, protégés de la France, et moines orthodoxes, protégés de la Russie, qui fut le prétexte de la rupture entre les deux pays et l'occasion de la guerre de Crimée qui coûta à la France cent mille morts[2].

Au traité de Paris en 1856, ces avantages accordés par la Sublime Porte à la France devinrent des droits internationaux, droits confortés par le paragraphe 7 de l'article 62 du traité de Berlin de 1878 qui stipulait que les droits acquis à la France sont expressément réservés et il est bien entendu qu'aucune atteinte ne saurait être portée au « statu quo » dans les Lieux saints.

Comme le disait Flandin à la tribune du Sénat le 5 avril 1921 : « *Ces droits, je n'ai pas besoin de vous les rappeler, à*

1. AE, Guerre 1914-1918, Turquie, vol. 882, 23 janvier 1918, « Notice sur les Lieux saints de Palestine ».

2. Il faut bien écrire « prétexte », car la véritable raison de cette guerre fut le désir de la France et de l'Angleterre de défendre le sultan en face des appétits russes.

15 Intervention d'Étienne Flandin – 2e séance du 5 avril 1921 du Sénat, JO du mercredi 6 avril 1921.

aucune époque de son histoire, la France n'en a consenti ni l'abdication ni l'amoindrissement.

La Terreur qui confisquait les biens du clergé, qui envoyait les prêtres à l'échafaud, n'a pas gardé moins jalousement que l'ancienne monarchie les droits de la France sur les Lieux saints (très bien ! très bien !). Tous les gouvernements qui se sont succédé dans ce pays : le Comité de salut public, le Directoire, le Consulat, le Premier Empire, la Restauration, le Second Empire, la Troisième République (applaudissements), si dissemblables qu'ils fussent dans leurs origines et dans leurs conceptions politiques, ont à cet égard immuablement appliqué les mêmes principes. Au congrès de Berlin, la France, au lendemain des désastres de 1870, la France vaincue qui avait contre elle et Bismarck et Gortchakow et Beaconfield n'en a pas moins fait maintenir expressément l'influence prépondérante qu'elle exerçait à Jérusalem (marques d'approbation sur de nombreux bancs)[1] ».

C'est, sans doute, par égard pour la constance de cette politique, que la Sacrée Congrégation de la Propagande stipula dans une circulaire de 1888, *Aspera rerum*, qu'il appartenait à la France, et à la France seule, de protéger les

1. Intervention d'Étienne Flandin – 2e séance du 5 avril 1921 du Sénat, JO du mercredi 6 avril 1921.

religieux latins quelle que soit la nationalité à laquelle ils appartinssent.

Depuis 1870, les œuvres catholiques françaises s'étaient considérablement développées dans tout le Proche-Orient à tel point que celles-ci représentaient 70 % des œuvres étrangères alors que les anglaises ne représentaient que 10 %. Dans toutes ces régions dominées par la Turquie plus de cent mille élèves fréquentaient les écoles françaises, pour l'essentiel religieuses[1].

Un journaliste italien écrivit dans *La Stampa* que les agents les plus utiles de notre influence ne sont pas nos consuls, nos financiers ou nos ingénieurs, mais bien « *les prêtres et les moines, que la France a dépouillés et chassés*[2] ». Il pressait l'Italie de faire de même, en utilisant les congrégations comme moyen de pénétration.

La prééminence économique et culturelle de la France en Syrie, Syrie du Nord et Syrie du Sud, était si évidente qu'en 1912, Poincaré, ministre des Affaires étrangères à l'époque, avait obtenu que l'Angleterre reconnût cette primauté dans ce pays. Cinq télégrammes furent échangés

---

1. Quatre-vingt-quinze mille élèves étaient dans les écoles religieuses françaises et 6000 dans celles de la mission laïque.
2. *L'Asie française*, avril 1914.

entre Paul Cambon, ambassadeur de France à Londres, et Sir Edward Grey, secrétaire du Foreign Office, du 5 au 10 décembre 1912. Ils affirmèrent que l'Angleterre se désintéressait de la Syrie[1].

Et le 21 décembre 1912 Poincaré déclarait devant la Haute Assemblée : « *Je n'ai pas besoin de dire au Sénat qu'au Liban et en Syrie, notamment, nous avons des intérêts traditionnels et que nous entendons faire respecter.* [...] *Le gouvernement anglais nous a formellement déclaré qu'il n'avait dans ces régions ni intention d'agir, ni desseins, ni aspirations politiques d'aucune sorte*[2] ».

Néanmoins les engagements pris par Sir Edward Grey devaient être nuancés.

Sir Mark Sykes, député à la Chambre des Communes et spécialiste de l'Orient où il avait beaucoup voyagé, se plaignit des assurances données à la France en décembre 1912. Il prétendit que les financiers français et la construction de réseaux ferrés menaçaient l'Empire ottoman.

---

1. *L'Asie française*, avril 1920.

2. AE, Guerre 1914-1918, Turquie, vol. 870, 4 octobre 1915 – Chambre de commerce de Périgueux, Rapport de M. Decoux-Lagoutte sur « la question de Syrie ». Cf. aussi A Paix, vol. 174, extrait du procès-verbal de la séance du Sénat du 21 décembre 1912.

Grey lui répondit que les assurances données à la France n'avaient rien à voir avec cette affaire. Reconnaissant que la France avait des intérêts depuis longtemps dans cette région, il déclara notamment : « *Nous embarquer dans l'entreprise d'essayer de transformer la Syrie en une sphère d'influence britannique aurait été une politique inamicale envers les intérêts économiques français existants. Mais de pareils desseins auraient été beaucoup plus inamicaux encore à l'égard de la Turquie elle-même. C'est pour cette raison que j'ai donné le démenti le plus net*[1] ».

Autrement dit, ces garanties valaient surtout dans le cadre de l'intégrité territoriale de l'Empire ottoman mais qu'en serait-il si celle-ci venait à disparaître ? Autrement dit, Sir Edward Grey s'engageait pour le présent mais non pour l'avenir.

Quant au fameux protectorat catholique sur lequel la France fondait une partie de son argumentation pour revendiquer la Palestine, il avait été passablement mis à mal par la politique antireligieuse menée par la IIIe République depuis 1880 mais surtout par la rupture de ses relations avec le Saint-Siège en 1904 et par l'abolition du Concordat et la séparation des Églises et de l'État en 1905.

---

1. *L'Asie française*, mars 1914.

Comme le disait Georges Leygues à la tribune de l'Assemblée nationale le 11 mars 1914 : « *Dans le temps où nous rompions nos liens avec le Saint-Siège et où nous commettions l'imprudence de laisser notre politique intérieure influencer notre politique extérieure, l'Italie faisait aussitôt une politique d'accord et de déférence à l'égard du Vatican et se préparait à recueillir le patrimoine traditionnel que nous semblions ne plus vouloir conserver. (Très bien ! Très bien !)*

L'Italie est une grande puissance politique : elle sait ce que vaut la clientèle catholique et elle veut devenir une grande puissance religieuse, espérant ainsi substituer son influence à la nôtre dans des régions où, il y a peu d'années, notre prestige et notre autorité n'étaient pas contestés.

L'Italie est dans son rôle : elle joue la partie au grand jour... Il s'agit de savoir si notre diplomatie est sans reproche[1] ».

François Deloncle avait fustigé dans la séance de la veille la politique de dupe que le gouvernement français avait menée lorsqu'il avait passé avec ce pays les accords des 30 et 31 août 1905, « *aux termes desquels nous acceptions*

---

1. Georges Leygues, séance du 11 mars 1914, JO du 12 mars 1914.

que les missions jusqu'alors séculairement protégées par nous, passent au protectorat italien au moment où elles établiraient qu'elles sont en majorité composées de nationaux italiens[1] ». C'était travailler à terme à l'extinction de ce protectorat puisque la politique anticléricale tarissait les vocations religieuses en France même.

Ce député, qui se proclamait libre penseur, fustigea aussi la rupture totale avec le Vatican. Depuis 1904, l'ambassade à Rome-Quirinal entretenait des rapports officieux avec les diverses congrégations. Ainsi se faisaient « *nos petites commissions. M. Barrère s'y prêtait bien volontiers. Il était le premier à prier tel ou tel cardinal de demander au Saint-Siège telle ou telle nomination en Syrie ou à Constantinople*[2] ». Mais Poincaré, lorsqu'il devint ministre des Affaires étrangères, le pria « *de ne plus s'intéresser aux affaires du Vatican*[3] »…

À cela s'ajoutèrent des mesures vexatoires. La circulaire Baudin prévoyait que le Vendredi saint le pavillon français devait être mis en berne, comme celui des autres nations, jusqu'à ce que le cabinet Doumergue annulât cette circulaire et interdît à nos navires cette manifestation de

1. Fr. Deloncle, séance du 10 mars 1914, JO du 11 mars 1914.
2. *Ibid.*
3. *Ibid.*

courtoisie internationale. Pourtant, remarquait Deloncle, «*lors du mevloud* sic], *c'est-à-dire de la fête de la naissance de Mahomet, il n'est pas de bateau ancré dans un port ottoman qui ne mette ses drapeaux en pavois, et le jour de la mort du prophète, tous les drapeaux sont en berne. C'est très naturel. Et si vous allez au Siam et si vous allez en Chine, c'est tantôt pour Bouddha* sic], *tantôt pour Confucius, tantôt pour quelque autre que ces manifestations se produisent. C'est très naturel. C'est l'abc de la politesse internationale. Et pourtant, on en a fait une question d'État*[1] ».

Deloncle ajoutait qu'« *il est très naturel qu'à la suite de ces aventures la population locale considère que nous n'existions plus*[2] ». Ainsi s'expliquait qu'à Jérusalem le « *Domine salvum fac rempublicam* » ait été remplacé par le « *Domine salvum fac regem Emmanuelem* », contrairement à ce qui se chantait depuis 1513.

« *Vous ne vous doutez pas de l'importance de la question... Mais c'est toute une transformation de l'Orient, c'est l'ouverture d'une ère nouvelle qui ne s'annonce précisément pas favorable à la France*[3] ! »

François Deloncle cita encore l'affaire de Jaffa. « *Depuis des siècles toutes les fois que notre escadre fait une croisière*

1. *Ibid.*
2. *Ibid.*
3. *Ibid.*

en Orient, elle s'arrête à Jaffa[1] ». On le lui interdit pour éviter que les marins n'aillent en délégation au Saint-Sépulcre – … « *alors je comprends le cri du cardinal Gotti de la Propagande :* « *comment voulez-vous que nous continuions à aider une nation qui s'abandonne ainsi ? Il est très beau de venir dire à la tribune : Nous avons sauvé la Syrie, nos intérêts sont sauvegardés et nous sommes là, nous plus particulièrement pour veiller à ce que la tradition soit respectée et que la politique française ait une continuité d'action ! et puis quand il s'agit de marquer d'un seul fait, par la présence de notre pavillon, la continuité de cette action, le respect des vieilles traditions, des traditions presque cinq fois séculaires, il n'y a plus de conseils des ministres*[2]. »

Malgré tout, ajoutait François Deloncle, le Saint-Siège tient bon … en face des appétits italiens et allemands qui connaissaient l'importance morale, politique et économique que valait à la France son protectorat en Orient. À Rome, Sonnino et Sacchi, bien qu'anticléricaux l'un et l'autre, savaient faire taire leur idéologie dans l'intérêt même de leur pays tandis qu'à Paris les Ranc, les Pressensé, les Reinach, les Jaurès applaudissaient lorsqu'une menace pesait sur le patrimoine de la France. « *Vous voulez* « *nous* »

1. *Ibid.*
2. *Ibid.* C'est en effet en Conseil des ministres qu'il avait été décidé de ne pas faire mouiller l'escadre à Jaffa.

ôter les missions de la Chine ? Vous dites que l'on convoite « notre » protectorat moral de Syrie ? Eh ! qu'on les prenne, qu'on les emporte et qu'il n'en reste plus rien[1] » ! Ainsi parlaient ceux qui dirigeaient en fait les gouvernements successifs de la IIIe République avant 1914.

Ils oubliaient aussi qu'à côté de l'Italie l'Angleterre avait des visées sur la grande Syrie qui, rappelons-le, allait du haut de la presqu'île arabique jusqu'au Taunus et de la Méditerranée jusqu'au golfe persique. Depuis la crise de Taba en 1906, la Grande-Bretagne avait des inquiétudes pour la sécurité du canal de Suez. « *Dès 1907, les stratèges britanniques jugent que la Palestine doit être intégrée d'une manière ou d'une autre au système de défense de l'empire. Ils projettent, en cas de guerre avec les Ottomans, un débarquement en Syrie accompagné d'une révolte arabe. Avec l'arrivée de Kitchener au Caire en 1911, ils s'intéressent aux manifestations d'autonomisme arabe*[2] ».

•••••

On constate donc qu'à la veille de la guerre, le protectorat catholique de la France était très affaibli et le rêve

1. Ch. Maurras, *La politique religieuse* dans *La Démocratie religieuse*, Nouvelles éditions latines, Paris, p. 330.

2. H. Laurens *L'Orient arabe, arabisme et islamisme de 1798 à 1945*, A. Colin, Paris 2000, p. 115.

syrien bien écorné. Ils n'avaient cependant pas disparu. Il ne dépendait que de nos dirigeants de leur redonner vie et de les défendre même si la situation devenait chaque jour plus compliquée car deux nationalismes commençaient à se faire jour : un nationalisme arabe et un nationalisme juif.

Chapitre II

La Renaissance du nationalisme arabo-palestinien

Comme l'a écrit Charles Saint-Prot : « *les Arabes sont un peuple, une langue, un territoire et une civilisation*[1] ». Ce peuple et cette civilisation ont même brillé d'un vif éclat au Moyen Âge en mathématiques, en astronomie, en médecine, en littérature, en musique et en architecture, passé glorieux qui contrastait avec la situation telle qu'elle existait au XIXe et au début du XXe siècle. Dès lors comment les Arabes n'auraient-ils pas imputé cette décadence aux Turcs qui les colonisaient depuis 1516 ? « *Dans ces conditions le réveil arabe était inéluctable*[2] ». Il commença avec la Nahda au XIXe siècle, prit une tournure politique dans les années 1880 et un tour franchement nationaliste après les espoirs avortés de la révolution jeune-turque en 1908.

---

1. Ch. Saint-Prot, *Le mouvement national arabe. Émergence et maturation du nationalisme arabe de la Nahda au Baas*, éd Élipses, Paris 2013, p. 11.
2. *Ibid.*, p. 16.

La renaissance littéraire

Comme l'a écrit Negib Azoury, personnage dont nous parlerons plus tard, les nations européennes, africaines ou asiatiques ne sont restées soumises aux Turcs « *que parce qu'on les a abruties par la misère et l'ignorance. On leur a enlevé tout moyen de s'instruire et de prospérer*[1] ».

On ne s'étonnera pas si le premier acte de la renaissance arabe commença par l'enseignement. La langue arabe avait longtemps été négligée pour ne pas dire étouffée par les Turcs. À l'initiative des missionnaires français, imités bientôt par les missionnaires protestants, les pays arabes se couvrirent d'écoles et de pensionnats.

« *Il est très peu de villages chrétiens en Orient qui ne possèdent une école catholique ou protestante ou même deux ou trois de chaque culte... Ainsi, c'est grâce à l'action de la France qu'il y a aujourd'hui des gens instruits et éclairés parmi nous et que nous avons pris conscience de notre nationalité*[2] ». Il faut préciser que ces écoles étaient ouvertes à tous, aussi bien aux musulmans qu'aux chrétiens.

---

1. Negib Azoury, *Le réveil de la Nation arabe dans l'Asie turque*, lib. Plon, Paris 1905 ; p. 209-210.
2. *Ibid.*, p. 111.

Ces missionnaires n'enseignaient pas seulement leur propre langue, ils ont surtout «*donné un essor nouveau et inconnu à l'étude de la littérature arabe, et d'illustres écrivains contemporains sont nés de l'enseignement des Jésuites et des ministres américains... C'est pourquoi, le nom de la France est béni par tout l'Orient, aussi bien par les catholiques auxquels s'adressent particulièrement ses bienfaits, que par les orthodoxes et les musulmans, lesquels en ont bénéficié indirectement*[1]».

Ainsi, «*le combat pour la langue arabe, symbole même de l'identité, fut au centre des activités des représentants du jeune mouvement national. Ce combat était d'autant plus indispensable que depuis 1839, année marquant le début des réformes ottomanes, connues sous le nom de «Tanzimat», le turc s'était progressivement imposé dans l'administration et les écoles de l'empire et il allait devenir obligatoire dans la vie administrative, politique et économique*[2]».

Cette renaissance de la langue commença en Égypte avec le cheikh Tahtawi. Ce fondateur de la «Nahda» s'était rendu à plusieurs reprises en France entre 1826 et 1831. Il publia en 1834 «L'Or de Paris» «*qui est considéré comme*

1. *Ibid.*, p. 112.
2. Ch. Saint-Prot, *op. cit.*, p. 25-26.

l'acte fondateur de la "Nahda" et dans lequel il décrit avec admiration les mœurs, les institutions, les lois et la culture françaises dont il invitait à s'inspirer pour en tirer les éléments d'une modernisation compatible avec l'Islam[1] ».

Par la suite, beaucoup de ceux qui allaient travailler à la renaissance de l'arabe furent des chrétiens comme l'écrivain Nassif el Yazigi, originaire de Homs, qui «*entreprit de redonner tout son lustre à la langue et à la littérature arabe*[2]». Ils ne furent pas les seuls. Des musulmans rejoignirent leur combat. Le plus connu est le théologien-philosophe Kawakibi qui fit le lien entre ce réveil littéraire dont on vient de parler et le réveil politique.

La renaissance politique

C'est à partir des années 1875-1880 que la Nahda prit un tour plus politique grâce à la diffusion des publications de ses partisans dues aux progrès de l'imprimerie. Toute une génération avait pris conscience de leur retard en comparaison avec l'Occident et des humiliations infligées par les Turcs. Après la suspension de la constitution ottomane en 1876, les autonomistes arabes se regroupèrent. «*Ainsi, en*

1. *Ibid.*, p. 26.
2. *Ibid.*, p. 27.

1877, des notables de Beyrouth, de Damas, de Saïda, des régions chiites du Sud-Liban, se réunirent à Damas pour décider de proclamer un État arabe syrien[1] »... qui aurait été dirigé par l'émir Abd-El-Kader. Les Turcs arrêtèrent les meneurs et l'affaire en resta là.

Mais « *quelques années plus tard un groupe de jeunes Arabes forma la société pour la défense des droits du Milleh arabe... dont le programme prévoyait une coopération des Arabes musulmans et chrétiens pour arracher l'indépendance aux Turcs*[2] ».

Au même moment des libelles nationalistes furent placardés à Damas et par la suite à Beyrouth, à Homs et à Bagdad. Ces libelles réclamaient l'autonomie pour la Syrie.

D'autres placards émanant d'un « Comité exécutif » exigeaient l'indépendance en commun avec nos frères libanais..., l'emploi de l'arabe comme langue officielle et la liberté complète de la pensée et de la presse[3]. Ainsi, peu à peu les Arabes retrouvèrent- ils une conscience patriotique. Un poète Ibrahim El Yazigi créa son chant « *Arabes réveillez-vous !* » qui devint l'hymne national des Arabes tandis

1. *Ibid.*, p. 30-31.
2. *Ibid.*, p. 31.11.
3. *Ibid.*, p. 33.

que Chekri Ghanem, nationaliste ardent, faisait jouer à l'Odéon à Paris, une pièce en faveur d'un héros populaire arabe.

Mais ce fut surtout Kawakibi, fondateur du premier journal d'Alep *Al Chahba* « *qui s'opposa vigoureusement à l'Empire ottoman, cause selon lui du déclin de l'Islam et de l'oppression des Arabes*[1] ». Son journal fut bientôt interdit et lui-même dut s'exiler en Égypte où il rallia le groupe des réformistes musulmans. Il écrivit dans la revue *Al Manar* en s'en prenant au conservatisme religieux accusé d'entretenir l'ignorance et le despotisme. Dans ses livres il appelait de ses vœux un Islam ouvert et à une séparation du califat, chargé d'administrer les lieux saints, et de la politique. Ce califat, selon lui, ne pouvait être qu'arabe.

« *L'apport essentiel de Kawakibi est le lien qu'il a établi entre le réformisme islamique et le jeune nationalisme arabe en démontrant que non seulement l'un et l'autre ne s'opposent pas mais, au contraire, se complètent. Après la Seconde Guerre mondiale, Nasser et les penseurs du Baas, notamment Michel Afflak, ne diront pas autre chose*[2] ».

1. *Ibid.*, p. 35.
2. *Ibid.*, p. 37.

Les services secrets turcs se débarrassèrent de lui dans un café du Caire en 1902. Avec lui, «*l'idée de l'unité arabe était sortie du cadre purement culturel pour aborder le champ politique*[1] ».

L'assassinat de Kawakibi montra que la Porte n'hésiterait plus à lutter férocement contre les nationalistes arabes. De nombreux étudiants et des intellectuels se réfugièrent donc à Paris. Parmi eux se détache la figure de Negib Azoury qui fut «*le premier instigateur d'un mouvement de libération arabe en France*[2] ».

Negib Azoury fut en effet une grande figure du mouvement national arabe chrétien. Syro-libanais, Azoury avait été un fonctionnaire turc à Jérusalem mais écœuré par la concussion et la brutalité de ses supérieurs hiérarchiques, il démissionna et vint s'installer en France. C'est là qu'il fonda «la ligue de la patrie arabe» en s'inspirant de la ligue de la patrie française créée par Maurice Barrès et Jules Lemaître le 31 décembre 1898. Un mensuel, l'*Indépendance arabe* qui parut en 1907 et 1908 exprima les idées du mouvement. Un certain nombre d'intellectuels français y collaborèrent

1. *Ibid.*, p. 38.
2. *Ibid.*, p. 41.

comme Albert Vandal, Anatole Leroy-Beaulieu, René Pinon…

Ce qui fit connaître Azoury fut son ouvrage publié en 1905 : *Le réveil de la nation arabe dans l'Asie turque.* Son auteur demandait la séparation des Arabes de l'Empire turc qu'il attaquait férocement. « *En 1905, "la ligue de la patrie arabe" lança un appel aux puissances afin qu'elles apportassent leur soutien au projet d'un empire arabe ou une* « *confédération d'États arabes* » *assurant* « *la prospérité et le bonheur de plusieurs millions d'hommes* » *et qui mette fin* « *à la corruption et à l'oppression des fonctionnaires turcs et ferait renaître l'antique civilisation qui a illustré l'Arabie au Moyen Âge*[1] ».

Dans son ouvrage Negib Azoury cite toute une série d'exemples de la manière dont les autorités s'efforçaient de rendre la vie de ses compatriotes la plus difficile possible. Le gouvernement turc s'ingéniait, écrivait Azoury, « *à confier les gouvernements des provinces et tous les postes dirigeants à des hommes ignorants, grossiers et sans aveu, ramassés dans la domesticité du palais ou dans les cuisines des favoris et à les laisser gouverner l'empire de la façon*

1. *Ibid.*, p. 42.

la plus vénale, la plus arbitraire et la plus abusive[1] ». Ayant acheté leurs postes très cher, ces personnages, fort mal payés au demeurant, devaient pressurer les populations placées sous leurs ordres pour rentrer dans leurs frais et se constituer, si possible, un bon pécule. Azoury en fournit quelques exemples[2] ».

Il traça aussi le programme de sa ligue : « *elle veut, avant tout, séparer dans l'intérêt de l'Islam, et de la nation arabe, le pouvoir civil d'avec le pouvoir religieux... la forme du gouvernement sera un Sultanat constitutionnel basé sur la liberté de tous les cultes et l'égalité de tous les citoyens devant la loi. Elle respectera les intérêts de l'Europe, toutes les concessions et tous les privilèges qui lui ont été accordés par les Turcs jusqu'à ce jour... Elle offre le trône de l'empire arabe au prince de la famille Khédiviale d'Égypte ...*

"La Patrie arabe" offre aussi le califat religieux universel, sur tout l'Islam, au Cherif (descendant du prophète) qui embrassera son parti et se consacrera à cette œuvre[3] ».

Il semble cependant que l'influence de Negib Azoury, qui était passionnément francophile, et de sa ligue ait été très limitée et donc tout à fait incapable de remplir ce vaste programme d'autant qu'en 1908 se produisit la révolution des Jeunes Turcs qui allait bouleverser la donne.

1. N. Azoury, *op. cit.*, p. 221-222.
2. *Ibid.*, p. 221 et suiv.
3. *Ibid.*, p. 245-246.

La renaissance nationale

La révolution des Jeunes Turcs en 1908 souleva un immense espoir. Ceux-ci rétablirent la constitution abolie par Abdul-Hamid en 1876. Ils firent élire une nouvelle chambre mais les désillusions ne tardèrent pas, d'abord par ce que les Arabes qui constituaient la moitié de la population de l'empire n'avaient que 65 députés sur 240, 4 sénateurs sur 40 et 2 gouverneurs généraux sur 24 mais surtout parce que les nouveaux dirigeants mirent en place « *une politique de « turquification » à outrance, en particulier en exigeant que le turc fût la langue d'enseignement dans toutes les écoles publiques de l'empire. L'affichage d'un ethnocentrisme turc sans mesure fut parmi les facteurs qui stimulèrent une intensification du sentiment nationaliste arabe*[1] ».

Les jeunes-turcs, appuyés par la Franc-maçonnerie européenne refusèrent tout dialogue avec les représentants des autres nationalités de l'empire. « *L'espoir d'une évolution du sort des régions arabes dans le giron ottoman s'effondrait*[2] ». Il ne restait plus aux Arabes qu'à lutter.

1. Ch. Saint-Prot, *op. cit.*, p. 47.
2. *Ibid.*

En 1909 furent fondées des sociétés destinées à défendre leurs intérêts. La plus intéressante fut la «Ligue de la jeunesse arabe» créée en France en 1909 après le «Comité central pour la Syrie» fondé lui aussi à Paris à la fin de 1908 par les frères Moutran. «La ligue de la jeunesse arabe», composée d'intellectuels et d'étudiants originaires de Syrie, du Liban, de Palestine et d'Irak «*allait être celle qui jouerait un rôle déterminant*[1]» dans la prise de conscience nationale des Arabes. La même année une association composée d'officiers et de notables appelée Pacte vit le jour à Constantinople.

En 1912, des Syriens réfugiés en Égypte constituèrent le parti ottoman de la décentralisation administrative afin d'exiger de profondes réformes administratives, une politique de décentralisation et la reconnaissance de l'arabe comme langue officielle et comme langue d'enseignement. Le parti de la décentralisation était en lien étroit avec le «Comité des réformes» de Beyrouth.

Les relations entre Arabes et Turcs devinrent de plus en plus mauvaises à tel point qu'un député de Bassora évoqua dans une lettre au chérif Hussein de La Mecque le 3 janvier 1911 la possibilité d'une rupture avec les Turcs:

1. *Ibid.*

«Les ennemis de notre langue et de notre nation ont déclaré que nous, Arabes, si nous n'agissions pas suivant leurs volontés et leurs injonctions, ils nous pendraient aux bois des échafauds comme des moutons à l'abattoir.

Tous les députés arabes, Monseigneur, vous soutiennent avec la force de leur parole et de leur cœur… Nous sommes prêts à nous soulever avec vous, si vous vouliez secouer le joug qui pèse sur les Arabes et les délivrer de la tyrannie et de l'esclavage[1] ».

Voilà des paroles qui ne seront pas sans lendemain comme on le verra par la suite.

Après les guerres balkaniques et le conflit avec l'Italie d'où la Turquie sortit affaiblie, une proclamation attribuée à la société «al Ahd» montra que le point de rupture était atteint entre Turcs et Arabes: «*Nous sommes à la veille de la grande révolte…*

Des réformes désormais sur la base de la décentralisation nous n'en voulons plus.

Notre réforme désormais c'est de faire renaître notre gloire passée.

Notre programme est le suivant: un État arabe indépendant[2] ».

1. *Ibid.*, p. 51.
2. *Ibid.*, p. 53.

Le coup d'État de janvier 1913 qui élimina l'aile la plus libérale des Jeunes Turcs au profit de la fraction la plus radicale montra aux Arabes qu'il n'y avait plus rien à attendre, que « *le temps était venu de rassembler les forces éparses du mouvement arabe pour lui permettre de faire entendre sa voix au grand jour. C'est alors que les militants décidèrent de réunir un premier congrès arabe... Encouragé par le Groupe* « *al Fatat* », *le choix se porta naturellement sur Paris où les étudiants et intellectuels arabes étaient les plus nombreux, les mieux organisés et bénéficiaient d'un certain nombre de sympathies*[1] ».

Il faut noter que le « Comité Union et Progrès », fondé à Istanbul à la fin des années 1880 et puissant à Salonique où il avait de nombreuses complicités dans la franc-maçonnerie, avait organisé aussi son premier congrès à Paris en 1902. Le congrès arabe de 1913 ne faisait que suivre, à dix ans de distance, ce qu'avaient fait leurs pires ennemis. Cette coïncidence montre l'influence que la France avait dans la région quels que soient les partis.

Le 17 avril 1913, un comité préparatoire se réunit pour élaborer un programme et lancer des invitations, curieusement Nagib Azoury fut « oublié » bien que les délégués

1. *Ibid.*, p. 54.

chrétiens fussent aussi nombreux que les musulmans afin de bien montrer que le confessionnalisme était exclu du mouvement national arabe. Le congrès s'ouvrit le 18 juin 1913. Le 21 juin les délégués adoptaient des résolutions très modérées afin de ne pas mettre dans l'embarras le gouvernement français. Celles-ci demandaient des réformes mais pas l'indépendance. Une délégation fut ensuite reçue par Stephen Pichon, titulaire du Quai d'Orsay à ce moment-là. De leur côté les « Jeunes Turcs » envoyèrent le secrétaire général de leur parti afin de « *rencontrer les chefs de file du mouvement arabe. Lors de la réunion, les deux parties s'entendirent sur un certain nombre de points relatifs à l'usage de la langue arabe, l'enseignement et le rôle des Arabes dans l'administration de l'empire*[1] ».

À leur retour trois délégués « *furent reçus, à la demande de la France, par les autorités de Constantinople auxquelles ils présentèrent les motions votées par le congrès de Paris*[2] ». Des négociations s'engagèrent. Elles aboutirent à un protocole qui reprenait, a minima, les demandes faites par les Arabes. En fait, aucune promesse ne fut tenue par le gouvernement des « Jeunes Turcs » qui était bien décidé à turquiser à toute force leur pays. Dans ces conditions, le

1. *Ibid.*, p. 63.
2. *Ibid.*, p. 64.

mécontentement arabe alla en grandissant. Désormais, les nationalistes avaient la conviction que l'empire ne se reformerait pas. Une agence de presse française pouvait noter à la mi-novembre 1913 : « *La population de Syrie est unanime à espérer sa séparation de la Turquie*[1]. »

De son côté, la France, qui avait toujours des visées sur la Syrie, constatant que l'Angleterre avait annexé une partie de la presqu'île arabique, Bahreïn, le Koweït, s'entendit avec l'Allemagne qui construisait le « Bagdadbahn » pour préempter au moins sur le papier, une bonne partie de la Syrie en abandonnant à cette dernière les régions septentrionales (Alexandrette, Antioche, Alep). Ce fut l'accord du 14 février 1914.

•••••

On constate donc que durant toute cette période qui va de 1875 à 1914, la France a disposé d'atouts de premier plan pour s'installer dans la Syrie d'alors. « *Hélas, face à l'activisme de Berlin et au jeu britannique, l'État républicain, enfermé dans de sordides calculs de politique intérieure, sans vision à long terme et sans continuité, prisonnier de slogans idéologiques et affligé d'une classe de politiciens*

1. *Ibid.*, p. 65.

médiocres, était, à l'instar de tous les faibles, saisi de frayeur à l'idée de tout changement[1] ». En clair, disons que les dirigeants républicains, occupés par la lutte contre l'Église, n'avaient ni le temps ni le goût de s'occuper des intérêts de la France. La victoire des Jeunes Turcs « *affichant des opinions laïques et franc-maçonnes*[2] », renforça leur sympathie envers la Turquie et leur fit négliger la cause arabe qu'ils auraient dû défendre au nom du droit des peuples à disposer d'eux-mêmes. Il est vrai qu'au même moment naissait un nationalisme beaucoup plus dangereux : le nationalisme juif.

1. *Ibid.*, p. 40-41.
2. *Ibid.*, p. 41.

Chapitre III

À l'origine du sionisme politique

Lors de la Révolution française, deux thèses s'affrontèrent au sujet des juifs : celle de Clermont-Tonnerre qui, au nom des droits de l'Homme, déclara le 23 décembre 1789 qu' «*il faut tout refuser aux Juifs comme nation ; il faut tout leur accorder comme individus ; il faut qu'ils soient citoyens et celle de l'abbé Maury qui s'opposa à lui en disant que le mot juif n'est pas le nom d'une secte, mais d'une nation qui a ses lois, qui les a toujours suivies et qui veut encore les suivre*[1] ».

L'abbé Maury fut battu et c'était pourtant lui qui avait raison comme le prouva la suite de l'histoire.

La situation avant Herzl

C'est avec Mendelssohn, au milieu du XVIIIe, que les Juifs les plus évolués «*commencèrent à interpréter d'une façon*

---

1. Henry Laurens, *La question de Palestine – L'invention de la Terre sainte*, Fayard, Paris 1999, p. 24.

rationaliste les doctrines de leur religion : pour eux, la dispersion du peuple juif était un fait immuable et définitif[1] ».

Pour ce nouveau Juif « *le terme Sion a(vait) aussi peu de sens que le mot dispersion. Il n'estim(ait) pas être dans la Diaspora. Il ni(ait) l'existence du peuple juif, il ne (croyait) pas appartenir à ce peuple, ne voulant faire partie que du peuple au milieu duquel il (vivait). Pour lui, le judaïsme (était) une simple conception religieuse, n'ayant rien de commun avec une nationalité*[2] ». L'émancipation des Juifs en Europe alla de pair avec le triomphe du libéralisme. Toutes les professions leur furent ouvertes avec quelques restrictions cependant en Allemagne.

Dans la seconde moitié du XIXe siècle apparurent un certain nombre de gens, aussi bien chez les protestants que chez les Juifs, qui pensèrent que le rétablissement de la nation juive était souhaitable mais que cela ne pourrait se faire qu'à la fin des temps, ce qui privait ce messianisme de toute dimension politique.

Dans *Rome et Jérusalem*, livre paru en 1863, Moses Hess parla pour la première fois « des droits nationaux du

1. Max Nordau, *Écrits sionistes, Librairie Lipschutz, Paris, 1936*, p. 20.
2. *Ibid.*, p. 20-21.

peuple juif» au nom desquels «le combat national» doit être déclenché afin que s'opère la «renaissance politique» *qui permettra «la restauration de l'État juif*[1]».

Son livre fut fort mal accueilli en Allemagne où les Juifs venaient d'obtenir l'égalité des droits.

Mais, à la suite de l'assassinat d'Alexandre II, le tsar libérateur, le gouvernement russe prit en 1881 un certain nombre de mesures restrictives contre les Juifs en créant des zones de résidence, des «numerus clausus» à l'entrée des universités et dans certaines professions, en renforçant les pouvoirs de la police tandis que le peuple se livrait, avec l'encouragement des autorités, à des pogroms. Humiliations et insécurité devinrent le lot des Juifs à partir de ce moment-là.

C'est alors qu'un Juif russe, le docteur Pinsker écrivit une brochure: «*Autoémancipation "qui" contenait déjà les principes essentiels du sionisme: les Juifs ne sont pas seulement un groupement religieux, mais constituent une nation. Ils veulent s'assembler à nouveau en nation, vivre dans leur propre pays*[2]».

---

1. A. Dieckhoff, *L'invention d'une nation. Israël et la modernité politique*, Gallimard, Paris 1993, p. 39.
2. Max Nordau, *Écrits sionistes*, *op. cit.*, p. 28.

Pinsker déclarait aussi que le facteur religieux, en entretenant le mythe que la reconstruction d'Israël serait le résultat de la volonté de Yahvé, stérilisait tout effort en vue de la construction d'une société juive. Il fallait donc séparer le politique du religieux. C'est pour cela que Pinsker se refusait à sacraliser Israël. Il aurait voulu une terre quelconque où les Juifs auraient été vraiment chez eux.

« *Son livre eut un immense succès dans la jeunesse russe de l'époque. Cette jeunesse commença à fonder des sociétés nationales juives*[1] ». Beaucoup, révoltés par les conditions humiliantes dans lesquelles ils vivaient, décidèrent d'émigrer en Europe occidentale et en Amérique. C'est ainsi que trois millions de Juifs partirent aux États-Unis, au Canada ou en Argentine. « *Mais une petite minorité ne craignait pas le plus grand effort et décida de se rendre en Palestine pour y cultiver le sol ancestral*[2] ». Ce fut la première alya qui aurait échoué si elle n'avait été soutenue par les Amants de Sion en Russie et surtout par le Baron Edmond de Rothschild en France qui fournit plus de 60 millions de francs-or. Il permit de fonder Petah Tikwah, la porte de l'espoir, Rishon-el-Zion, le premier poste de Sion. Mais cette colonisation qui n'obéissait à aucun plan d'ensemble ne put jamais atteindre

1. *Ibid.*
2. *Ibid.*, p. 213.

le seuil de rentabilité. « *Ces colonies des « Hovevei-Zion » étaient des pièces de Musée, placées dans une vitrine pour être admirées des visiteurs, le sionisme politique se proposa d'en faire des instruments de la vie quotidienne*[1] ».

Herzl et l'apparition du sionisme politique

Ainsi se dégagea progressivement au XIXe siècle le sentiment national chez les Juifs, mais en Europe occidentale celui-ci était très faible. En effet, dans les années 1870, en Allemagne, en France, aux Pays-Bas et en Grande-Bretagne « *les Juifs en vinrent à penser qu'ils avaient enfin trouvé un abri sûr et qu'ils étaient acceptés*[2] ».

Mais par la suite il se produisit « *une grave crise financière et les Juifs, qui avaient joué un rôle capital dans la spéculation, en furent rendus responsables*[3] » en Allemagne. Ce fut le cas aussi en France avec le krach de l'Union générale qui était une grande banque catholique.

Surtout à, la suite du scandale de Panama dans lequel certains Juifs avaient trempé, ils n'étaient pas les seuls, les petits épargnants abusés et ruinés s'en prirent à eux.

---

1. *Ibid.*, p. 217.
2. Walter Laqueur, *Histoire du sionisme*, Gallimard, Paris 1994, p. 53.
3. Max Nordau, *Écrits sionistes*, Librairie Lipschutz, Paris, 1936, p. 20.

Ainsi s'explique en bonne partie les raisons pour lesquelles le capitaine Dreyfus, bien, qu'il ait été innocent, ait été condamné au terme d'un procès assez peu équitable : la république naissante avait besoin d'un bouc-émissaire afin de cacher ses turpitudes.

En 1894, alors qu'il se trouvait à Paris comme correspondant de la « Nouvelle presse libre » de Vienne, Herzl entendit dans les rues de la Capitale les cris de mort aux Juifs. Cela atteignit sa fierté mais surtout cela l'amena à réfléchir et à conclure que si Dreyfus, type même du Juif assimilé, était traité de la sorte dans le pays qui, le premier, avait donné des droits aux israélites et comptait parmi les nations les moins antisémites du monde, il fallait que les Juifs puissent vivre entre eux, chez eux.

Herzl rêva d'un nouveau type de Juif, d'un Juif dont il serait fier, d'un Juif qui se battrait au lieu de courber l'échine, d'un Juif qui aurait retrouvé son identité. Mais pour cela il fallait aussi qu'il retrouve sa terre !

« *La terre promise, le pays où nous pourrons nous permettre d'avoir le nez crochu, la barbe noire ou rousse, et les jambes torses, sans être pour autant méprisables. Où nous pourrons enfin vivre libres et mourir en paix sur un sol qui nous appartiendra. Où nous serons honorés suivant notre mérite ! Où nous vivrons en paix avec le monde qui aura été libéré par notre affranchissement, enrichi par notre prospérité et ennobli par notre grandeur.*

Ainsi «Juif», qui est aujourd'hui un terme d'opprobre, deviendra un terme de noblesse[1] »…

C'est à, Paris, à l'hôtel de Castille, 37 rue Cambon, qu'Herzl écrivit l'*État juif* en français mais n'ayant pas trouvé d'éditeur, il le publia en allemand[2]. Il le présenta probablement en français au baron de Rothschild et ensuite au grand rabbin Zadoc Kahn mais sans succès, semble-t-il[3]. C'est alors qu'il le traduisit dans sa langue maternelle sous le titre *Der Judenstaat* et c'est à partir de ce nouveau livre que le texte parut très rapidement en France dans la *Nouvelle revue internationale*. «*Drumond fut l'un des rares à reconnaître sa valeur*[4] ».

Avec l'affaire Dreyfus Herzl partit du constat que l'assimilation avait échoué car tous les peuples chez qui les Juifs habitaient étaient ouvertement ou honteusement antisémites.

---

1. Th. Herzl, *Écrits*, Organisation sioniste mondiale, Jérusalem, 1948, p. 42-43.
2. Jacques Halbronn, *Le sionisme et ses avatars au tournant du xxe siècle*, éd. Ramkat, Bruxelles 2002, p. 12.
3. *Ibid.*, p. 24.
4. *Ibid.*, p. 46.

La rédaction de l'ouvrage qui devait le rendre célèbre semble avoir été marquée, comme l'a écrit Jacques Halbronn, par la situation des Juifs en France, mais ceux-ci, comme la plupart des Juifs occidentaux, ne lui en eurent aucune reconnaissance car « *ils ne voulaient voir dans Israël qu'une religion et craignaient que le sionisme ne rouvrît les voies à l'antisémitisme*[1] ». C'est parmi ses coreligionnaires russes et ceux d'Europe centrale qui désespéraient de toute possibilité de vie en commun avec les peuples au milieu desquels ils vivaient que ses idées rencontrèrent un grand succès. Ils se mirent à rêver d'un État qui serait à eux. Quelles étaient-elles ?

La première, fondamentale, était que les Juifs étaient un peuple, comme l'a dit Herzl une fois : « *les Juifs sont un peuple, un seul peuple*[2] » ; ils devaient se considérer comme des étrangers partout ailleurs. Mais une idée n'a de force que lorsqu'elle se concrétise d'où l'idée de convoquer un congrès à Bâle, « *conçu tout de suite, comme une institution permanente, comme le Parlement du peuple dispersé, qui se réunit pour la première fois en 1897, à Bâle, puis se tint tous les ans d'abord, tous les deux ans ensuite*[3] »...

---

1. George Sanne, *La Syrie*, éd. Brossard, Paris, 1920, p. 400.
2. M. Nordau, *Écrits sionistes, op. cit.*, p. 255.
3. *Ibid.*, p. 261.

Le premier congrès tenu à Bâle était destiné à placer le problème juif sur le plan mondial et à fonder une organisation sioniste. Ces deux buts furent atteints, en particulier le premier. Herzl lui-même consacra les années qui suivirent à rencontrer les grands de ce monde afin de leur exposer les buts du sionisme et de leur demander leur aide. C'est ainsi qu'il rencontra le Kaiser, le Sultan, Chamberlain, le pape, les ministres russes, etc., sans grand succès apparemment.

Cependant, à la veille du VIe congrès sioniste, qui se déroula en 1903, Herzl reçut un message du ministre des Colonies britanniques l'informant que le gouvernement anglais était intéressé par tout projet tendant «*à l'amélioration de la condition de la race juive*[1] ». Cette lettre «*était à la fois la reconnaissance du peuple juif en tant que tel par une grande puissance et l'expression de son désir d'aider ce peuple*[2] ». Elle se concrétisera par la proposition de l'Ouganda, proposition refusée par les Juifs russes.

Pour atteindre ce but, «*le mérite et l'originalité de Herzl (fut) précisément d'avoir fait sortir le sionisme de la liturgie synagogale et de la légende pour le placer sur le plan des affaires d'État, d'avoir transformé un rêve mystique, une*

1. W. Laqueur, *op. cit.*, p. 194.
2. *Ibid.*, p. 195.

aspiration sentimentale, en une question concrète de droit international[1] ». Autrement dit, d'avoir placé le sionisme sur un plan politique et uniquement politique en l'arrachant au millénarisme religieux que traduisait le vœu pieux : *L'an prochain à Jérusalem.* Telle a été la deuxième idée force de Théodore Herzl.

Celui-ci a cherché à transformer de vagues aspirations sentimentales en une conscience nationale et à «*faire ensuite comprendre la conception occidentale des méthodes actuelles de gouvernement*[2] ».

Lorsque Herzl mourut le 3 juillet 1904, apparemment sa vie avait été un échec. Cependant il avait réussi à «*présenter de façon dramatique la question juive. Les gouvernements et les peuples d'Europe avaient fini par s'intéresser au problème juif et avaient entendu parler d'une solution possible*[3]».

1. M. Nordau, *Écrits sionistes, op. cit.*, p. 252-253.

2. Anne et Maxa Nordau, Max Nordau. *L'homme – le penseur – le sioniste*, éd. de la Terre retrouvée, Paris, 1948, p. 117.

3. W. Laqueur, *op. cit.*, p. 201.

L'entrée en léthargie du sionisme politique

À la mort de Herzl, ce fut David Wolffsohn qui lui succéda. Homme loyal et droit, il manquait, semble-t-il, de personnalité. « *La diplomatie n'était pas de son fait. Il ne faisait même pas semblant de négocier avec les cabinets et de poursuivre la réalisation de la charte*[1] ».

Il orienta le sionisme vers des besognes pratiques en encourageant la colonisation. « *Il le fit d'une main hésitante, car il se rendait parfaitement compte qu'en consentant à donner le coup de barre, il détournait le mouvement de sa véritable direction*[2] », qui était une direction politique.

Cependant, l'organisation sioniste « *entretenait une délégation, sorte d'ambassade à Constantinople*[3]... *avec à sa tête Jacobson qui n'avait pas grand-chose à faire mais qui avait des rapports courtois avec les hauts fonctionnaires turcs tandis qu'en Palestine même on assistait à la renaissance de l'hébreu comme langue vivante*[4] ».

1. M. Nordau, Écrits sionistes, *op. cit.*, p. 219.
2. *Ibid.*, p. 220.
3. *Ibid.*, p. 221.
4. *Ibid.*, p. 222.

Cette renaissance avait « *une signification nationale. (Elle jalonnait) la route de l'avenir. Par-là (elle s'intégrait) complètement dans le sionisme politique*[1] ».

Durant toutes ces années qui précédèrent la Première Guerre mondiale, le fossé s'élargit entre le sionisme pratique défendu pas Ussischkin et Weizmann et le sionisme politique dont Max Nordau, ami et bras droit de Herzl, était le plus farouche partisan.

Le docteur Max Nordau était né à Pest en 1849. Il alla à Paris en 1880. Il y passa la plus grande partie de sa vie. À Paris, il fut correspondant de la « Nouvelle presse libre », journal de Vienne où travailla Herzl. Sa conversion au sionisme fut déclenchée par l'affaire Dreyfus comme pour Herzl avec qui il fonda l'organisation sioniste mondiale.

Max Nordau salua la révolution turque en 1908. «*L'écrivain avait été en contact avec les chefs alors qu'ils étaient en exil à Paris. Il avait eu de nombreuses conversations et se croyait d'accord avec leurs aspirations vers la libération nationale... Il faillit accepter une invitation à Constantinople. Mais bientôt il ne put manquer de s'apercevoir qu'ils ne voulaient admettre de Juifs en Palestine – et*

1. *Ibid.*, p. 223.

encore en nombre restreint – qu'à la seule condition de leur voir accepter intégralement la colonisation turque[1] ». Ils firent comprendre qu'ils n'accepteraient « *jamais de majorité juive dans ce pays. Plus question évidemment de charte et plus moyen de recourir à la méthode périmée de la corruption*[2] ».

Autour de Nordau se groupaient des gens comme Marmorek, le docteur Jacobson et Melle Myriam Schach. « *C'étaient des amis intimes et les piliers du sionisme parisien*[3] ». Ils constituaient avec Bernard Lazare et André Spire l'élément français, toujours minoritaire dans les réunions diverses que dirigeait Nordau. Celui-ci préconisait, en effet, d'utiliser « *l'influence française à Constantinople en faveur des Juifs et un protectorat français sur la Palestine. Il s'en ouvrit à plusieurs hommes politiques, comme Aristide Briand, Anatole de Monzie, Painlevé dans des conversations privées*[4] ». En novembre 1913, avec son ami Tschlenow, il demanda à être reçu par Stephen Pichon qui était alors ministre des Affaires étrangères. Il écrivit à son ami après ce rendez-vous afin de lui dire comment cela s'était passé.

1. *Ibid.*, p. 153-154.
2. *Ibid.*, p. 154.
3. *Ibid.*, p. 156.
4. *Ibid.*

« Cher collègue et ami, voyez notre kochab, (étoile juive) : j'ai écrit à M. Pichon dimanche pour lui demander une entrevue, et il m'a fait répondre par son chef de cabinet. Entre temps le ministère est tombé et aujourd'hui, jour qu'il m'avait fixé pour me recevoir, M. Pichon n'est plus ministre, mais seulement chargé des affaires courantes. Pourtant, j'ai naturellement jugé de mon devoir de politesse de me rendre au rendez-vous, M. Pichon n'est pas un homme fini, il peut rester ministre ou le redevenir. Il est utile de garder avec lui les meilleures relations possible.

J'ai donc eu une conversation de cinquante-cinq minutes avec lui. Il est évident que c'est moi qui ai parlé, le ministre se bornant à poser des questions.

« Ce que je lui ai dit, il n'est guère besoin de l'exposer explicitement, il suffit d'indiquer les points saillants. Vous comprendrez vous-même comment je les ai traités.

J'ai protesté contre la calomnie que nous sommes les agents de l'Allemagne et que nous préconisons l'invasion allemande en Palestine, et, comme preuve, j'ai donné un compte rendu détaillé de l'affaire de l'École technique de Haïfa, à propos de la langue d'enseignement. (À ce moment, des professeurs allemands, subventionnés largement par le Hilfsverein der Deutschen Juden, association correspondant en quelque sorte à l'Alliance israélite française, mais sans l'intelligente souplesse de cette dernière, avaient voulu imposer l'allemand comme langue d'enseignement, mais on ne céda pas et l'hébreu sortit vainqueur.)

«Je lui ai démontré que, malgré notre désir de contenir la Turquie, nous ne sommes pas aveugles devant les possibilités qui pourraient naître de sa faiblesse. Je lui ai fait un tracé net des intentions des grandes puissances sur la Syrie-Palestine, j'ai fait ressortir les intérêts de l'Angleterre, de l'Allemagne, de la Russie, de l'Italie aussi, dernièrement, et j'ai fait valoir notre importance comme carte dans le jeu diplomatique. Je lui ai expliqué que la France a bien sûr le papier des avantages en Palestine, mais pas de réels soutiens. La protection des couvents catholiques serait niée par ceux-ci mêmes et par le Vatican, et les Druzes du Liban et les Maronites sont des pupilles avides et déconcertants qui acceptent tout et ne donnent rien. Les Arabes, ou ne connaissent pas la France ou la haïssent comme la maîtresse de l'Algérie, de la Tunisie et du Maroc.

«L'Allemagne, au contraire, est en général bien avec les mahométans, les colonies de Templiers lui donnant des titres de droit infiniment plus vivants et plus réels que le protectorat obsolète des catholiques, et elle se crée, par des écoles, des banques, des maisons de commerce, des intérêts sociaux

qui, le cas échéant, seraient d'un gros poids dans la balance. Dans ces conditions, les 120 000 Juifs d'aujourd'hui, et 200 000 à 300 000 que probablement nous serons demain, joueraient un rôle important au jour de la liquidation. La puissance qui s'appuierait sur eux aurait une emprise sur le pays et pourrait imposer son influence. Si la France mettait la main sur la Palestine, elle aurait en nous des amis sûrs et fidèles. Bien entendu, nous ne voulons pas devenir des Français, mais être ou devenir et rester des Hébreux.

«– Bien entendu, interrompit M. Pichon, mais il faut apprendre le français.

Ayez confiance dans la facilité des Juifs. Notre élite sait déjà le français aujourd'hui, elle le saurait mieux encore dans une Palestine française. Dans nos écoles hébraïques, nous donnerions sûrement une place à une langue européenne, et cette langue serait le français.

«Je m'élevai contre la défense turque aux Juifs étrangers de s'établir en Palestine et contre le décret interdisant aux Juifs l'achat de terres. Ce sont là des entraves à l'augmentation de notre nombre dans ce pays. L'aide de la France serait précieuse pour faire disparaître ces obstacles.

«C'est là une pensée à laquelle nous pourrions nous intéresser un jour, fut la réponse de M. Pichon.

«– Nous souhaiterions beaucoup que la France exigeât, en connexion avec la concession du chemin de fer de

Raïac-Ramleh, encore unè concession pour des chemins de fer latéraux vers nos colonies.

«– Impossible, s'écria le ministre, le contrat de la concession est signé et paraphé. On ne peut rien y changer.

«J'ai fait ressortir le peu d'importance qu'aurait une telle mesure et son utilité pour les actionnaires mêmes du chemin de fer, l'absence d'intérêts contraires d'autres puissances -soyons précis : de l'Allemagne, qui ne ferait pas de difficultés.

«M. Pichon (sans conviction) :

«– Qui sait ! Peut-être plus tard, si quelque occasion de nouvelles conversations avec la Porte ou avec l'Allemagne se présentait.

«Je remerciai pour l'admission des huit mille Juifs marocains comme protégés français en Palestine, et priai le ministre de nous continuer sa bienveillance.

«– En résumé le but de ma visite était :

«Primo : de protester contre la calomnie que nous sommes des agents de l'Allemagne et l'avant-garde de son influence, et de vous fournir la preuve que nous entendons être Juifs, et rien que Juifs en Palestine ;

«Secundo de vous montrer que nous nous rendons parfaitement compte de l'état de l'échiquier européen en ce qui concerne les destinées politiques futures de la Palestine, et que nous sommes entièrement conscients du rôle que, si infimes que nous paraissions peut-être aujourd'hui, nous

pourrons être appelés à jouer, le cas échéant, avec un peu d'adresse et beaucoup de franchise et de loyauté;

« *Tertio: de solliciter votre bienveillance et celle du gouvernement français pour nos intérêts immédiats en Palestine et pour le sionisme en général.*

« *– Nos sympathies vous sont acquises depuis longtemps. Ce que vous venez de me dire ne peut que les augmenter. Votre brillant exposé m'a vivement intéressé. Il en restera des traces dans nos dossiers. Il ne sera pas perdu pour mon successeur, quel qu'il soit.*

« *Il me fit ensuite des compliments dont la répétition n'a aucun intérêt ni pour vous ni pour le sionisme, s'informa de notre nombre, de nos ressources, de l'étendue de nos intérêts déjà acquis en Palestine...* »

Max Nordau reparla encore de la question avec M. Pichon, à un dîner de « l'Indépendance belge », en mars 1914. Mais l'atmosphère était déjà chargée d'orage; les lourds nuages de la guerre en préparation pesaient sur un horizon fermé. Tout s'envolait dans les tourbillons qui allaient bientôt transformer le monde en un chaos sanglant. La tornade qui guettait emporta tout[1].

---

1. *Ibid.*, p. 157-159.

Cette citation un peu longue éclaire la personnalité de Pichon que l'on retrouvera par la suite. Quant à Nordau, chassé de France comme ressortissant d'un pays ennemi, il se réfugia en Espagne et ne joua aucun rôle lors des événements cruciaux de 1917. Ainsi la France se priva-t-elle du seul sioniste francophile qui aurait, peut-être, pu faire entendre une voix un peu plus raisonnable et en tout cas plus favorable à notre pays au sein des instances dirigeantes du sionisme.

•••••

Comme l'écrit Walter Laqueur : « *il est douteux que, sans la guerre, le sionisme eût jamais acquis la moindre autonomie*[1]. *"En effet", certains dirigeants sionistes comprirent de bonne heure que tout ce que leur mouvement n'avait pas réussi à atteindre en temps de paix, il pourrait bien l'obtenir pendant ou après une guerre qui devait forcément entraîner la révision d'un grand nombre de problèmes internationaux restés jusqu'alors sans solution*[2] », au premier rang desquels ils plaçaient le problème juif tel qu'ils l'entendaient.

1. W. Laqueur, *op. cit.*, p. 235.
2. *Ibid.*, p. 259.

Ainsi face au nationalisme arabe allait se dresser le nationalisme juif comme l'écrivait de façon prémonitoire Negib Azoury en 1905 : « *Deux phénomènes importants, de même nature et pourtant opposés, qui n'ont encore attiré l'attention de personne, se manifestent en ce moment dans la Turquie d'Asie : ce sont le réveil de la nation arabe et l'effort latent des Juifs pour reconstituer, sur une très large échelle, l'ancienne monarchie d'Israël. Ces deux mouvements sont destinés à se combattre continuellement jusqu'à ce que l'un d'entre eux l'emporte sur l'autre. Du résultat final de cette lutte entre ces deux peuples représentant deux principes contraires, dépendra le sort du monde entier*[1] ».

Herzl avait tenté sans succès apparemment d'en faire un problème central. Là où le fondateur du sionisme politique avait échoué, la guerre allait réussir.

Negib Azoury ne croyait pas si bien dire : la Première Guerre mondiale allait donner un formidable coup d'accélérateur à ce conflit latent.

---

1. N. Azoury, *op. cit.*, p. V.

Chapitre IV

De l'entrée en guerre de la Turquie au premier partage de l'Empire ottoman

Lorsque la guerre de 1914 éclata, l'Empire ottoman se garda bien d'y prendre part au début, signe d'un enthousiasme mitigé pour participer aux querelles fratricides des grandes puissances. Mais les maladresses des uns, les provocations des autres et l'admiration de Talal Pacha, chef des «jeunes Turcs», pour les Allemands amenèrent ce pays à se ranger au côté de Berlin et les pays de l'Entente à prévoir le partage de ce qui restait de l'empire.

La France et la Turquie, ennemies malgré elles

Bien que l'Allemagne ait récemment pris pied dans l'Empire ottoman, la France était encore en 1914 le premier prêteur, le premier investisseur et le pays dont les œuvres hospitalières et scolaires étaient les plus nombreuses dans l'empire.

Elle y exerçait une influence prépondérante grâce à ses trois milliards de capitaux investis, ses chemins de fer, ses ports, ses entreprises de toutes sortes, ses écoles avec plus de 100 000 élèves, ses hôpitaux. Tout cela assurait à sa langue et à sa culture une énorme diffusion.

L'intérêt de la France lui commandait donc de préserver l'intégrité du vieil empire. En effet « *le français devenait de plus en plus la seconde langue et la langue commune de tous les Ottomans. C'était pour nous un avantage qui ne leur coûtait rien, qui ne les menaçait d'aucun démembrement. Il a toujours été évident pour nous que toute province perdue pour la Turquie, le serait en même temps pour cette influence pacifique et profonde de la France. Aussi l'intégrité de l'Empire ottoman n'avait-elle pas de partisan plus sincère que notre pays*[1] ».

D'autant que, comme l'avait bien vu Georges Leygues, « *l'Asie Mineure (était) le champ clos où se donn(aient) rendez-vous les rivalités et les ambitions des grandes puissances* ». « *Souhaitons, ajoutait-il, que l'intégrité de la Turquie d'Asie soit maintenue et que les ambitions impatientes ne la mettent pas en péril, car cette intégrité est à la*

1. *L'Asie française*, juillet-décembre 1914.

fois la garantie du relèvement du Khalifat et la garantie de la paix européenne[1]. »

Malheureusement, une fois la guerre déclenchée en Europe, Russes et Allemands eurent tout intérêt à y entraîner la Turquie pour des raisons évidemment opposées. Comme l'a écrit Liman von Sanders dans son ouvrage *Cinq ans en Turquie*, l'Allemagne comptait sur les Ottomans non seulement pour garder les Détroits, mais aussi pour conquérir l'Égypte, soulever la Perse et imposer en Transcaucasie une série d'états indépendants d'où elle pourrait menacer les Indes par l'Afghanistan[2].

De leur côté les Russes rêvaient, pour des motifs religieux, de chasser les Turcs de Constantinople et, pour des raisons économiques et politiques, de mettre la main sur les deux rives du Bosphore. Le démembrement progressif de l'Empire ottoman en Europe au XIXe siècle, l'émancipation de ses provinces à majorité orthodoxe, leur avait permis de se rapprocher de leur but. Au traité de San Stefano en 1878, ils l'avaient presque atteint, mais à la conférence de Berlin, ils avaient été forcés de reculer. Ils avaient trouvé en face d'eux l'Angleterre, l'Autriche et l'Allemagne. Rien n'était plus

1. JO, 11 mars 1914, séance du 10 mars 1914.

2. *L'Asie française*, décembre 1923, Poidebard, « Mossoul et la route des Indes ».

tentant que de reprendre ce vieux projet. Un enchaînement de circonstances allait le leur permettre.

La Grèce ayant acquis deux cuirassés un peu avant 1914, la Turquie décida de faire construire deux navires de la même classe en Angleterre. Une souscription nationale fut lancée à cet effet. C'est pourquoi, lorsqu'après l'ouverture des hostilités, Londres eut décidé de saisir les deux navires en construction sur ses chantiers, elle eut beau proposer d'indemniser les Turcs, ceux-ci prirent très mal la chose, y compris dans le peuple.

En réponse le ministre de la Marine ottomane exigea le 20 août 1914 l'abolition des « Capitulations », la restitution des deux navires en construction, la renonciation des puissances à toute intervention dans la politique intérieure du vieil empire, le retour des îles grecques à la Turquie ainsi que de la Thrace si la Bulgarie rentrait en guerre aux côtés de la Triplice.

Les Alliés décidèrent de répondre avec souplesse afin de permettre au temps de calmer les esprits, mais des provocations de la flotte russe de mer Noire entraînèrent une réponse de la flotte turque. Il faut dire que la flotte en question était encadrée et dirigée par des officiers et par des spécialistes allemands. Profitant de fêtes religieuses qui retenaient chez eux les équipages turcs, l'amiral allemand Suchon effectua le 29 octobre 1914 une sortie en mer Noire, bombardant différents ports et coulant un navire russe[1].

C'est ainsi que la Turquie entra en guerre le 2 novembre, presque sans l'avoir voulu. Cela donna aussitôt l'idée aux Anglais et aux Français d'ouvrir un troisième front afin de soulager les armées russes et françaises et de porter un coup sérieux aux Allemands sur ce qui semblait être la partie la plus faible de leur dispositif militaire. Fut alors décidée l'expédition des Dardanelles. « *Le projet d'attaquer les Dardanelles et Constantinople fit poser les revendications de la Russie sur Constantinople*[2] », et, partant de là, celles de la France et de l'Angleterre sur tout le Proche-Orient.

Le premier « partage » de l'Empire turc et les premières difficultés au sujet de la Palestine

Recevant l'ambassadeur de Russie le 12 novembre 1914, le roi George V lui dit : « *Constantinople doit être à vous*[3] ». Deux jours plus tard, Sir G. Buchanan, ambassadeur d'Angleterre à Petrograd, déclarait au gouvernement russe que

---

1. *L'Asie française*, juillet-décembre 1914 et janvier-mars 1915.
2. AE, A Paix, vol. 182, Note sur la politique de la France et de la Grande-Bretagne en Orient, 6 août 1917.
3. *Ibid.*, vol. 177, Paléologue, ambassadeur de France à Petrograd, à Delcassé, ministre des Affaires étrangères, 15 avril 1915.

«*la question des détroits et celle de Constantinople devraient être résolues conformément aux vœux de la Russie*[1] ». M. Sazonoff, ministre des Affaires étrangères, reçut évidemment cette déclaration avec la plus vive satisfaction.

Le tsar entretint l'ambassadeur de France de cette question le 21 novembre en précisant que les Turcs devaient être expulsés d'Europe et que « *Constantinople devait devenir « une ville neutre avec un régime international* ».

L'ambassadeur devait ensuite expliquer : « *Les confidences de l'Empereur m'ont offert l'occasion de lui rappeler que la France possède en Syrie et en Palestine un précieux patrimoine de souvenirs historiques et d'intérêts matériels.* »

« *V. M.* sic], *ai-je poursuivi, n'objecterait sans doute pas aux mesures que le Gouvernement de la République croirait devoir prendre pour sauvegarder ce patrimoine.* » «*Non, certes*[2] », *répondit le Tsar*».

De leur côté, Français et Anglais échangeaient leurs idées sur l'avenir du Proche-Orient, les premiers s'intéressant plus particulièrement à la Syrie, pays sur lequel, depuis

---

1. *Ibid.*, du même au même, 16 novembre 1914, souligné dans le texte. La citation suivante est tirée de la même dépêche.
2. *Ibid.*, du même au même, 22 novembre 1914.

le XIXe siècle, la France estimait avoir des droits particuliers. Les premières conversations franco-anglaises eurent lieu dès novembre 1914[1].

Elles reprirent à Paris les 30 et 31 décembre, en présence du haut-commissaire d'Égypte, Sir H. Mac Mahon. Celui-ci affirma à Alexandre Millerand, ministre de la Guerre, qu'il n'encouragerait pas les Arabes à se révolter contre les Turcs actuellement, préférant voir l'armée ottomane se désagréger elle-même. Millerand n'en crut pas un mot, puisqu'il écrivit à son collègue des Affaires étrangères qu'il avait le sentiment que « *les Anglais comptent bien s'appuyer sur les mécontents d'Asie Mineure comme ils l'ont déjà fait en Mésopotamie, qu'une action militaire sur les derrières de l'armée turque vers Mersina en Syrie ou en Palestine a même été prévue, mais que, si le haut-commissaire d'Égypte ne s'est prêté à aucune précision à ce sujet, c'est que son gouvernement préfère sans doute éviter notre immixtion dans la question*[2] ».

Cette méfiance des Français vis-à-vis des Anglais était rendue évidente par le fait que Millerand suggérait l'envoi d'un officier supérieur auprès du général Maxwell, capable

1. AE, Guerre 1914-1918, Turquie, vol. 867, « Note », 18 novembre 1914.
2. *Ibid.*, Millerand, ministre de la Guerre, à Delcassé, 5 janvier 1915.

de renseigner le gouvernement sur ce qui se passait là-bas, et par la lettre de Delcassé à Paul Cambon, ambassadeur à Londres, lui demandant de rappeler à Sir Edward Grey, secrétaire d'État au Foreign Office, que toute intervention anglaise en Syrie serait mal vue par l'opinion publique française[1].

Lorsque Delcassé alla à Londres et rencontra son homologue Sir Edward Grey, le 8 février 1915, il lui rappela «*que la Syrie avec la Cilicie constitu(aient) pour la France une zone réservée où ses intérêts ne souffr(aient) pas de partage*[2]». Il semble qu'en parlant de la Syrie on excluait désormais la Palestine, mais cela relevait plutôt du non-dit. Celui-ci acquiesça.

Mais les bonnes paroles de Grey furent contredites par les exigences des membres du parti impérialiste. C'est ainsi qu'un certain capitaine Lloyd, membre du Parlement, déclara au colonel Maucorps, chef de la mission militaire française à Londres, que l'Angleterre qui voulait construire une voie ferrée joignant la Méditerranée aux Indes exigerait, à défaut d'avoir Alexandrette ou Alep, villes qu'il était difficile de soustraire à l'influence française, le port

1. *Ibid.*, Delcassé à Paul Cambon, 8 janvier 1915.

2. AE, A Paix, vol. 177, Note du 31 août 1915 de P. Cambon au Foreign Office.

de Caïffa, son arrière-pays, c'est-à-dire la Palestine et le sud de la Syrie. De ces déclarations, le lieutenant-colonel Maucorps tirait la conclusion qu'en dépit de l'opération qui se préparait sur les Dardanelles, « *il y en a une qui a été aussi auparavant préparée contre la Syrie ou la Palestine. L'Angleterre l'exécutera-t-elle, et quand? C'est la question à laquelle il est impossible de répondre en ce moment*[1] ».

On ne peut s'empêcher d'admirer la lucidité de cet officier.

À la même époque, c'est-à-dire à la fin du mois de février 1915, Sir Edward Grey prononça devant la Chambre des Communes des paroles ambiguës laissant à penser que la question de Constantinople était toujours en suspens et devait être réglée avec la Russie alors que celle-ci croyait l'affaire conclue. L'opinion publique russe fut surprise. Le 4 mars, le tsar, pour sortir de l'imprécision où l'on semblait se trouver, se décida « *à réclamer officiellement pour la Russie: Constantinople, la Thrace méridionale et la rive asiatique du Bosphore*[2] ». Paléologue, ambassadeur de France à Pétrograd, trouva ces demandes exorbitantes. Comment pouvait-on proclamer la liberté de navigation

1. AE, Guerre 1914-1918, vol. 868, « Note du lieutenant-colonel Maucorps sur une conversation avec le capitaine Lloyd, député au Parlement anglais », 28 février 1915.

2. AE, A Paix, vol. 171, Paléologue à Delcassé, 5 mars 1915.

exigée par les puissances et laisser en même temps les Russes maîtres des deux rives du Bosphore? Mais Sazonoff à qui il présentait ces objections ne voulut rien entendre.

Le 7 mars, Delcassé donna son accord à l'ensemble des buts de guerre posés par la Russie[1]. Il précisait le 12 mars qu'il en allait de même pour les Anglais mais que Sir E. Grey avait posé comme condition que la Grande-Bretagne et la France puissent de leur côté réaliser leurs desiderata[2]. Le lendemain, Delcassé demandait à Paléologue de préciser à Sazonoff que «*la Syrie, y compris la région d'Alexandrette et les régions ciliciennes jusqu'aux chaînes du Taurus*[3]», devait être réservée à la France. Muni de ces instructions, Paléologue se rendit au grand quartier général le 16 mars. L'empereur lui demanda jusqu'où s'étendait la Syrie dans l'esprit du gouvernement français. L'ambassadeur lui répondit que cela allait jusqu'au Taurus, suivait le cours de l'Euphrate et rejoignait la frontière égyptienne.

«La Palestine serait donc dévolue à la France?» m'a demandé l'empereur. La Palestine a toujours fait partie intégrante de la Syrie. Dans les actes diplomatiques et

1. *Ibid.*, vol. 177, Delcassé à Paléologue, 7 mars 1915.
2. *Ibid.*, du même au même, 12 mars 1915.
3. *Ibid.*, du même au même, 13 mars 1915.

particulièrement dans le traité de 1840, elle est désignée sous le nom de Syrie méridionale.

«Et les Lieux saints? Quel serait désormais leur régime?» Il suffirait, me semble-t-il, de maintenir le régime actuel qui est consacré par l'art. sic] *62 du traité de Berlin et qui réussit à concilier les divers intérêts en cause.*

«À première vue, cela me paraît juste, mais il faut que je consulte M. Sazonoff[1]», conclut Nicolas II.

Mais Sazonoff fut beaucoup moins conciliant que le tsar. Il fit valoir que la Palestine était «*le patrimoine commun de la chrétienté. La Russie orthodoxe ne saurait abandonner les Lieux saints à une puissance catholique*[2]». Il proposa alors d'internationaliser cette région. Vous repoussez le principe d'internationalisation à Constantinople et vous voudriez l'établir à Jérusalem. Quel illogisme[3]! lui rétorqua Paléologue. Puis, après des références à l'histoire des croisades, ce qui eut l'avantage de fournir à chacun des arguments pour étayer sa thèse, mais ne fit guère avancer la solution, on en resta là.

Le 17 mars Iswolsky, ambassadeur de Russie à Paris, remettait une note à Delcassé signalant que Paléologue, lors

1. *Ibid.*, Paléologue à Delcassé, 17 mars 1915.
2. *Ibid.*
3. *Ibid.*

de son séjour au grand quartier général, avait déclaré que la Syrie, région réclamée par la France, englobait la Palestine alors que Sazonoff considérait que cette question devait être réservée et faire l'objet d'un examen approfondi[1].

Delcassé écrivit immédiatement à Paléologue qu'il acceptait «*sur ce dernier point la manière de voir de M. Sazonoff*[2]», ce qui coupait court à tout malentendu franco-russe. Il informa de sa position Paul Cambon et Camille Barrère[3].

L'écho de la conversation entre Paléologue et Sazonoff étant arrivé, bien évidemment, à Londres, Paul Cambon constata tout de suite combien la question palestinienne était épineuse. Pour se sortir d'affaire, il fit valoir que Paléologue avait agi sans instruction. Il ajoutait: «*Je crois qu'il serait utile de ne plus aborder un pareil sujet*[4]».

Il proposait, ce qui peut sembler assez cocasse, mais qui, à la réflexion eût peut-être été la meilleure des solutions: de laisser la garde des Lieux saints aux Turcs.

1. *Ibid.*, vol. 170, Note de l'ambassadeur de Russie à Paris, 17 mars 1915.
2. *Ibid.*, Delcassé à Paléologue, 17 mars 1915.
3. *Ibid.*, vol. 177, Delcassé à P. Cambon et à Barrère, 20 mars 1915.
4. *Ibid.*, Paul Cambon à Delcassé, 27 mars 1915.

Le 9 avril le gouvernement français donna son accord aux desiderata russes sur Constantinople et les Détroits à condition que la France et la Grande-Bretagne « *réalisent leurs desseins en Orient et ailleurs ainsi qu'il est dit dans l'aide-mémoire russe*[1] ».

Ainsi les accords de mars-avril 1915, s'ils confortaient la France dans les buts de guerre en Syrie du Nord, et en Cilicie, laissaient en revanche irrésolue, par consentement tacite des trois puissances, l'avenir de la Palestine.

Les accords Hussein-Mac Mahon et le flou qui les caractérise

L'une des raisons pour lesquelles les Allemands avaient poussé les Turcs à entrer en guerre à leurs côtés, était qu'ils comptaient bien utiliser le califat et la puissance religieuse qu'il représentait pour semer troubles et révoltes parmi les musulmans des Indes et ceux d'Afrique du Nord.

Ils avaient aussi en vue l'attaque du canal de Suez et l'invasion de l'Égypte. Cette attaque eut lieu les 2 et 3 février 1915. Elle échoua, mais les Allemands ne se découragèrent

1. *Ibid.*, Delcassé à Paléologue, 9 avril 1915.

pas. Ils envoyèrent des officiers en Perse et en Afghanistan pour tenter de soulever les tribus.

Pour répondre à ces mesures qui visaient à couper les routes des Indes, les Anglais cherchèrent à soulever le monde arabe contre les Turcs, à l'intérieur même de leur empire, en s'appuyant sur le chérif de La Mecque : Hussein.

Bien que très importants, ces intérêts stratégiques n'auraient peut-être pas été suffisants s'il ne s'était trouvé en Angleterre des hommes politiques partisans de reconstituer un grand empire arabe capable non seulement de lutter contre la Turquie dans la présente guerre, mais, plus tard, d'assurer la stabilité dans la région en renforçant en particulier la sécurité des différentes routes des Indes qu'elles soient terrestres ou maritimes.

Cela avait aussi l'avantage d'évincer la France du Proche-Orient, en particulier de Syrie et de Cilicie, régions que, lors de ses entretiens avec Delcassé le 8 février 1915, Sir Edward Grey avait, bien imprudemment à leurs yeux, reconnues comme zones réservées « *où ses intérêts ne souffr(aient) pas de partage*[1] ». Pour les Anglo-Égyptiens, au contraire, et pour Lawrence en particulier, qui passait pour être un grand connaisseur des questions arabes, la Syrie

1. AE, Guerre 1914-1918, Turquie, vol. 870, P. Cambon à Delcassé, 3 septembre 1915.

et la Palestine devaient appartenir à ceux qui possédaient l'Égypte. Or, parmi leurs porte-parole les plus efficaces au Parlement se trouvait Sir Mark Sykes, lui-même membre de cette assemblée et spécialiste de cette région qu'il connaissait bien pour y avoir fait de nombreux voyages. Grâce à son entregent, il réussit à gagner à ses idées certains membres du cabinet.

L'Angleterre avait tissé depuis de longues années des liens d'amitié et d'intérêts avec les petits princes dont le chérif de La Mecque, qui se partageaient la presqu'île arabique. En effet, dès 1906, avec la construction du Bagdadbahn et celui du Hedjaz, la Grande-Bretagne eut des craintes pour le canal de Suez. La même année Cromer imposa aux Ottomans « *de rattacher le désert du Sinaï à l'Égypte, non à la Palestine. C'était insuffisant. Dès 1907, les stratèges britanniques jurèrent que la Palestine devait être intégrée d'une manière ou d'une autre au système de défense de l'Empire...*

Avec l'arrivée de Kitchener au Caire en 1911, ils s'intéress(èrent) aux manifestations d'autonomie arabe. L'Agent britannique et ses hommes envisagèrent la constitution d'une Syrie rattachée à l'Égypte khédiviale et sous protectorat britannique de fait[1] ».

---

1. H. Laurens, *L'Orient arabe, arabisme et islamisme de 1798 à 1945*, *op. cit.*, p. 115.

Après la déclaration de guerre de la Turquie aux pays de l'Entente, le joug des Ottomans sur les Arabes devint encore plus lourd qu'auparavant. Les impôts augmentèrent, la conscription frappa davantage les jeunes. L'impopularité des Turcs s'accrut parmi les Arabes. Ainsi s'explique qu' «*en janvier 1915, un dirigeant nationaliste de Damas, Faouzi el Bakri, qui était un membre influent du mouvement "al Fata", (soit venu) secrètement rencontrer Hussein Ibn Ali el Hachemi, chérif de La Mecque et émir du Hedjaz, afin de le convaincre de prendre la tête d'un mouvement national arabe que le "Fatat" se déclarait prêt à déclencher*[1]. *L'émir resta très prudent. Dans le passé, il avait déjà été approché par les nationalistes pour proclamer un califat et n'avait donné aucune suite*»... mais pressentant que le vieil empire turc était à la veille de s'écrouler, inquiet des succès de son voisin l'émir Saoud et déjà probablement en relation avec les Anglais, l'émir décida d'envoyer son fils Fayçal à Damas afin d'entrer en contact avec les chefs nationalistes arabes.

Ceux-ci «*présentèrent à Fayçal un protocole qui pourrait être soumis à la Grande-Bretagne comme plate-forme d'une alliance arabo-britannique*[2]».

1. Ch. Saint-Prot, *op. cit.*, p. 68.
2. *Ibid.*

Les principaux points en étaient « *la reconnaissance par la Grande-Bretagne de l'indépendance des régions arabes, la reconnaissance d'un État arabe souverain sur toute la partie de la nation arabe dans les frontières précitées ; la conclusion d'un pacte de défense entre la Grande-Bretagne et le futur État arabe*[1] ». On constate donc l'absence totale de la France dans toute cette affaire, absence due à ses propres fautes, en particulier à son refus de participer avec l'Angleterre à l'expédition d'Égypte en 1882 ainsi qu'à ses négligences dans l'affaire syrienne depuis la conférence de Berlin. Il était donc logique que les Arabes se tournent vers la seule puissance présente militairement dans la région.

Ce n'est qu'après le retour de son fils que le chérif de La Mecque se décida à écrire à Sir Henry Mac Mahon, haut-commissaire en Égypte, une lettre que celui-ci reçut le 14 juillet 1915, lettre dans laquelle il lui proposait ses services à condition que l'Angleterre acceptât l'indépendance des régions arabes qui vont du nord jusqu'à Mersine et Adana et à l'est jusqu'à la Perse et qu'elle approuvât la proclamation du califat à son profit[2].

---

1. *Ibid.*, p. 69.
2. A. Hoyakem et M.C. Bittar, *L'empire ottoman, les Arabes et les grandes puissances 1914-1920*, éd. universitaire du Liban, Beyrouth, p. 3 et 4.

Dans sa réponse, le 30 août 1915, Mac Mahon promit de reconnaître l'indépendance de l'Arabie ainsi que le califat arabe après sa proclamation. Quant à la question des frontières, il était beaucoup plus réservé: «*Il apparaît prématuré, écrivait-il à Hussein, de passer notre temps à discuter de tels détails dans la chaleur de la guerre*[1] ».

Mais Hussein répliqua le 9 septembre suivant que ce n'[était] pas une perte de temps que de discuter de ce point qui à ses yeux était essentiel[2].

Acculé, Mac Mahon fut obligé de sortir du flou où il aurait tant aimé rester. En fait, il rendit les choses encore plus opaques. Le 2 octobre, tout en offrant certaines garanties à Hussein, les Britanniques refusèrent d'englober dans le futur État arabe Mersine et Alexandrette ainsi que la côte syro-libanaise sous prétexte que ce n'étaient pas des régions purement arabes. En effet, comme le dit le professeur Laurens, pour les Européens, en ce début du XXe siècle, les Arabes chrétiens étaient appelés «Levantins», le qualificatif d'Arabes étant réservé aux musulmans. Ainsi les habitants du Liban actuel et de la Palestine étaient-ils affublés de ce titre et opposés aux tribus de l'intérieur, en

1. *Ibid.*, p. 5.
2. *Ibid.*, p. 6 à 9.

grande majorité musulmanes. Le distinguo ainsi créé était artificiel et incompréhensible pour Hussein[1].

Mac Mahon donna aussi à Homs et à Hama le titre de district ou vilayet, ce qui ne correspondait pas à la carte administrative ottomane[2]. Cela embrouillait un peu plus le contenu de sa lettre dont il ressortait que la Grande-Bretagne était «*prête à reconnaître et à favoriser l'indépendance des Arabes dans toutes les régions à l'intérieur des frontières demandées par le chérif de La Mecque*[3]».

Autrement dit, il excluait les régions maritimes qui n'étaient pas arabes, puisque levantines à ses yeux.

En ce qui concernait les «vilayets» de Bagdad et de Bassorah dans lesquels la Grande-Bretagne avait des intérêts importants, il considérait que cela nécessitait des arrangements spéciaux[4].

Le 5 novembre 1915 Hussein répondit que pour faciliter l'accord projeté, il renonçait aux «vilayets» de Mersine

---

1. H. Laurens, *La question de Palestine – l'invention de la Terre sainte*, *op. cit.*, p. 300-301.
2. *Ibid.*, p. 300.
3. A. Hoyakem et M.C. Bittar, *op. cit.*, p. 9 et suiv.
4. *Ibid.*, p. 9 et suiv.

et d'Adana, qu'il consentait à laisser sous administration britannique les vilayets d'Irak pour un temps relativement court mais que, en revanche, les deux « vilayets » d'Alep et de Beyrouth et la côte « *[étaient] purement arabes, il n'y a pas de différence entre un musulman et un chrétien : les deux ont les mêmes ascendants*[1] ». L'argument était fort et la réponse était d'autant plus délicate à formuler qu'Hussein demandait à avoir, dès que possible, « *une réponse claire et définitive*[2] »...

Mac Mahon, dans sa lettre du 14 décembre, dut reconnaître que la France avait des intérêts dans ces deux vilayets et que la Grande-Bretagne avait aussi les siens dans d'autres régions arabes, qu'elle était liée par des traités avec les chefs locaux et que tout cela méritait réflexion[3].

Il est intéressant de noter qu'à aucun moment dans cette correspondance il ne fut fait mention de la Palestine ou tout au moins du « sandjak » de Jérusalem. En effet, dans l'esprit des Anglo-Égyptiens, c'est-à-dire des hauts fonctionnaires britanniques, civils et militaires, qui dirigeaient l'Égypte et le Soudan, il ne faisait pas de doute que cette région faisant partie du Levant ne pouvait être attribuée à Hussein,

1. *Ibid.*, p. 12 et suiv.
2. *Ibid.*
3. *Ibid.*, p. 15 et suiv.

tandis que dans l'esprit du chérif, ce «sandjak» étant arabe ne pouvait que lui revenir. Bref, sans le savoir et sans qu'il y ait eu volonté perverse, Hussein et Mac Mahon ne s'étaient pas compris.

En ce qui concerne les Français dont les intérêts avaient été fort mal défendus par Mac Mahon, ils n'étaient pas sans avoir eu vent des pourparlers entre le chérif et le haut-commissaire britannique puisque ce sont eux qui transportaient les émissaires plus ou moins secrets entre l'Arabie et l'Égypte, leurs navires assurant le contrôle de la mer Rouge. Le contre-amiral Huguer, commandant la division navale dans ce secteur, écrivit au ministre de la Guerre, le 30 octobre 1915, qu'un représentant du grand chérif était allé au Caire et y était resté huit jours. Il était porteur de propositions. Il avait attendu la réponse de Londres à ses propositions mais était reparti précipitamment le 26 octobre[1]. Ce brusque départ correspondait à la remise de la lettre de Mac Mahon datée du 24 octobre dont on a parlé précédemment.

De son côté, Defrance, ministre de France au Caire, avait écrit à Delcassé qu'il avait appris de source confidentielle

1. AE. Guerre 1914-1918, vol. 870, contre-amiral Hugueur, commandant de la division d'Extrême-Orient et de la division navale détachée en Égypte, au ministre de la Guerre, 30 octobre 1915.

« *qu'un envoyé du chérif de La Mecque avait apporté au Caire, il y a quelque temps, une lettre adressée au haut-commissaire britannique* ».

Dans cette lettre le grand chérif poserait les conditions auxquelles il accepterait de donner sa collaboration entière à l'Angleterre après avoir assumé la charge du Califat. La plus importante de ces conditions serait qu'un territoire lui fût reconnu en toute souveraineté par le gouvernement britannique.

Je vais tenter de contrôler cette information. Mais ce qui est déjà acquis, c'est l'existence de pourparlers importants entre l'Angleterre et le chérif[1].

Cette dépêche confirmait celle de Paul Cambon du 21 octobre. Sir Edward Grey, en termes assez vagues d'ailleurs, avait dit à l'ambassadeur de France à Londres que le chérif de La Mecque avait approché les Anglais. Il réclamait le titre de calife et des territoires. Pour lui répondre de façon précise il fallait délimiter la frontière entre l'Arabie et la Syrie. P. Cambon estimait qu'il fallait donner satisfaction à cette demande « *car elle constituait une reconnaissance formelle et officielle de nos droits sur la Syrie. Cette mission*

1. *Ibid.*, Defrance, ministre au Caire à Delcassé, 25 octobre 1915.

pourrait être confiée à M. Georges-Picot, premier secrétaire d'ambassade[1] ». Le ministre lui répondit qu'il fallait être réservé sur l'affaire du califat mais que, en revanche, il était d'accord pour engager des conversations sur les frontières de la Syrie et pour désigner F. Georges-Picot à cet effet.

Dix jours plus tard, le 2 novembre 1915, Sir Henry Mac Mahon confia à Defrance, ministre au Caire, que les Allemands avaient eu beau inonder d'or les tribus arabes en leur promettant l'indépendance, celles-ci hésitaient à se prononcer en leur faveur. « *De leur côté, ajouta-t-il, les Anglais avaient répondu aux offres de concours des Arabes en leur faisant des promesses «générales» au sujet de la garantie d'indépendance qu'ils réclamaient, mais que ces promesses «générales» devaient être maintenant précisées, notamment au point de vue des limites de la future Arabie indépendante et que le gouvernement britannique était actuellement en pourparlers avec le gouvernement de la République à ce sujet, les Arabes considérant comme faisant partie de l'Arabie, la Syrie, y compris Homs, Alep, Damas…, sauf peut-être le Liban et une petite portion de la côte syrienne*[2] ».

---

1. AE. A. Paix, vol. 177, P. Cambon à Viviani, 21 octobre 1915.
2. AE. Guerre 1914-1918, Turquie, vol. 871. Defrance à Briand, 2 novembre 1915.

Pour inciter son homologue à être généreux, le haut-commissaire lui dit que « *le moment était grave, que la question arabe entière allait se décider… que la Perse était à la veille d'entrer en guerre aux côtés de l'Allemagne et de la Turquie et que cet événement risquait fort d'entraîner dans la même voie l'émir d'Afghanistan*[1] ».

Defrance lui demanda alors si l'Angleterre comprendrait dans cet Empire la Mésopotamie, le Koweït, Mascate, Aden et l'Égypte. Mac Mahon lui répondit qu'il ignorait ce qu'il en était pour la Mésopotamie, mais que l'indépendance des petites principautés et de l'Égypte devait être respectée[2], ce qui, venant d'un Anglais, ne manquait pas de sel !

•••••

Ainsi, à la menace germano-turque sur les routes terrestres et maritimes des Indes, les Anglais crurent intelligent de répondre en encourageant la révolte des Arabes contre les Ottomans, spécialement celle du chérif de La Mecque. C'était habile et de bonne guerre. Cela rappelait la politique de François Ier lançant les Turcs et les Suédois sur les arrières de Charles Quint, sauf que, pour

1. *Ibid.*
2. *Ibid.*

arriver à leur but, les Britanniques, durent se présenter en sauveurs des Arabes, c'est-à-dire que les opérations menées en Mésopotamie, puis en Arabie et enfin en Palestine et en Syrie, furent présentées comme des entreprises de libération, annonciatrices d'indépendance pour ces différents pays. Plus encore qu'avec l'or dont avait parlé Sir Henry Mac Mahon, on acheta les Arabes avec des promesses, c'est-à-dire avec du rêve, ce qui avait l'avantage de ne rien coûter dans l'immédiat, mais l'inconvénient d'être gros de déconvenues à terme.

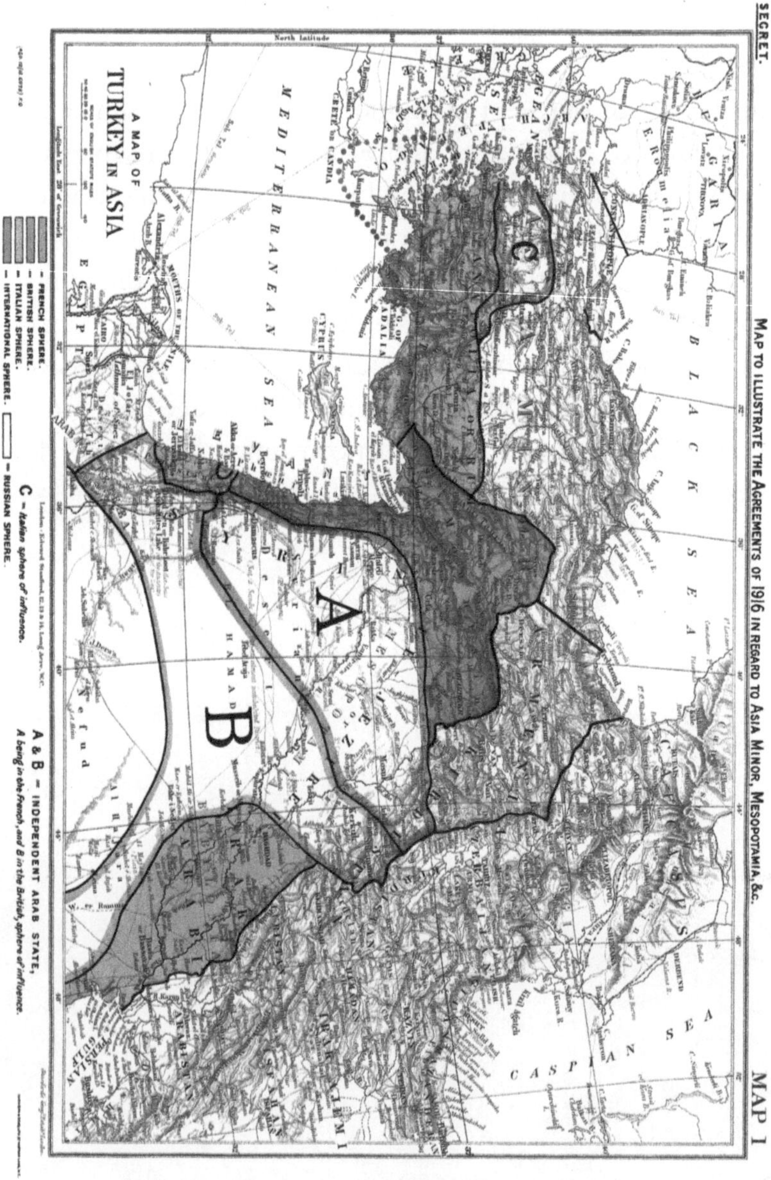

Carte du Proche-Orient résultant des accords Sykes-Picot.

Chapitre V

Les accords Sykes-Picot

Les accords de mars/avril 1915 avaient réservé la Mésopotamie à l'Angleterre, la Syrie et la Cilicie à la France. Compte tenu des exigences d'Hussein, Londres devait clarifier les choses sous peine de se heurter par la suite à de graves difficultés en raison de promesses contradictoires.

Il fallait donc délimiter de façon précise les zones respectives d'influence. C'est pourquoi, comme on l'a dit, le gouvernement britannique pria officiellement « *le gouvernement français d'envoyer à Londres un délégué compétent pour régler avec Lord Kitchener la délimitation de la Syrie*[1] ».

P. Cambon proposa de confier cette mission « *à M. Georges-Picot, premier secrétaire d'ambassade qui a géré le consulat général à Beyrouth pendant plus d'un an et*

1. AE, A Paix, vol. 177, P. Cambon à Viviani, 21 octobre 1915.

qui, mieux que personne, connaît les questions syriennes[1] ». Celui-ci avait été nommé à Londres et travaillait sous ses ordres à ce moment-là. Cette proposition fut agréée par le ministre.

Les discussions franco-anglaises, prélude aux accords Sykes-Picot

Le 2 novembre 1915, Briand envoyait à François Georges-Picot la lettre de mission dont il convient de citer quelques extraits.

Briand commençait par indiquer que le gouvernement français avait accepté sans délai de répondre à la demande du cabinet britannique parce que cela constituait « *de sa part la première reconnaissance officielle et formelle de nos droits sur les côtes orientales de la Méditerranée*[2] ». Une telle décision comportait de la part de la France « *un assentiment de principe au projet de constitution d'une souveraineté arabe en faveur du chérif de La Mecque* ». Sur ce point Paris était d'accord avec Londres. Mais sur quelle région devait s'exercer cette souveraineté ? C'est là, évidemment, que résidait la difficulté puisque la Syrie étant un pays arabe

1. *Ibid.*
2. AE, Guerre 1914-1918, Turquie, vol. 871, Briand à Georges-Picot, 2 novembre 1915. Les citations suivantes sont tirées de la même dépêche.

devait rentrer, pour Hussein, dans l'empire qu'il convoitait d'établir tandis que, pour les Français, celle-ci leur avait été reconnue comme terre d'influence de longue date. Récemment encore, la Russie et l'Angleterre s'étaient ralliées à ses exigences. Certes, Mac Mahon avait réussi à soustraire la Mésopotamie et les régions qu'il appelait arbitrairement levantines, c'est-à-dire en fait les régions côtières du Liban et, sans le préciser, de Palestine, à l'appétit du chérif de La Mecque, mais il restait encore bien des contradictions entre les revendications d'Hussein et celles qu'exposait la lettre de mission de Briand à Picot, ainsi qu'on va le voir.

Pour Briand, il convenait, en effet, de s'en tenir dans les discussions à venir aux frontières de la Syrie et de ne pas parler du Califat, la France ne désirant pas du tout avoir un pouvoir spirituel sous tutelle anglaise. La Turquie où l'influence française était prépondérante étant appelée à disparaître, « *il nous faut une compensation : ce ne peut être que la Syrie, non pas une Syrie étriquée, inviable* ».

Briand précisait bien ce qu'il entendait par là : « *De tout temps, poursuivait-il, l'appellation Syrie*[1] *a été entendue en France dans un sens large, et le traité de 1840 ne faisait que*

1. Souligné dans le texte.

reproduire l'opinion générale, en donnant le nom de Syrie méridionale à la Palestine...

Il n'y a d'ailleurs aucune démarcation naturelle entre Syrie du Nord et du Sud, alors qu'il y a un vaste désert entre celle-ci et l'Égypte.

Si l'Angleterre faisait des difficultés pour les Lieux saints : la neutralisation de Jérusalem et de Bethléem pourrait être envisagée par vous, en spécifiant qu'elle restera limitée aux territoires strictement nécessaires autour des deux cités ».

La lettre précisait aussi que la Syrie comprenait la région de Mossoul et qu'en cas de difficulté sur ce point, il faudrait rappeler aux Anglais que le tsar ne tolérerait pas leur présence dans une région située si au nord de la Perse. On remarquera que c'était la première fois que Paris revendiquait ouvertement la Palestine. Peut-être était-ce là la conséquence du départ de Delcassé et de son remplacement par Briand.

Le 11 novembre, Paul Cambon vit Grey qui, dans son désir de se concilier les Arabes, s'est dit prêt à abandonner au futur État indépendant Bagdad et Bassorah et à engager la France « *à ne pas lésiner sur les frontières de la Syrie*[1] ».

---

1. AE, A Paix, vol. 178, P. Cambon à Briand, 11 novembre 1915.

En effet, la situation en Asie Mineure n'était guère brillante pour les Français, mais surtout pour les Anglais à cette époque. L'attaque contre les Dardanelles qui avait été conçue pour s'emparer des Détroits et écraser en même temps la Turquie, l'Homme malade, avait échoué. Le débarquement des troupes alliées dans la presqu'île de Gallipoli avait tourné au désastre. En octobre 1915, la Bulgarie était entrée en guerre aux côtés de la Turquie et des empires centraux, créant ainsi une continuité territoriale entre Berlin, Vienne et Istanbul, ce qui facilitait les possibilités, pour l'Allemagne, d'aider la Turquie. En Irak, la situation n'était guère plus brillante. Certes le 28 septembre 1915, le général Townshend prit Kout-el-Amara, point où le Tigre rejoint l'Euphrate. Mais sur ordre supérieur, il dut reprendre sa marche sur Bagdad avec 20000 hommes seulement alors que les Turcs étaient supérieurs en nombre. Obligé bientôt de se replier sur Kout-el-Amara, et assiégé, il dut se rendre le 29 avril 1916 tandis qu'une colonne de secours était bloquée à 35 km de là.

Enfin, les attaques menées par Djemal Pacha contre le canal de Suez en février 1915 et en août 1916, même si elles échouèrent, montraient la vulnérabilité de cette voie de communication essentielle avec les Indes. À cela il faut ajouter l'agitation créée par les agents allemands en Perse et en Afghanistan et l'on saisira, sans peine, le désir des

Anglais de susciter des difficultés aux Turcs en Arabie afin de les prendre, à leur tour, à revers.

L'on ne s'étonnera donc pas que Sir Arthur Nicholson, qui présidait la délégation britannique, rencontrant Georges-Picot au Foreign Office le 23 novembre 1915, ait tenu le même langage inquiet que Grey à Cambon. Il lui exposa la nécessité absolue qui s'imposait au gouvt [*sic*] britannique de détacher les Arabes des Turcs en leur promettant l'indépendance. Il reconn(ut) que des pourparlers (avaient) été engagés avec le chérif de La Mecque en vue de la constitution d'une souveraineté arabe mais qu'avant de la pousser plus avant, il était nécessaire de déterminer quelles limites devaient être assignées au nouvel État.

Sir Nicholson (insista) en particulier sur l'urgence de consentir aux Arabes des sacrifices en proportion des services que nous attendions de leur coopération, notamment en ce qui concernait l'attribution de la Syrie à l'Arabie[1].

À aucun moment Sir Arthur Nicholson ne communiqua à F. Georges-Picot la teneur ni la portée des négociations en cours entre Sir Henry Mac Mahon et le chérif de La Mecque.

1. AE, Turquie-Arabie 1918-1929, vol. 6, « Au sujet de la question arabe. Négociations entre M. Georges-Picot et Sir Nicholson en nov. [*sic*] 1915 », 16 novembre 1919.

Ce fut la raison pour laquelle le diplomate, représentant les intérêts de la France, et conformément au mandat qu'il avait reçu de Briand, rappela d'entrée de jeu « *que nos droits sur la Syrie et la Cilicie ne souffraient pas de partage. Partant de la frontière égyptienne, la possession nouvelle devait comprendre à son avis les "vilayets" et "mutessarifliks" de Jérusalem, Beyrouth, le Liban, Alep, Damas, la partie du "vilayet" d'Adana située au sud du Taurus. À l'est de cette région, la frontière suivait la ligne de faîte des montagnes dans les "vilayets" et "mutessarifliks" de Massouret Aziz, de Diarbakir et de Van, pour redescendre vers le sud, en suivant les montagnes qui limitent le bassin du Tigre, couper le fleuve à hauteur de Kerkotk et atteindre l'Euphrate à la limite de la province du Deir el-Zor*[1] ».

Nicholson fit tout de suite une réserve en ce qui concernait les Lieux saints chrétiens. Georges-Picot « *tomba d'accord que c'était une question qui méritait un examen particulier*[2] ». Mais le chef de la délégation anglaise insista surtout pour donner satisfaction à Hussein en lui laissant une « *souveraineté nominale* » sur la Syrie, les Français disposant du pouvoir réel. Georges-Picot refusa net cette solution.

---

1. AE, A Paix, vol. 178, compte rendu de la première réunion entre F. Georges-Picot et la délégation anglaise, 23 novembre 1915.

2. *Ibid.*

Alors Nicholson lâcha du lest en reconnaissant que Beyrouth et la côte voisine devaient être « *évidemment laissés en dehors du nouveau royaume arabe.*

– Et la Palestine ? fut-il aussitôt demandé.

La Palestine également[1] ».

Mais pour le reste, c'est-à-dire Damas, Homs, Hama, Alep, Deir el-Zor et Mossoul, les Arabes en faisaient une condition « sine qua non » de leur alliance. Les Anglais ne donnaient-ils pas l'exemple en abandonnant à Hussein Bagdad et Bassorah ? Mais F. Georges-Picot fut intraitable.

Dans la lettre personnelle qu'il adressa à Briand, il lui écrivit : « *Ce qui nous a été proposé n'était pas une délimitation de la Syrie, mais une renonciation provisoire en raison des circonstances à toute souveraineté en ce pays. On espérait ainsi faire miroiter aux yeux des Arabes une proposition qui les éblouirait*[2] »...

Il demandait des instructions rapides car les nouvelles en provenance de l'Égypte et de Bagdad étaient mauvaises pour les Anglais. « *Il nous appartient d'en profiter. La meilleure tactique à suivre serait, me semble-t-il, de refuser...*

---

1. *Ibid.*
2. *Ibid.*, F. Georges-Picot à Briand, 1er décembre 1915.

d'entrer dans l'examen d'une combinaison qui fait fi de nos droits les plus certains et de nos traditions les plus fières[1]. » Il fallait amener les Anglais à préciser les droits de la France. Déjà, ils avaient admis que le Liban, la côte et la Palestine ne faisaient pas partie du futur royaume arabe.

Ce que les Anglais veulent, c'est seulement jeter de la poudre aux yeux des Arabes. Pour cela ils souhaitent leur offrir beaucoup en reconnaissant que l'édifice qu'ils construisent ne survivra sans doute pas à la guerre ou très peu, les divisions des tribus devant nous obliger très vite à intervenir dans des provinces où la souveraineté nominale nous serait seule refusée.

Il y a là, à ce que je crois, un moyen d'obtenir beaucoup. Mais pour en tirer tous les avantages, il importe de hâter notre réponse avant que la situation se modifie[2].

On trouve tracé dans ces dernières phrases le schéma de la méthode qui allait être utilisée par les Français au cours des discussions à venir : jeter apparemment du lest et ne pas traîner afin de profiter des difficultés dans lesquelles se débattait l'Angleterre.

1. *Ibid.*
2. *Ibid.*

En réponse au compte rendu de Georges-Picot et à sa lettre, Briand indiquait que, compte tenu, d'une part, de nos droits sur la Syrie dont aucune opinion française ne pouvait admettre l'abandon, et d'autre part, de la nécessité « *de ne pas indisposer les dirigeants anglais par une intransigeance de principe*[1] », on pourrait, comme Georges-Picot l'avait exposé, accepter une atténuation de souveraineté sur la Syrie intérieure à condition que le protectorat français s'étendît à l'est (Zor et Mossoul) et que le bassin pétrolifère de Kirkouk fût compris dans notre zone.

Le 21 décembre 1915 une deuxième réunion eut lieu. Les pourparlers furent rendus encore plus difficiles du fait de la présence de Sir Mark Sykes, membre du Parlement, qui, ayant parcouru le Moyen-Orient depuis plus de vingt ans, était considéré comme un spécialiste des problèmes arabes. À l'issue de cette réunion, les Anglais avaient reconnu à la France :

a. une zone de pleine souveraineté : Cilicie, Alexandrette, Diar-bekir ;

b. une zone d'influence sous souveraineté nominale du chérif : Syrie avec Damas, Alep et une partie de la Mésopotamie ;

c. une province spéciale : le Liban (Beyrouth et la Bekaa).

---

1. *Ibid.*, Briand à P. Cambon, 14 décembre 1915.

Deux questions restaient réservées : la Palestine et la région de Mossoul[1]. Ces avancées intéressantes présentaient néanmoins certains points faibles : la France refusait l'abandon de Palmyre, ainsi que de renoncer à la souveraineté directe sur Beyrouth au profit du chérif.

La France abandonnerait en revanche à l'Arabie les grandes cités syriennes et le port de Caïffa[2]. Ce dernier point semblait secondaire, mais comme l'écrivait un rédacteur anonyme : « *Abandonner Kaïffa, c'est abandonner en fait toute la Palestine, en particulier la riche plaine d'Escalon, celle de Charon, qui sont les parties vraiment fertiles du sud. C'est en outre perdre notre clientèle chrétienne qui ne comprendra pas que nous renoncions à Jérusalem ; enfin, c'est donner aux Anglais, au-delà du désert sinaïque, un pied sur le sol syrien*[3] ».

Au lendemain de la réunion du 21 décembre, Sir Mark Sykes exprima à Picot le désir de poursuivre avec lui des négociations directes en tête à tête, s'il y était autorisé par son gouvernement. Celui-ci ayant accepté, des réunions presque journalières eurent lieu à l'ambassade.

---

1. *Ibid.*, « Négociations franco-anglaises », note non datée.
2. *Ibid.*
3. *Ibid.*, Note manuscrite non datée au sujet de Caïffa.

Paul Cambon, venu à Paris au début de janvier 1916, fit savoir que les négociations avaient progressé. Les Anglais reconnaissaient à la France en pleine souveraineté le Liban et Beyrouth, la région de Mossoul, sauf Kirkouk. Ils revendiquaient en revanche la possession de la Palestine. Georges-Picot répliqua que l'opinion publique française ne l'accepterait pas. Les Anglais avaient alors proposé l'internationalisation de ce pays sauf la région de Caïffa qui leur reviendrait[1]. Picot fit une autre proposition : diviser la Palestine en trois zones, une française, une anglaise et une internationale[2].

Ainsi se dessinait ce qui allait devenir la solution définitive. Les uns et les autres étaient pressés d'aboutir : « les Anglais afin de poursuivre leur [*sic*] négociations avec les Arabes », et les Français parce que « *nul ne (savait) les surprises que (pouvaient) nous réserver demain les événements*[3] ».

1. *Ibid.*, « Négociations franco-anglaises », note non datée.

2. « Le gouvernement français estime qu'au point où en sont les pourparlers, vous devez [...] proposer pour la Palestine une division en trois lots, le premier français comprenant la Samarie et tout le nord de la Palestine, à l'exclusion seulement du Murtessariflick de Jérusalem, le second international comprenant le Murtessariflick de Jérusalem, ce qui donnerait satisfaction aux desiderata religieux des Russes, Américains, Espagnols, Italiens ; enfin le troisième comprenant tout le sud de la Palestine jusqu'à la frontière de l'Égypte serait placé sous la souveraineté anglaise » (AE, Papiers Jules Cambon, vol. 82, Briand à Paul Cambon, 5 janvier 1916).

3. AE, A Paix, vol. 178, F. Georges-Picot à P. Cambon, 3 janvier 1916.

Après deux autres réunions, Sir Arthur Nicholson suggéra que Sir Mark Sykes et F. Georges-Picot rédigent un mémorandum signé par les deux diplomates récapitulant les points d'accord. Dans ce mémorandum il était proposé que les zones A et B fussent placées sous souveraineté arabe mais que la France fournît seule en zone A les conseillers et perçût les impôts, rôle dévolu à l'Angleterre en zone B, que la zone noire fût placée sous l'administration directe de la France et la zone hachurée horizontalement sous celle de l'Angleterre, que la zone hachurée verticalement fût soumise à une administration internationale, étant entendu que la Grande-Bretagne recevrait les ports de Caïffa et d'Acre[1].

Cet accord, comme le signale le professeur H. Laurens, recoupait assez exactement ce que Sykes, après une mission en Orient, avait confié au lieutenant de Saint-Quentin en juillet 1915 : division de la Syrie en deux zones d'influence, une zone française au nord, une zone anglaise au sud, internationalisation des Lieux saints ; le port d'Haïfa étant confié à l'Angleterre en vue d'y établir la tête d'une ligne de chemin de fer à construire jusqu'à Bagdad et au-delà jusqu'à Calcutta. « *Ce document extraordinaire montre que, avant même que ne s'engage la correspondance Hussein-Mac*

1. *Ibid.*, « Memorandum », 4 janvier 1916 signé par F. Georges-Picot et Mark Sykes.

Mahon, Sykes (avait) déjà à l'esprit l'ensemble des traits de l'accord qui prendra son nom[1] ».

F. Georges-Picot vint à Paris au début de janvier 1916 afin d'y soumettre ce projet. Il fut reçu par le président de la République, Raymond Poincaré, et par le ministre des Affaires étrangères, Aristide Briand. Il fit savoir à Paul Cambon, à son retour à Londres, que le gouvernement français « *envisageait la nécessité d'une compensation pour l'abandon de la Palestine et de Caïffa*[2] ». En conséquence l'action de l'ambassade devait tendre :

1. à obtenir le même régime pour les produits français sur la future ligne de chemin de fer qui devait partir de Caïffa que celui consenti aux Anglais sur la ligne d'Alexandrette ;

2. une légère rectification de la frontière nord de la Syrie qui suivait l'anti-Taurus ;

« *3. la solidarité absolue de l'abandon de la Palestine avec la réalisation de concessions qui seraient faites à la France ;*

4. enfin la cession de Chypre ».

---

1. H. Laurens, La question de Palestine, *op. cit.*, p. 304, on trouvera ce document dans AE, Guerre 1914-1918, vol. 869, de Saint-Quentin « Note : visées anglaises sur la Syrie », 28 juillet 1915.

2. AE, Papiers Jules Cambon, vol. 82, P. Cambon à Briand, 18 janvier 1916. Les citations suivantes sont extraites de la même note.

Pour comprendre cette dernière exigence dont le caractère peut paraître exorbitant, il ne faut pas oublier que dans l'esprit des Français, au début de la négociation, il ne faisait pas de doute que la Palestine, au sens large du terme, c'est-à-dire ce qui constitue aujourd'hui l'État d'Israël, la Cisjordanie et une partie de la Jordanie, faisait partie de la Syrie du Sud et aurait donc dû leur revenir dans le partage de l'Orient. Mais les Anglais, peu pressés d'avoir les Français comme voisins de l'Égypte, s'y refusèrent absolument. Une bonne partie de la Palestine fut donc attribuée, comme le prouve la carte ci-jointe, à la zone B, c'est-à-dire au futur royaume qui devait être dirigé par les Arabes sous contrôle anglais. La Palestine, proprement dite, qui était placée sous contrôle international, était un peu un État résiduel, comprenant essentiellement les Lieux saints des trois grandes religions monothéistes. Or, au début des négociations, Paul Cambon écrivait à son frère Jules, secrétaire général du Quai d'Orsay, une lettre personnelle dans laquelle il lui disait qu'il persistait dans son « *idée de protectorat sur la Palestine moins les Lieux saints*[1] »…

En un mois, P. Cambon avait dû accepter que le protectorat en question, à l'exception des Lieux saints, passât

1. AE, Papiers Jules Cambon, Lettres de P. Cambon (1905-1917), vol. 92, Paul Cambon à Jules Cambon, 10 décembre 1915.

des Français aux Anglais. Ce n'était pas là une mince concession.

En outre, à Paris, les hommes politiques n'oubliaient pas non plus que la France n'avait consenti à l'occupation de Chypre par les Anglais en 1878 que dans la mesure où Londres avait reconnu aux Français un droit sur la Syrie, or ce pays allait, à l'époque, de Mossoul au golfe d'Akabah et d'Alexandrette à la frontière égyptienne. Le sacrifice demandé à la France était donc lourd.

Mais cette demande de Chypre présentée par F. Georges-Picot à Sir Mark Sykes se heurta à un refus catégorique.

Paul Cambon ajoutait aussi que « *depuis l'ouverture des pourparlers en cours, les diverses administrations intéressées, mises journellement au courant des diverses solutions envisagées, multipliaient leurs objections avec une force grandissante.*

Tandis que le War Office insistait sur l'inutilité d'une transaction qui fermait au gouvernement britannique, sans avantages suffisants, certaines possibilités d'avenir, et demandait que l'on ne donnât pas de suite aux pourparlers actuels, l'India Office signalait la nécessité que présentait pour l'Inde la région de Mossoul et une frontière stratégique. Quant à l'Amirauté, elle ne croyait pas pouvoir renoncer à Alexandrette, et insistait avec force que sic] *la compensation dérisoire que constituait le port de Caïffa*[1] ».

Ces réactions expliquent pourquoi la demande de cession de Chypre n'eut aucune chance de succès. F. Georges-Picot obtint seulement un droit de préférence en cas de cession de l'île écartant ainsi le danger de son retour à la Grèce. Paul Cambon pressait d'accepter l'accord et d'en brusquer la signature. « *Nous ne pouvons oublier, en effet, que dans un passé récent, la France a vu, à diverses reprises, s'offrir à elle dans le Levant des possibilités d'une haute valeur dont des hésitations inopportunes* [...] *ont fait perdre définitivement le bénéfice. En 1893, notamment, il ne tenait qu'à elle de prendre pied à Alexandrette en mettant à profit les concessions de chemin de fer offertes par le sultan. Mais on aurait voulu plus, et le tout s'est dissipé en fumée. L'Orient est la région des mirages : en se laissant tromper par l'un d'eux* [...] *le gouvernement encourrait en la circonstance une très grande responsabilité*[2] ».

Deux jours plus tard, une nouvelle dépêche de Paul Cambon attirait l'attention de Briand sur le fait que Sir Mark

1. *Ibid.*, vol. 82, P. Cambon à Briand, 18 janvier 1916.
2. *Ibid.*

Sykes avait signalé à Picot qu'il rencontrait de très grandes difficultés pour faire accepter l'accord auprès des divers ministères… « *Il semble bien que l'Amirauté ait entrepris désormais une véritable campagne en cherchant à grouper en bloc les adversaires de la solution proposée. Non contente de développer ses propres arguments contre la cession d'Alexandrette, elle signal(ait) au War Office les avantages de conserver les mains libres en Orient*[1] »…

L'Amirauté espérait ainsi faire capoter le projet lors de la réunion qui devait se tenir le 21 janvier au Foreign Office. F. Georges-Picot, pour éviter cela, rappela à Sir Mark Sykes quelle était la politique commerciale de la France au Maroc afin que celui-ci pût contrer la propagande insidieuse de l'Amirauté auprès du Board of Trade.

Si cette réunion acquiesçait aux propositions du Foreign Office, F. Georges-Picot aurait « *lundi une dernière entrevue officielle avec Sir Arthur Nicholson. Rien ne s'opposerait plus ensuite à ce que je procède avec Sir Edward Grey à l'échange de mémorandum constatant l'accord intervenu*[2] », écrivait l'ambassadeur.

1. *Ibid.*, du même au même, 20 janvier 1916.
2. *Ibid.*

Paul Cambon proposait de hâter cette formalité afin d'empêcher toute tentative de la part des Anglais de revenir en arrière afin de reprendre les concessions faites. Mais les représentants des différents ministères anglais réunis au Foreign Office le 21 janvier n'arrivèrent pas à une solution définitive. Dans les jours qui suivirent, ils présentèrent sept demandes complémentaires dont la première exigeait « *la rédaction d'un préambule spécifiant que l'arrangement restait entièrement subordonné à l'agrément de la Russie et à la participation des Arabes à la guerre contre les Turcs*[1] ».

Sur chacun de ces points, des transactions intervinrent.

Le 3 février 1916, une nouvelle réunion interministérielle eut lieu, mais cela ne suffit pas, il fallut en prévoir une autre le lendemain. Lord Kitchener, ministre de la Guerre, ayant manifesté une vive opposition au tracé proposé pour la frontière de la zone française à l'est de Caïffa, F. Georges-Picot alla le voir et suggéra qu'au cas où la ligne de chemin de fer projetée ne pourrait passer par le sud, elle passât par le nord avec l'accord du gouvernement français.

---

1. *Ibid.*, du même au même, 5 février 1916.

La séance du 4 se tint alors. Picot fut appelé ensuite chez Sir Arthur Nicholson qui lui dit que les Anglais acceptaient «*le mémorandum proposé, tel qu'il était* [...] *en stipulant seulement que tout restait subordonné à l'assistance effective des Arabes et à l'agrément des Russes*[1]».

Le voyage de Fr. Georges-Picot et de Sir Mark Sykes à Petrograd

Avant leur départ Briand écrivit le 13 février 1916 à Paul Cambon de transmettre à F. Georges-Picot l'ordre «*d'éviter autant que possible toute discussion proprement dite à Petrograd et tout marchandage nouveau*[2]».

D'ailleurs Sazonoff n'avait-il pas déclaré à Paléologue qu'il approuvait «*par avance l'accord intervenu entre les gouvernements français et britannique pour la création d'un empire arabe*» et qu'il avait scrupule à imposer aux deux négociateurs un si long voyage. Cependant Briand ayant précisé le 23 février qu'il n'y avait pas lieu «*de s'arrêter aux scrupules de M. Sazonoff et qu'il conv(enait) que M. Georges-Picot et Sir Mark Sykes se rend(issent) à*

---

1. *Ibid.*

2. Papiers personnels de M. Dominique Lewandowski : dossier «négociations à Petrograd». Toutes les citations suivantes sont extraites du même dossier.

Petrograd ainsi qu'il a été entendu» ; les deux hommes après être passés par l'Europe du Nord atteignirent Petrograd le 9 mars 1916. Dès son arrivée, F. Georges-Picot fut reçu à déjeuner par Paléologue. Dans une lettre à P. Cambon du 15 mars, il raconte comme cela s'est passé : «*Je me suis vu, dès le repas terminé, interrogé sur l'arrangement intervenu à Londres et j'ai dû subir la grande scène que je prévoyais quand je suis arrivé à exposer le régime prévu pour la Palestine. J'ai été brusquement interrompu par l'ambassadeur : "Vous avez consenti cela. Quelle trahison ! Quelle honte ! Que faites-vous de notre histoire et de nos souvenirs ?" Et pendant cinq minutes les exclamations se sont succédé. Dix fois j'ai été voué aux gémonies. J'avais trahi tous les gouvernements depuis Godefroy de Bouillon*».

Cela se comprend dans la mesure où l'ambassadeur était le descendant de l'illustre famille qui fournit à Byzance plusieurs empereurs au cours des XIIIe, XIVe et XVe siècles. Il fallut donc à F. Georges-Picot beaucoup de diplomatie pour expliquer que lors d'une négociation on ne faisait pas toujours ce que l'on voulait et que ce qui avait été conclu à Londres «*était de la politique et non de la littérature*». Mais cela ne constituait qu'un hors-d'œuvre par rapport aux difficultés qui allaient suivre.

Le lendemain 10 mars il fut reçu avec Sir Mark Sykes par Sazonoff qui sembla surpris, comme le dit une dépêche de Paléologue, de voir la France établir sa souveraineté sur Diabekir et le Kurdistan. En revanche… « *à titre personnel, il s'est montré disposé à nous abandonner la Palestine, sous la seule réserve qu'un régime international serait appliqué aux Lieux saints* ». Ce qui inquiétait surtout F. Georges-Picot était l'attitude de l'ambassadeur d'Angleterre, Sir George Buchanan qui, suite à des instructions venues de Londres, semblait vouloir renégocier l'accord avec les Russes, ce qui eût entraîné des discussions sans fin.

Dans une lettre du 26 mars à Paléologue, Briand donna son accord pour échanger Diabekir et le Kurdistan contre la région de Siwass comme le proposait le gouvernement russe. Il ajoutait : « *À la réflexion, le gouvernement français… est frappé des difficultés presque insurmontables opposées à la réalisation d'un régime international à une région (i.e. la Palestine) aussi étendue et spéciale ; il ne juge pas impossible de reprendre en temps opportun avec les Anglais des conversations efficaces basées sur le consentement russe à notre thèse* »… Briand songeait donc à utiliser les Russes pour obtenir que la Palestine soit pleinement dans la zone d'influence française. Sazonoff semble avoir souscrit à cette demande puisque le même jour Paléologue lui répondait que : « *Si le gouvernement de la République obt(enait) l'acquiescement du gouvernement britannique à l'inclusion de la Palestine dans la Syrie française, le gouvernement russe n'y fer(ait) pas d'objection* ».

Ainsi le gouvernement français de l'époque, Briand en tête, semble avoir caressé les rêves les plus audacieux en ce qui concerne la Palestine. Une note de Picot du 17 mars dont Paléologue dut avoir connaissance, peut-on penser, signalait cependant, que Sir Mark Sykes lui avait communiqué confidentiellement un télégramme de Sir Edward Grey lui reprochant « *sévèrement d'avoir éveillé mes susceptibilités concernant la Palestine en me parlant des projets juifs. Il prescrit à Sir George Buchanan de lui rappeler qu'il ne doit jamais aborder cet ordre de questions sans stipuler tout d'abord que l'Angleterre ne saurait avoir une visée quelconque dans cette région* ».

Cette dépêche laisse donc à penser que le député anglais s'était déjà fait le porte-parole des sionistes auprès de son ami dès cette époque, sans succès dans l'immédiat, mais cela éclaire l'avenir.

À la fin du mois Sir Mark repartit pour l'Angleterre. F. Georges-Picot devait le suivre puisque Briand avait écrit le 26 mars qu'il était d'accord avec les demandes de Sazonoff et que le 29 mars Paléologue lui envoyait la réponse positive du ministre des Affaires étrangères russe à la lettre précédente.

Au début d'avril F. Georges-Picot prit rendez-vous avec Sazonoff pour son audience de congé. C'est alors que celui-ci lui annonça que les militaires russes exigeaient la région de Rovandouz qui est à la hauteur de Mossoul près de la frontière iranienne, région promise au Cherif Hussein qui y attachait une grande importance ainsi que la remise en cause des «Capitulations» dans la partie de la Turquie qui serait attribuée à la Russie et la soumission de tous les établissements étrangers, civils et religieux, à la législation russe.

Il fallut donc reprendre les négociations dans des conditions assez difficiles car, en l'absence de Sir Mark Sykes, Sir George Buchanan qui était souffrant soutint fort peu Picot en face des exigences russes... Picot lui-même tomba malade pendant une semaine.

Le 17 avril Briand demandait à Paléologue «*de rappeler confidentiellement à M. Sazonoff l'importance considérable que nous attachons à ce que la Russie qui s'est ralliée à nos vues sur la Palestine, sous des réserves acceptées par nous, nous prête son appui auprès du gouvernement britannique au moment où nous reprendrons la question pour la solution définitive*». Le surlendemain F. Georges-Picot écrivait à Briand qu'il partageait son point de vue sur l'urgence d'un accord : « *Chaque jour qui passe, ajoutait-il, permet aux armées russes de prendre pied plus avant en Asie Mineure et leur donne ainsi une situation de fait incomparable, dont ne manqueraient pas de profiter les éléments militaires et marins, ici comme à Londres peu favorables à l'accord*», d'autant qu'il ne fallait pas oublier que cette convention avec l'Angleterre restait subordonnée à l'entrée en action des Arabes avant la fin de la guerre.

Le 23 avril Briand télégraphiait à Paléologue que le Conseil des ministres l'autorisait « *à accepter la formule de M. Sazonoff et à signer l'accord syrien* ». Il lui demandait aussi s'il avait obtenu l'accord de ce dernier pour reprendre les discussions avec les Anglais au sujet de la Palestine «*Indiquez à M. Georges-Picot l'importance que j'attache à cette adhésion de la Russie à notre thèse*».

Le 26 avril Paléologue informait Briand que Sazonoff avait promis « *d'appuyer auprès du gouvernement britannique les desseins du gouvernement de la République sur la Palestine*». Il l'informait aussi que le ministre russe venait de signer, avec lui, l'accord qui prévoyait, en ce qui concernait cette région, qu'une administration internationale serait établie dont la forme serait décidée après consultation entre les Alliés et les représentants du chérif de La Mecque[1].

L'entente confidentielle entre les gouvernements russe et français au sujet de la Palestine fut résumée dans un aide-mémoire dont un article stipulait que «*le Gouvernement russe adhérait à tout projet de nature à assurer à tous les établissements orthodoxes se trouvant en Terre sainte, le libre exercice de leur culte ainsi que le maintien des droits et privilèges acquis et il n'opposerait aucune objection de principe contre l'accès des colons israélites dans le pays*».

Les mots soulignés dans le texte devaient être compris dans ce sens que, «*pourvu que les établissements orthodoxes de Terre sainte conservassent leurs droits et leurs privilèges, la Russie accepterait tout projet d'organisation de la Palestine qui conviendrait à la France*[2]».

Ce texte ne révélait-il pas de la part de Paris une belle dose de naïveté? C'était supposer, en effet, que les Anglais qui s'étaient opposés de toutes leurs forces au protectorat de la France sur la Palestine, l'accepteraient, de façon

1. AE, A Paix, vol. 174, Paléologue à Briand, «Note sur les accords de 1916 au sujet de l'Orient ottoman», décembre 1916.

2. *Ibid.*, Ribot à P. Cambon, Barrère et Picot, 10 mai 1917.

à peine déguisée, après la guerre. L'accord secret franco-russe ne paraît pas avoir été, dès le départ, très réaliste. D'autant que l'on sait que l'économie générale du texte issu des conversations entre F. Georges-Picot et son homologue anglais était le fruit de la pensée de Sir Mark Sykes, telle qu'elle a été exposée précédemment, à savoir l'établissement d'un grand royaume arabe qui, avec le concours de la France, mais surtout avec celui de l'Angleterre, pourrait se développer harmonieusement et créer ainsi une zone de stabilité dans cette région névralgique. On voit que le rôle prépondérant dévolu à la Grande-Bretagne dans l'esprit du député anglais cadrait mal avec les illusions françaises.

Maintenant que Russes, Français et Anglais s'étaient entendus, il ne restait plus qu'à signer. C'est alors que se présenta une dernière difficulté, signe avant-coureur de toutes celles qui surgiraient dans l'avenir.

Durant les discussions qui venaient de s'achever, le gouvernement anglais avait « *de lui-même poussé la France à inclure la région de Mosoul* sic] *dans la zone d'influence arabe*[1] ».

1. Revenant à la France.

« *La politique anglaise tendait, à ce moment, à éviter le contact direct avec la Russie par la constitution d'un État au nord de la Mésopotamie, comme elle avait créé une zone neutre entre les zones d'influence russe et anglaise en Perse. Ce n'est qu'ultérieurement que l'Angleterre, après la destruction de la Russie par le bolchevisme, a revendiqué Mossoul (qu'elle occupait d'ailleurs militairement et refusait énergiquement d'abandonner) comme une dépendance indispensable de la Mésopotamie*[1] ».

Mais il y avait dans les accords de 1916 un article qui stipulait « *que dans chaque zone respective, l'occupant politique aurait un droit de priorité et de préférence sur les entreprises économiques. Or, il y avait du pétrole dans les* « *vilayets* » *de Mossoul et de Bagdad. Et tout le monde le savait depuis longtemps*[2] ».

En 1903, la convention de Bagdad avait accordé aux Allemands la concession du chemin de fer à construire avec un droit de priorité sur tous les gisements situés au nord et au sud de la future voie ferrée. Après de longs pourparlers, un accord fut signé entre les Anglais et les

1. AE, Correspondance politique et commerciale 1914-1940, série Y, vol. 195, « Mossoul et le pétrole », 31 mai 1920.

2. A. Tardieu, Compte rendu d'intervention devant la Chambre des députés, 25 juin 1920, JO du 26 juin 1920.

Allemands le 19 mars 1914 concernant l'exploitation du pétrole. Un groupement fut constitué sous le nom de «Turkish Petroleum Company». Les Anglais possédaient 75 % du capital. En outre un article assurait un droit de préemption aux actionnaires anglais en cas de vente de leur part par les Allemands. Cet accord fut ratifié le 28 juin 1914 par la Turquie.

Lorsque la guerre éclata, la participation allemande de 25 % dans la «Turkish Petroleum Company» fut placée sous séquestre.

En 1916, les capitalistes anglais, en prenant connaissance des clauses des accords Sykes-Picot, furent furieux de voir passer sous contrôle français la «Turkish Petroleum Company». Ils exigèrent des garanties.

Sous leur pression, Sir Edward Grey, avant de signer, demanda à P. Cambon «l'*assurance que dans les régions qui deviendraient françaises ou dans celles où les intérêts français seraient prédominants, les concessions britanniques seraient maintenues*[1]».

---

1. AE, Correspondance politique et commerciale 1914-1940, série Y, vol. 195, «Mossoul et le pétrole», par A. Tardieu dans *L'Illustration*, 19 juin 1920.

En autorisant l'ambassadeur de France à Londres à signer malgré tout cet accord, Briand « *y avait vu le moyen de compenser dans une certaine mesure la perte de prestige et d'influence que constituerait pour la France la disparition de l'Empire ottoman, ou tout au moins du régime qui avait assuré depuis des siècles à notre pays la prééminence en Orient*[1] ».

Fort de ces instructions, Paul Cambon écrivit à Sir Edward Grey le 15 mai que « *le gouvernement français était prêt à sanctionner*[2] *dans les régions qui lui seraient attribuées ou qui relèveraient de son action, les diverses concessions britanniques ayant date certaine antérieure à la guerre*[3] ».

Autrement dit, la « Turkish Petroleum Company », constituée en mars 1914 et ayant obtenu une concession par le traité du 28 juin de cette même année, continuerait à avoir un droit exclusif sur le pétrole découvert et à découvrir dans les régions de Mossoul et de Bagdad.

---

1. AE, Levant 1918-1929, Palestine, vol. 1, « Note pour le ministre », 15 juin 1918.
2. Souligné dans le texte.
3. AE, Correspondance politique et commerciale 1914-1940, série Y, vol. 195, « Mossoul et le pétrole », par A. Tardieu dans *L'Illustration*, 19 juin 1920.

« *C'est de là qu'il résulte que, si l'accord de 1916, excellent par ailleurs, nous donnait Mossoul, il ne nous donnait pas les pétroles*[1] ». On verra par la suite que ce n'est pas sans raison qu'il a fallu s'étendre sur cette affaire.

Ce « petit » incident laissait mal augurer de la suite des événements d'autant que l'accord finalement signé les 9 et 16 mai 1916 par P. Cambon et par Sir Edward Grey aurait dû porter leur nom, comme il est de coutume, Sir Mark Sykes et F. Georges-Picot n'en ayant été que les rédacteurs. Mais les Anglais, pour mieux en minimiser la portée et mieux s'en dégager, préférèrent les appeler Sykes-Picot, nom qui est passé dans l'Histoire, de façon à faire croire que ceux-ci n'avaient été le fruit que de conversations entre diplomates d'un niveau subalterne, qui n'engageaient qu'eux, alors qu'en réalité ils liaient trois gouvernements : ceux de Paris, de Londres et de Petrograd.

•••••

Le lendemain de la signature par Sir Edward Grey de l'accord, Paul Cambon écrivait à son frère cette lettre qui résumait les difficiles négociations qui venaient de se terminer et en pointait du doigt la fragilité.

---

1. A. Tardieu, Compte rendu d'intervention devant la Chambre des députés, 25 juin 1920, JO du 26 juin 1920.

« *On eût été aux anges il n'y a pas si longtemps encore si l'on avait pu croire que les Anglais se désintéresseraient à notre profit de la Syrie, d'Alexandrette et de la Cilicie. Aujourd'hui l'on a tout cela et (mot illisible) et Mossoul pour (mot illisible) le marché on rêve de la Palestine. Or, jamais les Anglais ne consentiront à notre établissement en Palestine et si les Russes ne s'y refusent pas, c'est parce qu'ils savent très bien que les Anglais ne se rendront pas. Sazonoff l'a avoué à Picot* ».

« *Et puis il y a les Juifs du monde entier qui caressent l'espoir d'une Judée autonome et qui se soulèveront contre la puissance qui mettra la main sur la Palestine. Or, il faut compter avec les Juifs*[1] ». C'était fort bien vu. Mais, ce que ne disait pas Cambon, c'est que ces accords devaient rester secrets, car ils avaient été conçus par les Anglais comme un astucieux moyen pour tromper le Chérif de La Mecque, c'est-à-dire les Arabes tout en exigeant leur concours contre les Turcs puisqu'on leur faisait croire que la plus grande partie de la Syrie deviendrait indépendante alors qu'en réalité les zones A et B devaient être placées sous la suzeraineté nominale d'Hussein mais sous contrôle réel des Français et des Anglais.

1. AE, Papiers J. Cambon, Lettres de P. Cambon (1905-1917), vol. 92, Paul Cambon à Jules Cambon, 17 mai 1916.

Tout cela était évidemment gros de désillusions futures et les Français eurent tort de s'associer à cette scandaleuse politique. L'avenir allait d'ailleurs le leur prouver car bientôt ils allaient trouver plus malins ou plus hypocrites qu'eux.

Chapitre VI

La guerre matrice des progrès du sionisme

Comme on l'a dit, à la veille de la guerre, deux nationalismes contradictoires apparaissaient au Proche-Orient : le nationalisme arabe lié à la France dont l'ennemi principal était la Turquie et le nationalisme juif dont l'ennemi principal allait être évidemment les nationalismes arabes et accessoirement la France. Entre ces deux nationalismes il y avait une grosse différence : l'un, le sionisme, était organisé au plan international tandis que l'autre ne l'était pas.

L'organisation sioniste

Lorsque la guerre de 1914 éclata ; le sionisme avait son siège à Berlin : en effet, Berlin abritait la puissante association « Hilfsverein der deutschen Juden » qui avait construit de nombreuses écoles et institutions en Palestine, écoles et institutions qui faisaient concurrence à celles de l'Alliance israélite universelle, donc à la France. Les Allemands avaient promis à « *cette association le contrôle sur la*

Palestine dès que le chemin de fer de Berlin-Bagdad serait achevé[1] ». Mais tout cela ne coïncidait pas forcément avec les plans sionistes.

Cependant, la force du sionisme n'échappa pas au gouvernement allemand. C'est pourquoi en juin 1915, Berlin lança un appel à tous les sionistes afin de susciter leur sympathie. Mais les sionistes étaient « *trop malins pour se compromettre alors que l'issue de la guerre était encore douteuse ; en même temps, ils désiraient garder la confiance de l'Allemagne qu'ils exploitaient en connexion avec la Russie (i.e. avec les mouvements révolutionnaires qu'elle soutenait en Russie). Ils refusèrent donc la demande de l'Allemagne en expliquant ironiquement que le mouvement sioniste ne pouvait pas se laisser entraîner dans le monde politique* ».

L'année suivante, les sionistes transférèrent secrètement leur quartier général de Berlin à Londres, qui était déjà leur centre financier, ce qui leur permit d'avoir de plus en plus d'influence dans le monde anglo-saxon. En outre, grâce aux fonds et aux renseignements dont ils disposaient, ils purent faciliter la révolution dans les pays considérés par

---

1. http:// www. iamthewitness. com.books/Denis. Fahey/Waters. Flowing.Eastward/1.5. Zionists... Les citations suivantes sont extraites du même article.

eux comme ennemis, au premier rang desquels se trouvait la Russie.

À cet égard, Jacobson qui était jusqu'alors à Constantinople afin d'assurer la liaison avec la Sublime Porte, considérant qu'il n'y avait plus rien à faire, s'installa à Copenhague qui était en pays neutre d'où il put transmettre des informations et des fonds. Chlenov, un Russe «*allait et venait entre la Russie et le Danemark et éventuellement l'Angleterre. Un autre Russe, Nahum Sokolow, voyageait librement dans les pays alliés. Rudolf Steiner, conseiller occulte du Kaiser passait sans problème entre l'Allemagne et l'Angleterre durant toute cette période des hostilités en dépit des règlements de police. Grâce à ses méthodes financières sûres, il fonda ce qui était pratiquement un établissement de crédit sioniste fonctionnant à travers le monde. Ceci contribua notablement à inciter les gouvernements alliés à reconnaître l'organisation sioniste comme représentant officiel du peuple juif*».

L'une des pièces essentielles du puzzle sioniste était Chaïm Weizmann, Juif russe installé en Angleterre. Il fit partie de la minorité sioniste qui, dès le début de la guerre, prit fait et cause pour les pays de l'Entente, spécialement pour l'Angleterre, dont certains dirigeants, et non des moindres, avaient déjà manifesté avant 1914 leur amitié pour ce mouvement, alors même que, comme on l'a dit «*la plus grande partie du mouvement sioniste était pro-allemande*[1] » par haine du tsarisme.

Les premiers jalons du combat sioniste en Angleterre

Peu après le début de la guerre, Weizmann, qui était professeur de physique-chimie à Manchester, rencontra un journaliste important du *Manchester Gardian*, C.P. Scott, qui, vivement intéressé par le sionisme, lui proposa de lui faire connaître Lloyd George, qui était chancelier de l'Échiquier. « *L'entrevue avec Lloyd George eut lieu au début de décembre 1914*[2] ». À ce rendez-vous assistait Herbert Samuel, ministre des collectivités locales.

Après l'avoir questionné sur la Palestine, Lloyd George conseilla à Weizmann d'aller voir Balfour et Asquith. C'est alors qu'Herbert Samuel dit qu'il avait soumis à ses collègues du gouvernement « *une note dans laquelle il plaidait la cause d'un foyer national pour les Juifs en Palestine. Si cette note n'eut pas de suite – Asquith ne témoigna aucun intérêt – elle n'en fut pas moins un premier pas préparant le terrain aux spectaculaires événements de 1917*[3] ».

1. W. Laqueur, *op. cit.*, p. 261.
2. Chaïm Weizmann, *Naissance d'Israël*, Gallimard, Paris 1957, p. 180.
3. W. Laqueur, *op. cit.*, p. 264.

Dans son journal, le 28 janvier 1915, Asquith écrivit que Lloyd George, qui ne prêtait aucun intérêt aux Juifs en tant que tels, pensait en réalité « *que ce serait une insulte de laisser les lieux saints entre les mains ou sous protectorat d'une France « agnostique et athée*[1] ».

Peu après, Weizmann, suivant le conseil de Lloyd George, prit contact avec Balfour qu'il avait déjà rencontré en 1906 lorsque celui-ci faisait campagne dans la circonscription de Clayton, dans le nord de Manchester. Balfour, qui était à ce moment premier Lord de l'Amirauté, l'invita chez lui à Carlton Gardens. À l'issue de leur longue conversation, il lui dit : « *Vous défendez une cause admirable. Il faut revenir souvent me voir*[2] ». « *Ces contacts avec C.P. Scott, Lloyd George et Balfour n'étaient que les premiers pas vers la découverte de nos amis. Ils étaient extrêmement nombreux*[3] »... La plupart de ces responsables politiques croyaient dans les légendes bibliques avec force et sincérité. Ils éprouvaient, naturellement une profonde admiration pour les sionistes dont le but premier était de récupérer une terre qui leur avait été soi-disant donnée par Dieu !

---

1. Ch. Weizmann, *op. cit.*, p. 181.
2. *Ibid.*, p. 184.
3. *Ibid.*, p. 185.

À tel point que l'un d'entre eux, Lord Milner disait : «*Si les Arabes pensent que la Palestine deviendra un pays arabe, ils se trompent totalement*[1] », alors même que les Anglais laissaient entendre, sans trop l'affirmer, le contraire au chérif de La Mecque. Bel exemple de duplicité !

C'est en 1915 que Weizmann rencontra Churchill qui lui dit à brûle-pourpoint «*Eh bien ! M. Weizmann, il nous faut trente mille tonnes d'acétone ! Pouvez-vous les fabriquer*[2]» ? C'est à cette tâche que s'attela pendant deux ans l'universitaire juif. Lorsque Lloyd George, devenu ministre des munitions lui demanda s'il accepterait en récompense une distinction décernée par le roi, Weizmann refusa mais il ajouta : « *Si, je voudrais que vous fassiez quelque chose pour mon peuple. Alors il exposa ses aspirations tendant à la restauration des Juifs dans la Terre sacrée où ils avaient laissé d'inoubliables souvenirs. Telles furent la source et l'origine de la fameuse Déclaration au sujet du Foyer national des Juifs en Palestine*[3] ».

---

1. *Ibid.*, p. 212.
2. *Ibid.*, p. 206.
3. Lloyd George, *Souvenirs de guerre*, vol. 1, p. 348-350, cité par Israël Cohen dans *Le mouvement sioniste*, éd. de la Terre retrouvée, Paris, 1948, p. 108.

Mais avant d'en arriver là, beaucoup d'obstacles se dressèrent devant les sionistes dont le moindre n'était pas la France. Ses droits religieux, politiques et culturels sur la Palestine étaient beaucoup plus grands, comme nous l'avons dit, que ceux de l'Angleterre. Édouard Grey, secrétaire d'État au Foreign Office en était si conscient que Weizmann écrivait à Scott, le journaliste du *Manchester Guardian*, « *qu'il sympathisait entièrement avec l'idéal national juif en rapport avec les projets de Palestine mais ne veut pas se commettre quant à l'opportunité d'établir un protectorat britannique dans ce pays. Il pense que de telles initiatives risqueraient de conduire à des difficultés avec la France*[1] ».

Weizmann ne partageait pas du tout cet avis, comme on s'en doute. Il écrivait le 11 février 1915 à Scott… « *quant à la France, je ne crois pas qu'elle doive réclamer plus que la Syrie jusqu'à Beyrouth. La soi-disant influence française, qui est simplement spirituelle et religieuse, y est prépondérante. Elle est presque nulle en Palestine : quelques monastères. Les seules tâches que l'on puisse qualifier de travaux de pionniers ont été exécutées par les Juifs. Du point de vue de la justice, la France ne peut en conséquence*

1. Ch.Weizmann, *op. cit.*, p. 211.

avoir des droits sur un pays avec lequel elle n'a absolument aucun rapport[1] ».

On admirera la mauvaise foi et la dialectique de Weizmann à qui on aurait pu demander si, dans ces conditions, la Grande-Bretagne avait plus de droits que la France sur la Palestine. Et pourtant tout son travail et celui de ses amis fut d'œuvrer pour que l'Angleterre et l'Angleterre seule, puisse recevoir le protectorat sur la Palestine bien que, comme il l'écrivait à Scott en mars 1915… « *l'Angleterre sentait qu'elle n'avait rien à voir avec ce pays ; seulement elle était intéressée au plan qui allait créer le foyer national juif*[2] ». Ou plutôt on allait lui forcer la main.

1917, l'année cruciale

Mais ce travail n'aurait pas été possible sans l'aide de personnes bien et haut placées dans l'administration britannique, au premier rang desquelles il faut citer Sir Mark Sykes qui, après la conclusion des accords de partage du Proche-Orient qui porte son nom et celui de Picot, fut converti au sionisme par le Dr Moses Gaster, rabbin de

1. *Ibid.*, p. 222.
2. *Ibid.*, p. 211.

la communauté sépharade de Londres. Ce fut Gaster qui présenta Sir Mark Sykes à Weizmann en 1917.

«*Je ne dirai jamais assez, écrivit ce dernier, combien Sykes nous rendit service. Ce fut lui qui dirigea notre tâche vers une voie officielle. Il faisait partie du secrétariat du cabinet de Guerre comprenant entre autres Léopold Amery, Ormsby Gore et Ronald Storrs. Sans les conseils d'hommes tels que Sykes et Lord Robert Cecil, nous aurions sans aucun doute commis bien des erreurs dangereuses, étant donnée notre inexpérience, dans ces délicates négociations diplomatiques*[1] ».

Enfin l'arrivée de Sokolow qui était secrétaire du congrès sioniste mondial, à Londres vint renforcer la position de Weizmann à la veille d'événements importants dont le premier et non le moindre fut, sans conteste, la crise ministérielle de décembre 1916 qui entraîna la démission d'Asquith et son remplacement par Lloyd George qui plaça Balfour au Foreign Office assisté de Lord Cecil, tandis que Milner devenait membre du cabinet de Guerre. Tout cela était de bon augure pour les sionistes, même si Edwin Montagu, juif mais antisioniste acharné, faisait partie du nouveau gouvernement.

---

1. *Ibid.*, p. 215.

À ce moment, écrit Weizmann, « *nous avions parcouru un long chemin depuis ces "antennes" d'essai et les sympathies individuelles clairsemées de 1914. L'image des forces qui étaient pour ou contre nous, s'était faite plus nette... Nous avions découvert, dans les milieux politiques anglais, une opinion qui pesait lourdement en notre faveur*[1] ». *Le moment était donc venu d'agir et de faire pression pour obtenir du gouvernement anglais une déclaration politique quant à la Palestine.*

Vers la fin du mois de janvier 1917, je soumis à Sir Mark Sykes un mémorandum préparé par notre comité, et j'eus plusieurs réunions avec lui[2] ».

Ce document était intitulé « Grandes lignes d'un programme pour le retour des Juifs en Palestine conformément aux aspirations du mouvement sioniste ». Le premier point était la reconnaissance de la nation juive[3]. Le second point exigeait que la nation protectrice, c'est-à-dire l'Angleterre, accorde aux Juifs le plein droit d'immigrer en Palestine. Les points suivants énuméraient les moyens pour arriver à ces buts : Création d'une compagnie de colonisation juive que le gouvernement suzerain favoriserait le plus possible en lui

1. *Ibid.*, p. 219.
2. *Ibid.*, p. 220.
3. *Ibid.*

permettant l'achat des terres, c'est-à-dire en clair le dépouillement des Palestiniens. Il était précisé aussi qu' «*au cas où le gouvernement suzerain nommerait un gouverneur et un corps de fonctionnaires, cette nomination sera faite en considération des besoins précis de la population juive*[1]», c'est-à-dire en termes précis, en fonction uniquement des besoins d'une petite minorité puisque les Juifs, à l'époque, représentaient à peine 10 % de la population au détriment de l'écrasante majorité. C'est ce qu'on appelle en Occident la démocratie.

Une première réunion générale eut lieu chez le Dr Gaster, le 17 février 1917. Y assistaient Lord Rothschild, Sokolow, Joseph Cowen, Chaïm Weizmann et Sir Mark Sykes.

Dès le départ, les participants refusèrent l'internationalisation de la Palestine car ils savaient très bien que seul un gouvernement unique et fort pouvait imposer par la violence le programme exposé plus haut. Puis, les participants examinèrent la situation internationale. Ils savaient que Brandeis, chef du mouvement sioniste américain et conseiller du président Wilson «*à propos de la question juive, était en faveur du protectorat anglais et absolument*

1. *Ibid.*, p. 221.

opposé à un condominium[1] ». Sir Mark Sykes qui avait été en Russie et qui avait rencontré Sazonov, le ministre des Affaires étrangères, assura qu'il n'y aurait pas de difficultés de ce côté-là.

L'Italie, dit-il, «*partait du principe qu'il fallait avoir les mêmes exigences que la France. Les véritables heurts étaient avec celle-ci. Il ne comprenait pas la politique française. Les Français convoitaient toute la Syrie et voulaient avoir leur mot à dire en Palestine*[2] ».

À la suite de cette réunion, « *on confia à Sokolow la tâche de modifier l'attitude des Français et de gagner le consentement de l'Italie et du Vatican ; il s'en acquitta avec beaucoup d'adresse*[3] ». On verra par la suite comment il s'y prit. Weizmann ajoute que François Georges Picot « *ne fut pas particulièrement secourable. Il suggéra tout d'abord que les Juifs d'Europe centrale devaient se contenter des mêmes droits sur les lieux, et s'en servir dans le but de s'établir dans le pays*[4] ». « *Ensuite il dit que si on créait un État juif en Palestine, le protectorat devait être assuré*

1. *Ibid.*, p. 223.
2. *Ibid.*, p. 224.
3. *Ibid.*
4. *Ibid.*

par les Français[1]». Ces deux points déplurent fortement à Weizmann qui ajoute qu'il eut ensuite des conversations avec Sokolow, Picot et Sir Mark Sykes. «*Lorsque le terrain fut exploré en Angleterre, Sokolow partit pour Paris et pour Rome… En Italie son travail était extrêmement délicat à cause du Vatican*[2]». On verra par la suite comment les choses se passèrent.

Mais, le gros souci des sionistes n'était pas là, il était du côté de la France. «*J'eus une longue conversation avec Balfour le 22 mars 1917*[3]», écrit Weizmann. Pour sortir d'embarras, celui-ci suggéra d'établir un condominium anglo-américain, mais le fait d'avoir deux maîtres ne lui souriait guère. «*L'attitude des Français redevint d'actualité dans la conversation que j'eus avec le Premier ministre, M. Asquith le 3 avril*[4]». Il n'y a qu'un problème, c'est qu'Asquith n'était plus Premier ministre à l'époque. Weizmann veut-il parler de Lloyd George? C'est possible mais ce qui est curieux, c'est qu'il parle de son attitude «peu amicale» «vis-à-vis de l'idéal sioniste» alors que Lloyd George avait toujours, au contraire, eut une attitude très sympathique à l'égard de ce mouvement depuis le début de la guerre,

1. *Ibid.*
2. *Ibid.*, p. 225.
3. *Ibid.*
4. *Ibid.*

attitude dont il ne se départit pas par la suite, comme on le verra.

Peu après, le 16 avril 1917, Weizmann et ses amis apprirent par une indiscrétion venant de Paris l'existence des accords Sykes-Picot. « *Les modalités étaient les suivantes : la France devait obtenir après la guerre, non seulement le nord de la Syrie, mais la Palestine jusqu'à une ligne allant de Saint-Jean-d'Acre au lac de Tibériade jusqu'au Hauran inclus ; le reste de la Palestine devait être internationalisé.*

C'était un renseignement saisissant ! Il me semblait que la proposition n'avait ni rime ni raison. C'était injuste pour l'Angleterre, fatal pour nous et d'aucun secours pour les Arabes. Je comprenais aisément pourquoi Sykes n'avait pas été opposé à l'abrogation du traité et pourquoi Picot n'avait pas pu le défendre avec énergie[1] ».

On ne voit pas pourquoi ce traité était injuste avec l'Angleterre qui n'avait aucun droit sur la Palestine. En outre, il eût été beaucoup plus favorable aux Palestiniens qui se seraient vus reconnaître des droits que ni l'Angleterre ni les sionistes n'ont jamais voulu leur concéder jusqu'à aujourd'hui.

1. *Ibid.*, p. 225-226.

Weizmann s'en ouvrit indirectement à Lord Robert Cecil, deuxième secrétaire du Foreign Office, qui était très favorable au sionisme et qui fut ensuite l'un des pères fondateurs de la Société des Nations dont on connaît le lamentable échec. La conversation vint sur la France. Cecil demanda alors à son interlocuteur quelles objections il avait. Celui-ci répondit que les Français, à la différence des Anglais, lorsqu'ils colonisaient, s'immisçaient « *dans la vie de la population en essayant de leur imposer l'esprit français*[1] », ce qui était exact et était, il faut le reconnaître, souvent contre-productif. Mais en disant cela Weizmann avait probablement dans l'idée que les Français seraient moins souples que les Anglais, qu'ils auraient probablement quelques scrupules dans la manière dont les sionistes traiteraient les Palestiniens.

Pour emporter l'adhésion complète de son interlocuteur, Weizmann insista sur deux points. Le premier étant « *le rapport qui devait exister entre un protectorat britannique en Palestine et la création de la patrie juive. Ce fut grâce aux Juifs que prit corps l'idée d'un protectorat britannique – devenu plus tard un mandat – en Palestine*[2] ».

1. *Ibid.*, p. 226.
2. *Ibid.*, p. 227.

Au fond, c'était du donnant donnant : le mandat contre la liberté d'oppression. Le deuxième était « *qu'une Palestine juive serait une sauvegarde pour l'Angleterre particulièrement en ce qui concerne le canal de Suez*[1] ». Le 8 avril 1917, Weizmann écrivait à Louis Brandeis, qui était à la tête des sionistes américains, que la situation générale était très satisfaisante : « *La principale difficulté, dis-je, semble être les exigences des Français*[2] ».

Arrivé le 20 avril aux États-Unis ; Balfour rencontra le juge Brandeis qui « *semble avoir beaucoup insisté pendant la visite de la mission britannique sur le désir qu'avaient les sionistes américains de voir une administration anglaise en Palestine*[3] ».

•••••

On peut donc dire que la grande tâche de Weizmann et de ses amis fut de faire en sorte que la victoire des pays de l'Entente, mais plus précisément celle de l'Angleterre soit celle du sionisme, fût-ce au détriment de la France et des Arabes. Il faut dire que ceux-ci étaient loin de disposer d'une organisation aussi élaborée que celle des sionistes et

1. *Ibid.*
2. *Ibid.*, p. 228.
3. *Ibid.*

loin d'avoir des avocats aussi zélés et surtout aussi bien placés, sauf peut-être en France, pays qui jouait précisément un rôle fort modeste dans la stratégie juive. Mais que faisait précisément notre pays au moment où se déroulaient tous ces événements qui viennent d'être relatés?

Chapitre VII

Le dilemme français

À la différence de l'Angleterre, et contrairement à ce qu'avait dit Weizmann, la France était l'héritière d'un riche passé au Proche-Orient. Il suffit de lire le livre de Negib Azoury pour s'en persuader. Le Réveil de la nationalité arabe est un long chant d'amour, d'amour parfois déçu, pour la France. « *De toutes les puissances européennes, la France est celle, qui offre, aux opprimés et aux malheureux, le concours le plus généreux et le plus spontané. La nation française est essentiellement chevaleresque*[1] ». Aujourd'hui, il faudrait mettre cela au passé car les Français ont été dégoûtés de tout par la nocivité de leurs dirigeants qui leur ont imposé deux guerres et d'innombrables conflits. Mais au début du xxe siècle, ce qu'écrivait Negib Azoury était encore vrai, surtout en ce qui concerne le Proche-Orient où, protectrice des chrétiens, la France était en même temps l'amie des musulmans.

1. N. Azoury, *op. cit.*, p. 101.

Entre passé et idéologie ; entre alliance russe et alliance juive

La France républicaine, toute républicaine qu'elle ait été, c'est-à-dire essentiellement anticléricale, se voulait aussi l'héritière de la monarchie. Elle se considérait donc comme la protectrice des chrétiens. Ce protectorat, issu des « Capitulations », n'avait « *jamais eu pour but de favoriser les catholiques aux dépens des autres mais seulement de les garantir contre le (fanatisme) et de leur assurer (indirectement) la liberté, la sécurité et la (justice) que la France libérale assure à tous chez elle*[1] »...

Ce protectorat exclusif de la France, attesté en 1742 par un règlement de la Propagande relatif « *aux honneurs à rendre dans les églises catholiques aux consuls de France dans le Levant*[2] » avait été confirmé par ce qu'on a appelé les firmans du « statu quo » de mars 1852 et de mai 1853, et par une circulaire de cette même congrégation en 1888[3]. Ils étaient aussi devenus de véritables droits internationaux reconnus par les puissances aux traités de Paris de 1856 et de Berlin en 1878.

1. AE Guerre 1914-1918, Sionisme, vol. 1201, Defrance à Pichon, 10 avril 1918.

2. *Ibid.*, Turquie, vol. 882, Notice sur les Lieux saints de Palestine, 23 janvier 1918.

3. *Ibid.*

En raison du caractère supranational des Lieux saints, ces droits de garde et de protection auraient dû revenir à la papauté ; « *comme néanmoins l'autorité temporelle du Saint-Siège n'a jamais pu s'exercer au dehors, les souverains pontifes (avaient) depuis des siècles, délégué pour ainsi dire cette autorité temporelle à la puissance qui était la mieux à même de l'exercer, c'est-à-dire à la France*[1] ».

En dépit de la rupture des relations diplomatiques avec le Saint-Siège en 1904, de la dénonciation unilatérale du concordat en 1905 et des mesures vexatoires qui s'en étaient suivies, la France était encore l'héritière d'un riche passé et de droits historiques qui ne pouvaient que se heurter aux prétentions des Juifs à une propriété exclusive de la Terre sainte sous prétexte qu'ils en auraient été les premiers occupants.

Dans l'immédiat, ce n'était pas là où se situait la ligne de fracture entre les masses juives et la France : celle-ci résidait dans l'alliance franco-russe. Depuis 1882, date où le tsar Alexandre II, le tsar réformateur, avait été assassiné par des révolutionnaires, regroupés dans des mouvements dont les Juifs constituaient pour l'essentiel les cadres et les troupes, les autorités russes avaient pris des lois d'exception. Elles

1. *Ibid.*, vol. 883, Note, 2 février 1918.

avaient aussi permis des pogroms. Ces lois et ces mesures avaient incité de nombreux Juifs à émigrer en Angleterre, mais surtout aux États-Unis où ils étaient jusqu'alors peu nombreux, mais déjà fort actifs et très bien placés.

Les Juifs américains, avant 1880, avaient déjà conquis une place importante. Il ne faut pas oublier que c'est l'un d'eux, Haïm Salomon, qui avança aux révolutionnaires de 1772-1776 une grande partie des fonds nécessaires à leur entreprise. En 1812, ce furent des banquiers juifs qui prêtèrent au gouvernement américain l'argent nécessaire pour la guerre contre l'Angleterre. Lors de la guerre de Sécession, les frères Seligman et la maison Speyer et Cie furent les bailleurs des États du Nord, les Erlanger des États du Sud. En 1904-1905, Jacob Schiff, chef de la maison Khun, Loeb et Cie lança un emprunt pour financer la guerre du Japon contre la Russie alors qu'il refusait de lancer un emprunt en faveur de ce pays[1].

L'arrivée de masses juives importantes à la fin du XIXe siècle et l'ascension sociale rapide d'une partie de ces nouveaux venus, leur permirent d'occuper une place politique et économique de premier ordre. À tel point qu'au début du XXe siècle, les présidents Roosevelt, Taft et Wilson

---

1. *Ibid.*, vol. 1200, Le développement du sionisme politique, étude non datée.

se plaisaient à assister aux banquets offerts par l'ordre maçonnique des B'nai Brith, ordre réservé aux seuls Juifs et dont on connaît encore aujourd'hui la puissance[1].

Sylvain Lévy, professeur au Collège de France[2], envoyé aux États-Unis pendant la guerre pour voir quelle était la force du sionisme et pour prendre contact avec le juge Louis Brandeis qui était un ami du président Wilson, ainsi qu'avec certains Juifs influents, racontait qu'après avoir vu Jacob Schiff, il était rentré à pied par Broadway : c'était « *un défilé ininterrompu de raisons sociales juives* [...] *Le Juif commande à New York et New York commande à l'Amérique*[3] ».

Un autre israélite, Noam Slousch, envoyé par le Quai en 1914, donne un autre exemple de cette puissance. Il rappelait que « *l'influence que possédaient les grandes masses juives originaires de Russie s'était exprimée il y a trois ans par le fait de la rupture des relations économiques entre les États-Unis et le gouvernement du Tsar parce que ce dernier se refus(ait) à permettre l'accès en Russie aux israélites*

---

1. C'est lui qui a interdit en 1986 à la droite parlementaire de s'allier au Front national en France, interdiction scrupuleusement respectée depuis.

2. Et l'un des fondateurs de l'école française d'Extrême-Orient à Hanoï en 1902.

3. AE, Levant, 1918-1929, Palestine, vol. 11, Notes prises au cours de sa mission par M. Sylvain Lévy, rapport sans date.

naturalisés américains et anciens sujets russes. C'est précisément dans cette hostilité à la Russie qui caractéris(ait) les masses juives que les agents de l'Allemagne trouv(aient) des éléments utiles à leur propagande» et Noam Slousch ajoutait que les journaux populaires suivaient le courant pour ne pas paraître trop défavorables à l'Angleterre: «*On ménag(eait) la France comme pays de la Révolution; mais on ne lui pardonn(ait) pas toujours l'alliance contractée avec la Russie*[1]»… Et cela n'allait pas sans conséquence sur le plan politique. Cela facilitait en effet la propagande allemande dans les pays ainsi que l'écrivait Jusserand, ambassadeur de France à Washington, à Delcassé: «*Un des moyens d'attaque dont les Allemands font le plus d'usage contre les Alliés consiste dans les appels à la pitié américaine à cause du sort des Juifs en Russie*[2]» *The Day*, journal de Bernstein, publiait une lettre de Copenhague ainsi que celle du comte von Bernstoff «*qui déclar(ait) que les récits de «pogroms» (étaient) vrais et archi-vrais*[3]». Les démentis de Sazonoff devant la Douma n'avaient que peu d'effets, constatait Jusserand dans une autre dépêche. En revanche, l'ambassadeur d'Allemagne aux États-Unis «*qui fait état*

1. AE, Guerre 1914-1918, Sionisme, vol. 1197, Note de Noam Slousch jointe à celle de Lyautey, commissaire résident général au Maroc, à Delcassé, 30 décembre 1914.

2. *Ibid.*, Jusserand, ambassadeur de France à Washington à Delcassé, 26 janvier 1915.

3. *Ibid.*

de ses propres amitiés privées, compte évidemment que les israélites n'hésiteront pas à faire bénéficier l'Allemagne de leur influence dans la finance et dans la presse[1] ».

Alors que pouvait faire la France?

Dans une note manuscrite sur la politique juive de l'Allemagne, Noam Slousch, juif marocain qui s'était signalé à l'attention du général Lyautey, écrivait qu'il était certain que « *la moindre avance qui serait faite à la reconnaissance des droits des colons juifs établis en Palestine* [...] *suffirait pour enrayer les effets de la propagande germanique*[2] ».

Slousch terminait sa note en disant que les sionistes partisans des colonies agricoles avaient triomphé des sionistes politiques qui voulaient un État juif, ce en quoi il se trompait. L'établissement de ces colonies « *ne devrait léser en rien les intérêts des populations musulmanes et chrétiennes de la Syrie*[3] ».

1. *Ibid.*, du même au même, 12 février 1915.

2. *Ibid.*, La politique juive de l'Allemagne, note manuscrite non datée, sans doute de Noam Slousch, souligné dans le texte.

3. *Ibid.*, souligné dans le texte.

Il ajoutait que cet intérêt des Juifs pour la Palestine n'a pas échappé à l'attention du Kaiser qui a fait beaucoup d'avances au Dr Herzl.

« *Elle n'échappe actuellement ni à celle du roi d'Italie et des États-Unis. D'autre part, on a vu feu le ministre Chamberlain faire aux sionistes l'offre de l'Ouganda*[1] »…, offre refusée car les Juifs voulaient la Palestine.

Ces faits démontraient, selon lui, « *que la France destinée à reprendre le rang qui lui convient dans la politique mondiale, ne saurait ignorer le mouvement de transformation sociale qui se produit dans les sociétés juives de l'Europe orientale, de l'Orient et de l'Amérique*[2] ».

Or, le 9 août 1915, Delcassé avait informé Jusserand que Slousch allait aux États-Unis à titre privé pour faire de la propagande pour les Alliés auprès de ses coreligionnaires. Il fit aussi des conférences au Canada. Ces voyages « à titre privé » étaient à l'évidence patronnés par le ministère.

Dans une « Note sur les revendications des Juifs en Palestine » du 15 décembre 1915, Slousch plaidait en fait

1. *Ibid.*
2. *Ibid.*

pour la reconnaissance par la France des desiderata sionistes. « *Comment la France républicaine, celle des droits de l'homme, pouvait-elle s'opposer à la réalisation d'une entreprise d'émancipation nationale d'un groupe humain ? C'est ce que tout le monde se demande en Amérique surtout*[1] ». Pour concilier les intérêts des chrétiens et des Juifs, il suffirait, disait-il, de donner à ceux-ci la Judée, région presque dépeuplée. Cette avance de la France aux sionistes, concluait-il, « *serait appréciée par la grande majorité de la population juive du monde comme un acte de justice et de générosité digne de la France*[2] ».

Cette note et les conseils qu'elle contenait ne paraissent pas avoir été très appréciés par le Quai d'Orsay, puisque le 4 janvier le ministre écrivait à Jusserand que « *les nécessités de notre politique générale ne nous permettent pas actuellement d'examiner s'il convient d'encourager l'action préconisée par M. Noam Slousch*[3]... *Briand ajoutait qu'il convenait de lui dire que l'utilité (de son voyage) me paraît aujourd'hui épuisée*[4].

---

1. *Ibid.*, Note sur les revendications des Juifs en Palestine, Slousch, 15 décembre 1915.

2. *Ibid.*

3. *Ibid.*, Briand à Jusserand, 4 janvier 1916.

4. *Ibid.*

Il faut se rappeler que l'on se trouvait à l'époque précise où les accords Sykes-Picot, prévoyant l'internationalisation de la Palestine, se dessinaient puisque le 4 janvier avait été signé par les deux hommes le « mémorandum » qui en fixait les bases.

En dépit de cette expérience peu concluante, le ministère décida d'envoyer aux États-Unis Victor Basch. Celui-ci devait assister à une séance de « l'American Jewish Committee ». Berthelot lui fit transmettre, par l'intermédiaire du consul général de France à New York, les instructions suivantes : il lui demandait d'abord de rappeler qu'à la conférence de Berlin, en 1878, Waddington et Lord Salisbury étaient intervenus en faveur des Juifs roumains. Il pouvait aussi ajouter confidentiellement que… « *la défense, l'extension et la liberté des colonies juives de Palestine ne sont pas oubliées par la France et par l'Angleterre…*

Vos auditeurs comprendront combien il est délicat d'en dire davantage et les risques qu'il y aurait de compromettre la cause même que les grandes nations libérales d'Europe veulent défendre en commun avec les États-Unis en donnant à leurs intentions et tentative une publicité prématurée, de nature à nuire aux intérêts mêmes que l'on veut préserver[1]. »

---

1. *Ibid.*, Briand au consul général de France à New York pour V. Basch, 12 février 1916.

Ce langage alambiqué traduisait deux choses. D'abord l'on sentait bien que la France et l'Angleterre étaient bridées à l'époque par leur allié russe ; Berthelot parlait d'ailleurs dans cette dépêche des « grandes nations libérales » d'Europe. Il se gardait bien d'évoquer l'empire autocratique des tsars. Ce silence était révélateur. Ensuite il ne s'engageait qu'à améliorer le sort des colonies juives en Palestine, ce qui était très en deçà de ce que voulaient les sionistes très nombreux aux États-Unis.

D'ailleurs, on voit bien que lorsque Slousch préconisait de reconnaître « *les droits des colons juifs établis en Palestine* », il était suivi par le Quai. Par contre, lorsqu'il s'était aventuré à conseiller de ne pas « *s'opposer à la réalisation d'une entreprise d'émancipation nationale d'un groupe humain* », en préconisant même de donner aux Juifs la Judée, ses conseils ont fortement déplu à tel point que Briand a écrit à Jusserand que la politique préconisée par Slousch ne coïncidait pas du tout avec celle de la France et qu'en conséquence l'utilité de son voyage paraissait « *aujourd'hui épuisée* ».

Notons bien ces réactions. Elles sont très révélatrices. Elles éclairèrent la suite des événements.

La France et les sionistes

Nul doute que le gouvernement français aurait bien voulu rester sur cette position mais voilà que le 12 mars 1916, l'ambassade d'Angleterre à Paris fit connaître à Briand une proposition du secrétaire d'État au Foreign Office qui, disait-il, « *serait de nature à gagner aux Alliés des sympathies des Juifs en Amérique, d'Orient et d'autres contrées qui, actuellement sont acquises en grande majorité aux puissances germaniques*[1] ».

Il lui exposait ensuite les idées que lui avait soumises un israélite anglais influent, Lucien Wolf : « *La Grande-Bretagne et la France dans l'éventualité où la Palestine, à l'issue de la guerre viendrait à être comprise dans leur sphère d'influence, devraient prendre en considération les intérêts historiques de la communauté juive dans cette contrée.*

Il faut assurer à la population juive la jouissance des droits politiques, égaux à ceux du reste de la population, de la liberté civile et religieuse, de privilèges municipaux dans les villes et les autres endroits habités par les Juifs

1. AE Guerre 1914-1918, Turquie, vol. 872, l'ambassadeur d'Angleterre à Briand, 12 mars 1916. Les citations suivantes sont tirées de la même note.

ainsi que des facilités raisonnables pour la colonisation et l'émigration».

Grey exprimait l'opinion que ce projet «*pourrait exercer une influence heureuse sur la majorité des Juifs si on laissait entrevoir à ceux-ci que, quand leurs colons seraient devenus assez puissants en Palestine pour entrer en ligne de compte avec la population arabe, ils pourraient prendre en main l'administration intérieure de la région, sauf en ce qui concerne Jérusalem et les Lieux saints. Sir Edward Grey ajoutait cependant qu'il avait des raisons de croire qu'un protectorat international rencontrerait l'opposition d'une partie influente de l'opinion israélite*».

Briand répondit qu'il avait pris connaissance de cette communication «*dont il apprécie l'importance. Il y a lieu toutefois de se demander si le projet exposé par M. Lucien Wolf aura réellement sur les sentiments de la communauté juive l'influence qu'on en attend, étant donné que l'attitude des membres de cette communauté qui sont hostiles aux Alliés est inspirée par des motifs qui n'ont rien de commun et que la réalisation de celles-ci ne fera pas disparaître*[1] ».

En fait, le problème n'était pas là. La véritable question était celle de savoir si Lucien Wolf, secrétaire du «Joint

1. *Ibid.*, Briand à l'ambassadeur d'Angleterre à Paris, 27 mars 1916.

Committee », groupe de Juifs influents mais qui étaient opposés au sionisme, représentait réellement la communauté. En effet, le « Joint Committee » « *craignait sincèrement que la création d'un État juif en Palestine fondée sur la reconnaissance du fait que les Juifs étaient un peuple, ne nuisît inévitablement à la situation des Juifs de la diaspora et ne mît en péril les droits qu'ils avaient acquis au cours d'une lutte difficile qui avait duré de nombreuses années*[1] ». Aussi s'étaient-ils contentés, dans une note adressée en mars 1916 à Sir Edward Grey, de demander pour les Juifs l'égalité des droits civils et religieux en Palestine ainsi que des possibilités raisonnables d'immigration, ce qui était loin de correspondre à ce qu'exigeaient les sionistes.

Dans une note qu'il envoya aux gouvernements français et russe, Grey fut moins timoré. « *Il fit observer en effet que les Juifs devraient recevoir leur autonomie dès qu'ils égaleraient en nombre les Arabes*[2] », ce à quoi Briand répondit avec sagesse que ce projet risquait de réveiller les susceptibilités des Arabes qu'il convenait de ménager.

« *M. Briand croit devoir attirer tout particulier* sic] *sur ce point l'attention du gt* sic] *britannique et il émet l'avis que l'étude de cette question ne pourrait être reprise avec*

1. Laqueur, *op. cit.*, p. 280.
2. *Ibid.*, p. 279.

fruit qu'après que celle de la création d'un empire arabe aura été résolue[1] ». C'était le bon sens même. Comment traiter avec les Juifs, alors que les négociations avec le chérif de La Mecque n'étaient pas terminées et que les accords Sykes-Picot n'étaient pas encore signés, sans risquer de se retrouver devant des promesses contradictoires et donc en face de problèmes insolubles ?

Mais lorsque ceux-ci se posèrent, la France, engagée comme l'Angleterre, dans une guerre longue et coûteuse, ne put pas se désintéresser de la puissance financière que représentait le monde juif. Son gouvernement savait d'autre part que Londres n'était pas inactif dans ce domaine. C'est ce qui explique sans doute que Briand ait laissé Picot, qui avait fait merveille dans les conversations qui venaient de s'achever, libre d'accepter des contacts avec certains Juifs haut placés à Londres afin de suivre ce qui se passait à ce sujet dans la capitale anglaise. Celui-ci s'en expliqua un peu plus tard dans une lettre du 5 mai 1917, à Ribot, successeur de Briand au Quai d'Orsay. « *Au mois de mai 1916, le grand rabbin de Londres, M. Gaster, m'avait exprimé le désir d'avoir une entrevue avec moi pour m'entretenir des desiderata de ses coreligionnaires et des espérances qu'ils fondaient sur la victoire de l'Entente. J'avais d'autant moins*

1. AE Guerre 1914-1918, Turquie, vol. 872, Briand à l'ambassadeur d'Angleterre à Paris, 27 mars 1916.

cru devoir repousser ses avances que je savais de source sûre les efforts faits par certains Anglais pour entrer en relation avec les sionistes et monopoliser au profit de leur pays les forces qu'ils représentent. Votre prédécesseur[1] *que j'avais entretenu de la question m'avait du reste encouragé à suivre ces pourparlers.*

Dans les entretiens successifs que j'ai eus alors avec M. Gaster, celui-ci m'a longuement expliqué le devoir qui s'imposait aux Alliés comme conclusion de cette guerre de libérer la race juive en lui rendant la Palestine. À ce prix seulement, disait-il, le Juif deviendrait partout un citoyen comme un autre, son choix librement fait entre sa patrie ancestrale et sa patrie d'élection. C'était là le vœu de tous les israélites et, à ceux qui pouvaient l'exaucer, la reconnaissance acquise d'un des groupes les plus influents qui soient, était partout assurée. « On en sentirait bientôt le prix, affirmait-il, tant dans les pays alliés que chez les puissances neutres et même chez les ennemis. »

Sans vouloir entrer dans la discussion de ces affirmations diverses dont certaines tout au moins apparaissent comme hasardées, j'avais prié mon interlocuteur de vouloir bien faire préciser ces points par une réunion de Juifs

1. Il s'agit de Briand.

qualifiés, qui pourraient apparaître comme les représentants de leur race et l'engager en quelque mesure. Pendant de longs mois aucun signe de vie ne me fut plus donné, bien que les conciliabules continuassent, mais au mois de février dernier je fus informé que des réunions allaient se tenir à Londres pour examiner la question. Outre M. Gaster, elles devaient comprendre Lord Rothschild, le baron James de Rothschild, M. Samuel, ancien ministre de l'Intérieur du cabinet Asquith, M. Witzmann sic], *M. Sokolow, délégué de Russie et d'Amérique, etc.*

Les séances de cette assemblée ne manquaient pas d'être assez agitées. Si tous les membres se montraient également favorables à un projet facilitant la colonisation juive en Palestine, une minorité semblait redouter les conséquences que pourrait avoir dans leur patrie d'adoption la création d'un État juif. À ces timides, il fut vivement répondu qu'assimilés dans leur nouvelle patrie, ils avaient perdu le droit de parler au nom des Juifs persécutés et la majorité, décidant de passer outre, délégua M. Sokolow pour porter aux gouvernements alliés les vœux de l'assemblée.

Dès le lendemain, il entra en relation avec les membres du cabinet anglais et obtint de lui des encouragements formels. Aussitôt après, il me demanda un rendez-vous. En m'exposant le point où en étaient arrivées ces négociations et les espérances que lui donnait l'accueil trouvé en Grande-Bretagne, M. Sokolow ne me cachait pas que ses mandants, opposés à toute internationalisation de la Palestine, avaient fait choix de l'Angleterre comme puissance protectrice. Une administration internationale n'était pas viable à leur sens; elle donnerait aussitôt naissance à toutes les rivalités et l'État nouveau y succomberait. Au contraire, le protectorat d'une puissance forte et libérale comme notre Alliée leur assurerait toutes les garanties désirables.

Je ne puis cacher à mon interlocuteur qu'une telle solution devait être écartée dès l'abord. Contraire aux ententes récemment établies, elle soulèverait en France une émotion dans l'opinion publique qui ferait échouer tout le projet. Il importait donc au plus haut point à son succès de laisser aux puissances intéressées le soin de régler la question.

Dans ses entrevues ultérieures, M. Sokolow en est tombé d'accord. Il a admis également qu'un régime spécial devrait être établi pour les Lieux saints, que ne concernait en aucune façon le projet de colonisation prévu[1].

1. AE Guerre 1914-1918, Sionisme, vol. 1199, Fr. Georges-Picot au Caire à Ribot, 5 mai 1917.

Quelques semaines plus tard, continue-t-il, à la veille de mon départ pour la Palestine[1], *M. Sokolow me revoyait à Paris. Il y arrivait porteur du projet suivant qui avait eu déjà l'approbation des hommes politiques anglais*[2].

Ce projet, dont était porteur Sokolow, était très intéressant car il était, comme on va le voir, la copie presque conforme de ce qui sera voté en juillet 1922, par la SDN, à quelques mots près. C'était le résumé du mémorandum soumis au gouvernement britannique à la fin de janvier 1917 par Weizmann et par ses amis.

Projet proposé comme base d'un plan de réinstallation des Juifs en Palestine conforme aux aspirations sionistes.

I. Principe de l'établissement

Reconnaissance de la Palestine comme patrie nationale des Juifs.

II. Statut de la population juive en Palestine

La population juive en Palestine dans le présent et dans l'avenir sera officiellement reconnue par le gouvernement suzerain comme possédant un statut national ; et elle jouira de tous les droits nationaux, politiques et civiques.

1. Où il venait d'être nommé haut-commissaire.
2. *Ibid.*

III. Immigration en Palestine

Le gouvernement suzerain accordera aux Juifs des autres pays le droit de rentrer en Palestine sans aucune restriction ni réserve.

IV. Création d'une compagnie à charte

Le gouvernement suzerain accordera une charte à une compagnie juive pour la colonisation et le développement de la Palestine.

Cette compagnie aura qualité pour acquérir et administrer toutes concessions de travaux ayant un caractère d'intérêt public qui pourraient avoir été ou être accordées par le gouvernement suzerain.

Cette compagnie aura également un droit de préemption sur les terres de la Couronne ou autres non possédées par des particuliers ou des communautés religieuses et elle jouira de tous les pouvoirs et de tous les privilèges concédés généralement dans les chartes ou statuts de société de colonisation similaire.

V. Autonomie intérieure

La population juive aura le droit de préparer et d'adopter des lois et règlements pour le gouvernement local et pour l'application de la loi et le maintien de l'ordre parmi les Juifs.

La population juive jouira d'une complète autonomie pour tout ce qui concerne les questions d'éducation, les questions religieuses et les questions d'administration communale et elle pourra, dans ce but, établir des taxes sur ses nationaux.

VI. Langue

L'usage en toutes circonstances de la langue juive sera reconnu comme un droit inviolable de toute la population juive[1].

L'analyse que F. Georges-Picot donnait de ce projet mérite de retenir l'attention parce qu'il voyait très bien où les sionistes voulaient en venir. Ainsi que le voit Votre Excellence, il s'agissait de constituer sous la suzeraineté d'une grande puissance une sorte de nationalité juive en Palestine en facilitant aux israélites l'établissement dans le pays et l'acquisition de terres[2]. *Autrement dit, il s'agissait de créer une sorte d'État juif sous la tutelle provisoire d'un autre État.*

La question qui se posait dorénavant pour nous n'était plus de savoir si l'établissement suggéré était souhaitable, mais bien s'il convenait pour nous, à l'heure présente, de rompre en visière avec tous les éléments juifs, en nous déclarant adversaires de leurs revendications et en risquant ainsi d'avoir un jour aux portes de la Syrie des ennemis irréductibles[3] ».

1. *Ibid.*
2. *Ibid.*
3. *Ibid.*

Autrement dit, dès le 5 mai 1917 et même avant, F. Georges-Picot considérait la présence juive en Palestine comme une chose inéluctable devant laquelle la France ne pouvait que s'incliner de bonne ou de mauvaise grâce. Dans le premier cas, elle pouvait espérer avoir des voisins compréhensifs aux frontières de la Syrie, sinon elle n'aurait qu'à s'en prendre à elle-même. Ce serait là un langage assez curieux de la part d'un diplomate d'un rang relativement modeste vis-à-vis de son ministre si l'on ne savait que le père de F. Georges-Picot était très lié avec Ribot. Ce fut ce dernier qui prononça son discours de réception à l'académie des Sciences morales et politiques. Ainsi s'explique peut-être la liberté de ton de son fils vis-à-vis de son ministre de tutelle. Toujours est-il que c'est dans ces conditions que le 9 avril, M. Jules Cambon[1] « *consentit à recevoir M. Sokolow en présence de M. de Margerie et de moi, pour lui faire savoir que le gouvernement français ne pouvait voir d'un œil défavorable des revendications tendant à la libération d'une race opprimée. À la suite de l'entrevue, des télégrammes furent envoyés à Petrograd* sic] *et à Washington, faisant connaître cette déclaration. Votre Excellence sait comment, depuis lors, les sympathies des israélites américains se sont faites plus actives en faveur de*

1. Jules Cambon était le frère de Paul Cambon, ambassadeur de France à Londres. Ancien ambassadeur à Berlin, il avait été nommé secrétaire général du Quai d'Orsay le 30 octobre 1915.

l'Entente. Nos ennemis ne s'y sont pas trompés et les persécutions récentes de Palestine sont les premiers effets d'une entrée en campagne des Juifs dont les conséquences apparaissent comme pouvant être hautement intéressantes pour la suite de la guerre[1] ».

À la lecture de cette longue note, la première impression qui se dégage est que François Georges-Picot, suivant en cela les instructions de Briand, après avoir été approché par le grand rabbin Gaster en mai 1916, n'aurait joué qu'un rôle très modeste par la suite : celui d'un observateur qui aurait suivi de loin en loin les tractations qui se déroulaient en fait entre certains responsables anglais dont les noms ne sont jamais précisés, et les principaux chefs sionistes, en particulier Sokolow.

La seconde, corollaire de la première, c'est que tout se serait joué dans le dos des Français entre la perfide Albion et les représentants sionistes. Le fait, par exemple, que Sokolow ait exigé la tutelle de l'Angleterre en Palestine et qu'il soit arrivé ensuite à Paris porteur d'un projet ayant eu l'approbation des hommes politiques anglais, renforce ce sentiment.

1. *Ibid.*

Telle était l'impression de Defrance, ministre au Caire, à qui la Centrale avait communiqué un double de cette dépêche.

Voici ce qu'il écrivait à Barthou : « *De la lettre précitée de M. Picot, il résulte que M. Sokolow aurait obtenu "l'adhésion des Anglais" à la constitution "sous la souveraineté d'une grande puissance" d'une sorte de nationalité juive en Palestine. J'ignore si ce terme "adhésion des Anglais" signifie "adhésion du gouvernement britannique" : s'il en est ainsi, nous serions en droit d'être surpris d'une semblable adhésion donnée quelques mois à peine après l'accord établi sur le principe de l'internationalisation de la Palestine*[1] ».

Autrement dit, Defrance voyait très bien que les négociations, qui semblaient s'être déroulées à Londres entre les représentants les plus éminents de la communauté juive anglaise et le gouvernement britannique, étaient en train de ruiner ce qui avait été obtenu par les accords Grey-Cambon des 9 et 16 mai 1916. Il ne pouvait qu'incriminer l'Angleterre, coupable de ce double jeu.

Mais d'autres documents remettent en cause les conclusions que l'on peut tirer de cette dépêche du 5 mai 1917.

1. AE Guerre 1914-1918, Sionisme, vol. 1199, Defrance, ministre au Caire à Barthou, 29 oct 1917.

Le premier est un article de *La Revue sioniste* du 10 septembre 1918 intitulé : L'Angleterre, la France et le sionisme. Il raconte la réception d'une mission américaine composée de médecins et d'infirmières juifs de passage à Londres en juillet 1918. Cette mission fut reçue par F. Georges-Picot et par Sir Mark Sykes au domicile de ce dernier.

« *En présentant la mission américaine, M. Sokolow dit qu'il n'était que juste que ce corps médical, qui devait effectuer la première partie du travail pratique inspiré par les récents succès politiques, fût introduit dans la maison de Sir Mark parce que c'était dans cette maison que Sir Mark Sykes, M. Picot et lui-même avait* sic] *d'abord discuté leurs vues et leurs buts : une discussion qui finit par donner de si féconds résultats*[1] ».

Cela signifie que F. Georges-Picot n'était pas resté aussi à l'écart des conversations capitales qui eurent lieu probablement à la fin de 1916 et au début de 1917, comme le laisse à penser sa lettre du 5 mai 1917, mais qu'il y prit au contraire une part active bien qu'on ne trouve aucun compte rendu à ce sujet dans les archives du quai d'Orsay. Il n'empêche qu'il en fut acteur. C'est si vrai que le 28 février 1917, Sir Mark Sykes lui rendit compte d'une longue conversation

1. AE Nantes – Le Caire, carton 521, *La Revue sioniste*, mardi 10 septembre 1918.

qu'il venait d'avoir avec Sokolow. Ils avaient examiné tous les problèmes que poserait le retour des Juifs en Palestine. Tous deux discutèrent, en particulier, du régime futur de cette région, les Juifs refusant catégoriquement toute internationalisation. Ils parlèrent aussi des limites de la future région que « *les sionistes espéraient coloniser*[1] ». Sokolow remit une carte annexée à cette lettre. Celle-ci a malheureusement disparu. Ensuite, Sokolow et Sykes discutèrent des Lieux saints mais surtout de la future puissance mandataire, étant donné que le choix de la France ou de l'Angleterre «*serait source de troubles, de vexations dans l'esprit public de la puissance qui aurait cédé à l'autre, même si une telle solution était acceptable pour les autres puissances*[2] ».

Tout bien considéré, seuls la Belgique, la Suisse et les États-Unis parurent susceptibles de superviser ces territoires mais, après discussions, ce furent les États-Unis qui semblèrent être la seule puissance capable de remplir au mieux cette mission.

« *Je n'ai naturellement, concluait Sir Mark Sykes, consulté personne officiellement à Londres à ce sujet. Ce n'est pas la peine de perdre son temps à s'enquérir ici avant que*

1. AE Nantes – Jérusalem, carton 93, Sir Mark Sykes à François Georges-Picot, 28 février 1917.
2. *Ibid.*

de savoir comment les choses seront considérées à Paris. Je veux attirer l'attention que, s'il était clair que les puissances intéressées acceptaient une solution comme celle-ci, cela donnerait un très grand élan à la cause de l'Entente aux États-Unis[1] ». On trouve dans cette dernière phrase le mobile principal de la politique de F. Georges-Picot. Le député anglais devait le savoir. C'est pourquoi, très habilement, il terminait sur ce point.

Donc, même absent, François Georges-Picot était tenu au courant des tractations qui se déroulaient à Londres avec Sokolow. Mais chose curieuse, il ne semble pas qu'il ait répercuté ces renseignements à Paris puisque le 6 avril 1919, dans une note de la direction des affaires politiques et commerciales au secrétariat de la conférence de la Paix, note qui accompagnait l'envoi des exemplaires d'un mémoire de la Custodie[2], on pouvait lire ceci : « *Il paraît opportun de rappeler à ce sujet que dès la fin de décembre 1917, la question du futur statut de la Palestine, et notamment des Lieux saints, fut traitée au cours d'entretiens qui eurent lieu à cette date entre M. Gout et feu Sir Mark Sykes.* [...] *Il semble ressortir de certains propos tenus par ce dernier que l'on ne serait pas éloigné ds* sic] *certains cercles anglais de l'idée de*

1. *Ibid.*

2. La Custodie était l'organe catholique assurant la garde du Saint-Sépulcre. Elle était composée de franciscains.

confier aux États-Unis l'administration internationale de cette région après la guerre[1] ».

Ce qu'il y a de plus étonnant, lorsqu'on lit la suite de cette note, c'est de constater que les discussions entre Jean Gout et Sir Mark Sykes reprennent celles que ce dernier avait eues neuf mois auparavant avec Sokolow à Londres, ce qui donnerait à penser que F. Georges-Picot n'aurait pas transmis à ses supérieurs hiérarchiques directs le contenu de la lettre du 28 février. Ce n'est qu'une hypothèse, mais une hypothèse que la suite de l'article de *La Revue sioniste* conforte.

M. Lewin Epstein, parlant au nom de la délégation sioniste d'Amérique, « *remercia Sir Mark Sykes et M. Picot pour leur travail qui a contribué à amener les déclarations de leurs gouvernements*[2] ».

Il s'agit là d'une révélation de taille qu'on ne saurait accepter sans contrôle si les intéressés eux-mêmes n'y avaient acquiescé.

---

1. AE, Levant1918-1929 – Palestine, vol. 8, Note de la direction des Affaires politiques et commerciale au secrétariat de la conférence de la Paix, 6 avril 1919.

2. AE Nantes – Le Caire, carton 521, *La Revue sioniste*, mardi 10 septembre 1918.

En effet, après avoir souhaité la bienvenue à la mission américaine, Sir Mark Sykes déclara qu'avant même d'avoir eu le plaisir de rencontrer les chefs de ce mouvement, « *il avait toujours réfléchi aux questions sionistes, c'est-à-dire qu'il avait toujours pensé que l'idée sioniste fournissait la meilleure solution du problème juif*[1] ». Il aurait voulu se trouver, comme son ami Picot, à Jérusalem au moment de l'entrée des troupes britanniques mais il avait considéré de son devoir d'être à Londres pour faire un travail politique qui n'était pas moins essentiel pour la réalisation de leur but que de se trouver sur le champ de bataille[2]. Le travail politique en question était sans doute de préparer le terrain en vue de l'envoi de la lettre du 2 novembre de Balfour à Lord Rothschild, ainsi qu'on le verra par la suite.

Il faut se rappeler en effet que Sir Mark Sykes avait été nommé haut-commissaire en Palestine, en même temps que F. Georges-Picot, mais que peu après il revint en Angleterre. On soupçonne quelles furent les raisons véritables de ce retour d'autant que Sir Mark continue « *en déclarant qu'il est nécessaire de se rendre compte des difficultés qu'il y a encore à surmonter; mais en se rappelant les obstacles déjà aplanis, on avait raison d'être plein d'espoir*

1. *Ibid.*
2. *Ibid.*

et de croire que les difficultés seraient résolues et que leurs efforts seraient couronnés de succès[1] ».

Pour conclure, « *Sir Mark s'est plu à reconnaître le travail fait par M. Picot. La modestie de celui-ci l'empêche de parler du travail difficile qu'il avait à faire pour amener le succès des négociations avec le gouvernement français et Sir Mark considère de son devoir d'affirmer à la mission que sans l'assistance de M. Picot et ses efforts auprès de son gouvernement, on ne serait pas arrivé à la solution actuelle. C'est en grande partie aux efforts de M. Picot et de M. Sokolow, qui en mai 1917, réussirent à obtenir une déclaration du gouvernement français en faveur du sionisme, que les leaders sionistes ont pu obtenir sept mois plus tard du gouvernement britannique*[2] »... Cette dernière phrase contenait, comme on le verra, une bonne dose d'ironie. Elle dut avoir un goût assez amer pour Fr. Georges-Picot.

« *Au nom du gouvernement français, M. Georges-Picot félicita la mission américaine. Le sionisme, dit-il, est en parfaite harmonie avec la cause pour laquelle les Alliés sont en*

1. *Ibid.*

2. La phrase a été malheureusement coupée à cet endroit. Sir Mark Sykes pensait sans doute que c'était la déclaration du gouvernement français du 9 avril 1917, confirmée le 4 juin 1917, qui a ouvert la voie à la lettre du 2 novembre 1917 appelée « Déclaration Balfour ». Sir Mark Sykes se trompe donc lorsqu'il parle de mai 1917.

train de combattre. C'est pour cela que le gouvernement français a pu reconnaître les revendications sionistes. Il y a évidemment de nombreuses difficultés sur la route mais il est sûr qu'elles sont surmontables[1] »...

N. Sokolow remercia ensuite F. Georges-Picot et Sir Mark Sykes pour leurs aimables paroles. « *Se référant à l'excellent travail accompli par M. Picot pour le sionisme, l'orateur (i.e. Sokolow) dit qu'il a rencontré beaucoup d'opposition en France ne venant pas du gouvernement français mais plutôt des Juifs français. M. Picot est devenu maintenant un propagandiste sioniste. L'orateur remercie Sir Mark Sykes et M. Picot non point seulement pour le travail qu'ils ont déjà fait pour l'idéal national juif, mais aussi pour leur promesse de continuer à l'avenir leurs efforts inappréciables*[2] ». Là encore, les compliments adressés par Sokolow à Fr. George Picot ne sont pas à prendre au premier degré.

Ces déclarations ne manquent pas d'intérêt.

Celle de Sir Mark Sykes nous apprend que, sans François Georges-Picot, la déclaration Balfour n'aurait pas vu le jour.

---

1. *Ibid.*
2. *Ibid.*

C'est un aveu étonnant qui n'est pas partagé par tous les historiens, en particulier par Léonard Stein[1].

Cependant, cet aveu venant de Sir Mark Sykes ne peut être négligé, même s'il doit être pris avec réserve. En effet, comme l'écrit Léonard Stein, Sykes qui était un fin manœuvrier, pensait « *qu'une quelconque expression de sympathie envers les aspirations sionistes qui pourrait être arrachée par Sokolow aux Français, servirait à long terme la revendication anglaise sur la Palestine. La France reconnaîtrait que l'avenir de la Palestine était une matière sur laquelle les sionistes avaient le droit d'être entendus, on pouvait compter sur les sionistes pour exprimer leur préférence pour avoir. la Grande-Bretagne comme puissance protectrice*[2] ».

Picot avait un but différent : « *il espérait détacher les sionistes de leur dépendance exclusive de la Grande-Bretagne*[3] ». Mais, c'était oublier que ceux-ci n'avaient qu'une faible audience dans notre pays. À part Edmond de Rothschild, la très grande majorité des Juifs français étaient assimilationnistes. Les sionistes eux-mêmes avaient peu

---

1. L. Stein, *The Balfour Declaration*, Simon and Schuster éd., New York, 1961.
2. L. Stein, *op. cit.*, p. 398.
3. *Ibid.*

d'amis en France, mis à part Jules Guesde, Viviani, Gustave Hervé, Seignobos et de Monzie[1]. Ceux-ci ne pesaient donc d'aucun poids sur le gouvernement français qui était soit hostile à ce mouvement, soit le plus souvent indifférent même si Briand avait semblé plus intéressé par cette question que Delcassé. La sociologie du judaïsme français explique donc la phrase un peu sibylline de Sokolow lorsqu'il avouait « *qu'il a rencontré beaucoup d'opposition en France ne venant pas du gouvernement français mais plutôt des Juifs français* », car ceux-ci n'étaient pas sionistes du tout. Ils étaient plutôt hostiles à cette idéologie.

•••••

Si nous laissons de côté, pour l'instant, cette révélation de taille, nous voyons surtout pointer la position du gouvernement français au sujet du problème palestinien, on peut observer, par exemple, que la collaboration de Noam Slousch a été appréciée par le Quai d'Orsay tant qu'il a parlé de reconnaître les droits des colons juifs dans ce pays mais qu'il a été mis à l'écart dès qu'il a suggéré de leur donner la Judée, c'est-à-dire un État. De même Briand s'est-il opposé à Grey lorsque celui-ci préconisa de donner leur autonomie aux israélites dès que ceux-ci seraient aussi nombreux que

1. *Ibid.*, p. 396.

les Arabes. On voit donc poindre de la part du gouvernement français une certaine opposition pour ne pas dire une opposition certaine aux exigences du sionisme le plus extrême. C'était là une position que François Georges-Picot ne pouvait ignorer. Alors comment expliquer tous ces compliments de la part de Sir Mark Sykes et de Sokolow?

N'y avait-il pas de leur part une certaine dose d'ironie? Celle de deux hommes qui viennent d'obtenir la main d'une belle au détriment du troisième soupirant dont ils se sont joués, comme on le verra, en l'utilisant.

Chapitre VIII

Vers la déclaration Balfour

Comme il arrive souvent, l'élaboration de la déclaration Balfour n'alla pas sans difficultés. Malgré tout elle aboutit, signe qu'il s'était produit un profond changement dans l'attitude du gouvernement anglais. Depuis le début de 1917, les autorités britanniques cherchaient à dénoncer ou tout au moins à rendre obsolètes les accords Sykes-Picot qui les gênaient considérablement. Quelles en étaient les raisons?

Le revirement anglais

Il faut bien comprendre que l'année 1915 et le premier trimestre 1916 avaient été désastreux pour les Alliés spécialement pour les Anglais. Rappelons qu'à l'échec des Dardanelles s'était ajouté une attaque turco-allemande sur le canal de Suez, attaque repoussée mais qui avait montré la vulnérabilité de cette voie d'eau ainsi que l'agitation d'agents allemands en Perse et en Afghanistan, à la frontière des Indes. En octobre 1915, l'entrée en guerre de la

Bulgarie aux côtés des Empires centraux permit de créer une véritable continuité territoriale d'Istanbul à Berlin. Enfin en 1916, une armée anglaise commandée par le général Townsend, fut encerclée par les Ottomans à Kût, en Irak. Elle fut contrainte de capituler.

C'est donc dans un climat de panique que les Anglais se proposèrent de négocier avec les Français au Proche-Orient et qu'ils leur abandonnèrent non seulement le nord de la Syrie mais aussi la Mésopotamie afin de ne pas être au contact avec la Russie et qu'ils acceptèrent un condominium franco-anglais sur la Palestine. Il leur fallait à tout prix faire semblant de satisfaire les demandes du chérif Hussein de La Mecque afin de prendre les Turcs à revers. Ces différents facteurs expliquent la hâte avec laquelle furent conclus les accords Sykes-Picot.

Mais lorsque la situation se fut améliorée et que le gouvernement Asquith qui n'avait pas de grandes visées territoriales eut été remplacé par celui de Lloyd George, l'état d'esprit évolua. Le gouvernement et la haute administration britannique commencèrent à regretter amèrement ce qui avait été abandonné aux Français en 1916.

Alors que jusqu'ici « *le théâtre des opérations en Palestine ne venait pas en tête des priorités*[1] » avec Lloyd George la situation changea. Celui-ci « *voyait la situation sous un angle très différent. En ce qui concernait la conduite de la guerre, c'était un orientaliste convaincu ; il avait même fait un jour la remarque que le front palestinien était le seul qu'il trouvait intéressant. Allenby, nouvellement nommé, fut informé que le cabinet de Guerre escomptait que Jérusalem serait prise avant Noël 1917* » parce que le gouvernement anglais voulait que les troupes britanniques soient solidement installées dans ce pays avant la fin des hostilités afin de couper l'herbe sous le pied des Français, trop occupés par ailleurs.

Cette hypothèse est confortée par ce que dit Weizmann dans ses *Mémoires*. S'étant entretenu en mars et en avril 1917 avec Lloyd George et Balfour, il avait retiré de ces conversations le sentiment que les hommes d'État qui comptaient à Londres, étaient résolument partisans de l'instauration d'un protectorat britannique sur la Palestine. Or, cela rencontrait parfaitement ce que désiraient les sionistes anglais.

Lors de la grande réunion qui eut lieu le 17 février 1917 chez le Dr Gaster, dont il a été parlé précédemment, ce fut

1. W. Laqueur, *op. cit.*, p. 289. La citation suivante est extraite de la même page.

le premier point abordé, comme l'écrit Weizmann. « *Tout d'abord, nous étions décidés à ce qu'il n'y ait pas de condominium ni d'internationalisation de la Palestine, avec toutes les complications que cela aurait entraînées... ce que les sionistes désiraient, c'était un protectorat britannique avec les pleins pouvoirs selon les termes du mémorandum*[1] ». Ce mémorandum intitulé « Grandes lignes d'un programme pour le retour des Juifs en Palestine conformément aux aspirations du mouvement sioniste » avait été soumis en janvier 1917 à Sir Mark Sykes. Il avait l'approbation de Louis Brandeis, chef des sionistes américains et conseiller du président Wilson en ces matières, autant dire qu'il avait donc le soutien des Américains.

Lorsque Weizmann et ses amis apprirent l'existence des accords Sykes-Picot, ils n'eurent de cesse de lutter contre eux. Pour les sionistes, il existait un rapport étroit « *entre un protectorat britannique en Palestine et la création de la patrie juive*[2] ». Dans leur esprit l'un n'allait pas sans l'autre, ce qui se conçoit car la création de la patrie juive ne pouvait se réaliser que par la force et par la violence qui ne peuvent être le produit que d'une seule volonté. Encore fallait-il convaincre l'autre partie. Or, à l'intérieur du gouvernement

1. Ch. Weizmann, *op. cit.*, p. 223.
2. *Ibid.*, p. 227.

anglais ainsi que dans la haute administration, tout le monde n'était pas favorable à ce qui apparaissait à beaucoup comme une charge plus que comme une chance et parmi ceux-là se trouvaient certains hauts fonctionnaires du Foreign Office. D'où le soin que les sionistes apportèrent pour convaincre les Anglais que leurs intérêts coïncidaient avec la création d'une entité juive en Palestine.

Le 25 avril 1917, Weizmann eut un entretien avec Lord Robert Cecil, deuxième secrétaire du Foreign Office. «*Depuis longtemps, nous avons fait remarquer aux Anglais – et je le répétai lors de mon entrevue avec lors Robert Cecil – qu'une Palestine juive serait une sauvegarde pour l'Angleterre, particulièrement en ce qui concerne le canal de Suez*[1] ».

On peut penser qu'il n'eût pas trop de mal à le convaincre sur ce point

Une naissance laborieuse

Cependant, le 24 mai 1917, les deux principaux représentants du «Joint Committee», David Alexander, président de «l'association des Juifs anglais», et Claude Montefiore, président de «l'association anglo-juive», publièrent un

1. *Ibid.*

long article dans le *Times* critiquant la position sioniste. Pour eux, « *les Juifs étaient une communauté religieuse et rien de plus. Les Juifs ne pouvaient pas réclamer de patrie. Tout au plus pouvait-on exiger pour les Juifs de Palestine la jouissance de la liberté religieuse et civile, des facilités « raisonnables » pour l'immigration et la colonisation et « les privilèges municipaux dans les villes et les colonies qui peuvent être nécessaires*[1] ».

Le grand rabbin de l'Empire britannique et le Dr Gaster rejetèrent l'attaque. Surtout un article important parut dans le *Times* quelque temps plus tard afin de défendre la cause sioniste. L'alerte avait été chaude d'autant que derrière l'attaque du « Joint Committee » se trouvait Edwin Montagu, secrétaire d'État pour l'Inde et juif. La lutte ouverte à présent entre les deux tendances du judaïsme anglais « *avait rendu impérative une prise de position du gouvernement*[2] ».

Weizmann écrivit à Sir Ronald Graham, haut fonctionnaire du Foreign Office, le 13 juin 1917, peu avant son départ pour Gibraltar : « *Il apparaît souhaitable à tous points de vue que le gouvernement britannique puisse donner l'impression de ses sympathies et son aide aux réclamations*

1. *Ibid.*, p. 237.
2. *Ibid.*, p. 238.

sionistes en Palestine. En fait il n'a qu'à confirmer le point de vue maintes fois exprimé par les membres éminents représentant le gouvernement et qui a servi de base à nos négociations à travers la longue période de trois ans[1] ».

Un peu plus tard, Weizmann était reçu avec Sir Ronald et Lord Rothschild par Balfour. Lord Rothschild lui demanda une déclaration définitive. Balfour le pria en retour de lui envoyer un projet qu'il s'engagea à soumettre au cabinet de Guerre. Pendant le séjour à Gibraltar, le comité politique, sous la présidence de Sokolow prépara un texte dans lequel il était dit que le gouvernement britannique acceptait « *le principe de la reconnaissance de la Palestine en tant que patrie du peuple juif et le droit du peuple juif d'y établir une vie nationale sous une protection qui sera définie après la paix*[2] »…

Cette exigence de protection montrait bien que les promoteurs du projet avaient conscience que les choses n'iraient pas aussi facilement qu'ils voulaient bien le dire. C'était la preuve même que cette « patrie du peuple juif » ne pouvait être fondée que sur la force.

---

1. *Ibid.*
2. *Ibid.*, p. 238-239.

Manifestement Weizmann s'est embrouillé dans les dates. En effet, comme on le verra par la suite, Balfour est resté aux États-Unis jusqu'à la fin du mois de juin. Il n'a donc pu recevoir le chef sioniste, sir Ronald et Lord Rothschild qu'au début du mois de juillet. Le texte préparé sous l'égide de Sokolow le fut au cours de ce mois et non pas durant la mission de Weizmann à Gibraltar. C'est ce qui explique sans doute que le texte mis au point par le comité sioniste ait été remis par Lord Rothschild à Balfour le 18 juillet 1917. Ceci cadre mieux avec ce que nous savons du calendrier de Balfour à ce moment-là.

Le 17 août Weizmann écrivit à Felix Frankfurter aux États-Unis que « *le projet a été soumis au Foreign Office et a été approuvé et j'ai appris hier qu'il a aussi reçu l'approbation du Premier ministre (Lloyd George)*[1] ».

Il fallait aussi qu'il soit approuvé par le cabinet de Guerre. Cela devait se faire au début d'août mais là, il y eut de vives oppositions « *venant uniquement des Juifs*[2] », c'est-à-dire en fait de Montagu qui, quelques semaines plus tard, vers la mi-septembre, en l'absence de Lloyd George et de

1. *Ibid.*, p. 239.
2. *Ibid.*

Balfour, fit supprimer le projet sioniste du « *calendrier des discussions en cours*[1] ».

Après avoir été reçu le 29 septembre par Balfour qui lui donna tous les apaisements possibles, Weizmann écrivit à Brandeis afin de lui demander l'aide de Wilson. Il intervint aussi auprès de Lloyd George le 28 septembre. Celui-ci lui promit de mettre « *notre mémorandum à l'ordre du jour pour le 4 octobre*[2] ». Ce jour-là, la véhémence dont fit preuve Montagu, « *la haine implacable de son opposition frappèrent de stupeur le Cabinet*[3] ».

À la suite de cette attaque de Montagu, le cabinet de Guerre, au lieu de classer cette affaire qui était déjà si mal partie, proposa la formule de compromis qui sera à peu de choses près, celle adoptée et envoyée à Lord Rothschild le 2 novembre suivant :

« *Le gouvernement de Sa Majesté voit favorablement l'établissement en Palestine d'un foyer national pour la race juive et fera tous les efforts possibles pour faciliter la réalisation de cet objectif ; il est bien entendu que rien ne sera entrepris qui puisse causer un préjudice aux droits civils et*

---

1. *Ibid.*
2. *Ibid.*, p. 240.
3. *Ibid.*, p. 241.

religieux des communautés non juives existant en Palestine ou aux droits et à la situation dont jouissent dans n'importe quel autre pays les Juifs qui sont parfaitement satisfaits de la nationalité et des droits de citoyens qu'ils ont[1].

Weizmann ajoutait qu'une comparaison des deux textes – celui approuvé par le Foreign Office et le Premier Ministre et celui adopté le 4 octobre après l'attaque de Montaigu – montre un recul pénible de ce que le gouvernement lui-même était prêt à offrir. Le premier déclare « que la Palestine devrait être rebâtie en tant que patrie pour le peuple juif ». Le second parle de « l'établissement en Palestine d'un foyer national pour la race juive ». Le premier ajoute seulement que « le gouvernement fera tous ses efforts pour assurer la réalisation de ce projet et discutera les méthodes nécessaires à l'Organisation sioniste » ; le second introduit le sujet des « droits civils et religieux des communautés non juives existantes » d'une telle façon qu'il est possible d'imputer aux Juifs des intentions d'oppression et qu'il peut être interprété comme un moyen de limiter notre tâche à tel point qu'elle serait complètement paralysée[2] ».

1. *Ibid.*, p. 242.
2. *Ibid.*

On constate donc que ce qui chagrine Weizmann c'est que le nouveau texte ne marque pas la continuité entre l'Ancien Testament et la situation présente, en effaçant ainsi deux millénaires particulièrement gênants pour les Juifs, mais surtout que les Palestiniens conservent encore quelques droits, d'ailleurs mal définis, mais peu importe ; c'en était encore trop pour les sionistes.

Le gouvernement anglais, « *devant l'opposition passionnée des assimilationnistes était perplexe. Il demanda donc à quatre représentants de chaque tendance de lui formuler leurs observations par écrit. Weizmann répondit à la lettre du gouvernement en demandant qu'on parle de réinstallation plutôt que d'installation d'un foyer national juif et de peuple juif au lieu de race juive, selon le vœu de Louis Brandeis. Il écrivit à ce dernier pour que Wilson appuie la publication de la déclaration mais il n'y réussit pas car le président considérait cela comme prématuré étant donné que l'état de guerre n'existait pas entre l'Amérique et la Turquie... Mais le 16 octobre, le colonel House, agissant au nom du président, câbla au gouvernement britannique que l'Amérique soutenait la formule de la déclaration*[1] ».

1. *Ibid.*

Ce soutien ne dut pas trop surprendre le gouvernement britannique puisque celui-ci savait à quoi s'en tenir après la mission de Balfour aux États-Unis au printemps précédent. En effet, pour bien éclairer les événements, il faut revenir un peu en arrière.

La crise financière et la mission Balfour

Au début de 1916, ainsi qu'on l'a dit, se produisit une crise politique en Angleterre, une crise dont il faut bien saisir le sens si l'on veut comprendre la suite des événements. Il ne s'agissait pas du tout d'un changement de ministère comme il s'en produisait régulièrement en France car ceux qui n'avaient pas été choisis lors du précédent remaniement ministériel, étant las d'attendre, s'arrangeaient pour faire trébucher le gouvernement sur une question généralement secondaire, dans l'espoir que la redistribution des maroquins leur serait profitable. Ici, rien de tel. À la fin de 1916, la Grande-Bretagne vivait une crise financière grave dont il faut faire une brève analyse et pour cela remonter un peu plus haut.

Depuis le début de la guerre, en vertu de la solidarité financière instaurée entre Alliés, dans la mesure où «*Paris et Petrograd avaient abandonné l'or, c'était finalement Londres qui portait du point de vue du change, par le biais des emprunts que faisaient ses alliés, tout le poids des achats faits chez les neutres*[1] ». Or, déjà en 1915, la livre présentait des caractères de faiblesse. En cas d'abandon de la parité, « *on pouvait craindre l'écroulement rapide du système*[2] ». C'est pourquoi dès cette année-là on se soucia d'emprunter aux grandes banques américaines, en majorité juives. Cela n'alla pas sans discussion à l'intérieur du Cabinet anglais entre ceux qui désormais aspiraient à la paix en voyant que les dépenses de guerre et la conscription allaient ruiner l'Angleterre et ceux qui au contraire étaient pour des emprunts importants afin de pouvoir continuer la guerre à fond. Asquith, alors Premier ministre, arbitra en faveur de ces derniers. La mission qui fut envoyée aux États-Unis dans ce but était composée du côté français de Octave Homberg et d'Émile Mallet, régent de la Banque de France. Très habilement les Anglais désignèrent Sir Edward Holden, président d'une banque privée, et Lord Reading, né Rufus Daniel Isaacs[3]. Mais cela ne suffit pas pour amadouer les banquiers israélites. Voici ce qu'écrivait en effet Octave Homberg à Ribot au début de 1916 à propos de la façon dont s'était déroulée cette mission :

---

1. G.-H. Soutou, *L'or et le sang. Les buts de guerre économique de la Première Guerre mondiale*, Fayard, Paris, 1989, p. 223.

2. *Ibid.*

3. *Ibid.*, p. 224 et suiv.

« *Vous n'avez certainement pas oublié les conditions mises par la maison Khun-Loeb, lors de la négociation de l'emprunt anglo-français de 500 millions de dollars, à sa participation éventuelle à cette opération, participation qui aurait sans doute permis d'élever ce chiffre à 750 millions de dollars. La première condition et, à tout bien considérer, la seule qui fut péremptoire, était celle posée par le chef de la maison Khun-Loeb, M. Jacob Schiff, que pas un dollar du produit de l'emprunt anglo-français n'irait à la Russie*[1] ».

Victor Basch, envoyé par le gouvernement français aux États-Unis, eut beau essayer de raisonner Schiff, rien n'y fit, car son interlocuteur voyait « *dans le conflit actuel, dans les embarras financiers de la Russie, un moyen pour lui, Jacob Schiff, de faire reculer le tsar et triompher la cause de ses frères en Russie*[2] ».

Au fur et à mesure que la guerre se prolongeait, les Alliés eurent de plus en plus de mal à placer leurs emprunts tandis que la situation militaire ne s'améliorait guère. Sur le front c'était l'enlisement, en mer la guerre sous-marine commençait à faire sentir ses effets et sur le plan monétaire

1. AE Guerre 1914-1918, Sionisme, vol. 1197, Homberg, délégué financier du gouvernement français aux États-Unis à Ribot, ministre des Finances, 21 février 1916.

2. *Ibid.*

la parité de la livre était menacée. Que fallait-il faire? Sur ce dernier point le cabinet Asquith était divisé. Les uns comme Lloyd George étaient partisans d'emprunter largement pour continuer la guerre, les autres comme Sir Edward Grey auraient voulu qu'on profitât des propositions de paix que le président des États-Unis ne manquerait pas de lancer après les élections de novembre 1916 pour arriver à une paix de compromis, seule façon, à leur avis, de sauver la livre et d'échapper aux conditions humiliantes que le pays, arrivé au bord de la faillite, serait peut-être obligé d'accepter par la suite. En novembre 1916, les partis étaient tranchés. Ce furent les jusqu'au-boutistes qui l'emportèrent. Le 7 décembre Asquith cédait la place à Lloyd George. Restait à trouver l'argent nécessaire à la poursuite du conflit[1].

Il y avait deux solutions: tenir tête aux États-Unis en abandonnant l'étalon or, ce qui revenait à accepter que la place de Londres ne fût plus la première place financière dans le monde, ou continuer à emprunter en passant sous les fourches caudines des banquiers américains et donc des banques juives.

1. Le paragraphe est le résumé des pages 364 et suivantes du livre de G.-H. Soutou, *L'or et le sang*, *op. cit.*

Au début de 1917, la situation financière de la France et de l'Angleterre était difficile. « *Le 22 février Keynes notait que l'on ne disposait plus de réserves que pour quatre semaines d'achats aux États-Unis. Le 16 mars, il estimait que l'on pourrait tenir encore cinq semaines ; ensuite il faudrait « prendre des mesures désespérées ». La situation de la France était tout aussi critique : en dehors de 20 millions de dollars obtenus aux États-Unis en février 1917* [...] *Paris était en train d'épuiser, au mois de mars, ses derniers crédits*[1] ».

Cette mission avait un but essentiellement financier mais elle donna lieu à des discussions hautement politiques.

À peine arrivé aux États-Unis, le 20 avril 1917, Balfour rencontra le juge Brandeis à une réception à la Maison Blanche. Celui-ci était à la tête des sionistes américains. Il conseillait aussi le président Wilson pour les affaires du Proche-Orient... « *J'étais en rapport constant avec lui, écrit Weizmann dans ses* Mémoires. *Je lui envoyai le 8 avril 1917 un résumé de la situation générale qui prenait un tour très satisfaisant : « la principale difficulté, dis-je, semble être les exigences des Français... Nous envisageons ici un renforcement de notre situation à la fois grâce au gouvernement*

1. G. H. Soutou, *op. cit.*, p. 405.

américain et aux Juifs américains... Votre opinion exprimée en même temps que celle d'autres hauts fonctionnaires en faveur d'une Palestine juive sous protectorat britannique consoliderait notre position[1] ».

C'est ce que fit Brandeis dès sa première rencontre avec Balfour. Ce dernier fut tout de suite sous le charme de la personnalité du juge puisque madame Dugdale, sa nièce et sa biographe, raconte que le secrétaire d'État au Foreign Office dit à Lord Eustace Percy, membre de sa mission, que Brandeis était, par certains côtés, l'homme le plus éminent qu'il avait vu aux États-Unis. « *Il semble, d'après ce qu'il nous a été donné de constater par ces conversations que Balfour offrit son aide personnelle au sionisme. Il l'avait fait auparavant à M. Weizmann, mais à présent il est ministre du Foreign Office. M. le juge Brandeis semble avoir beaucoup insisté pendant la visite de la mission britannique sur le désir qu'avaient les sionistes de voir une administration anglaise en Palestine*[2] ».

Le 23 avril Weizmann écrivit à nouveau au juge que l'organisation sioniste avait une confiance absolue dans l'autorité britannique, « *elles considèrent que seul un protectorat*

---

1. Weizmann, *op. cit.*, p. 228.
2. *Ibid.*

assuré par ce pays pourra réaliser un développement d'un État confédéré juif en Palestine[1] ». Weizmann ajoutait : « *M. Brandeis ne se contenta pas d'inculquer cette idée d'une Palestine sous protectorat britannique, il poursuivit une tâche aux fins d'élucider la question*[2] ». C'est-à-dire probablement d'empêcher que la France puisse jouer un rôle quelconque en Palestine en dépit des accords Sykes-Picot. Là se trouve l'une des clés principales du combat sioniste qui savait que sa mainmise sur la Terre sainte ne serait possible qu'avec l'appui total d'une grande puissance partageant la même croyance fanatique dans les mythes bibliques.

Ce qui est curieux, c'est que le Quai d'Orsay n'ait pas réagi alors même qu'il était prévenu qu'il se préparait quelque chose puisque Slousch, qui était retourné en mission aux États-Unis écrivait à M. le Comte, donc probablement à de Margerie que « *le président Wilson et M. Balfour (étaient) pour la création d'un centre national juif en Palestine*[3] ».

1. *Ibid.*, p. 229.
2. *Ibid.*
3. AE Guerre 1914-1918, Sionisme, vol. 1199, Slousch à M. le Comte, 25 avril 1917.

Ce renseignement fut confirmé plus tard, lors du premier anniversaire de la déclaration Balfour. On apprit en effet que lors de la conférence qui eut lieu entre les représentants des États-Unis et la délégation anglaise au printemps de 1917, donc peu de temps après l'arrivée du secrétaire d'État au Foreign Office, la question de la Palestine fut abordée et résolue dans un sens favorable aux Juifs[1].

En outre, le 10 mai 1917, Weizmann déclara lors d'une conférence « *que la belle contrée de Palestine sera sous le protectorat d'une puissance aussi juste et puissante que la Grande-Bretagne. Sous l'égide de cette puissance, les Juifs pourraient se développer et obtenir le degré d'autonomie qu'ils méritent et il ajoutait : Je suis autorisé à déclarer dans cette assemblée que le gouvernement de Sa Majesté est prêt à appuyer nos demandes*[2] ». Pour que Weizmann ait pu faire preuve d'une telle assurance, il fallait qu'il ait eu des renseignements de première main puisque ce qu'il disait allait à l'encontre du traité signé entre la France et l'Angleterre.

Cela rejoignait ce que la presse juive-américaine écrivait. Bien que rien de précis n'ait transpiré des conversations entre Balfour, Wilson, Lansing et Brandeis, cette presse

---

1. AE, Levant 1918-1928, Palestine, vol. 11, lettre à Lionel Rothschild à l'occasion de la conférence célébrant le 1er anniversaire de la déclaration Balfour.
2. *Ibid.*

assurait que « *le ministre des Affaires étrangères anglais a fait des promesses en ce qui concerne l'avenir de la future Palestine juive et qu'il aurait même traité la possibilité et les détails d'un protectorat américain ou anglo-américain*[1] ». Cela eut d'immenses répercussions chez les Juifs américains.

Lors de son retour en Angleterre, à son passage à Ottawa, Balfour fit mander le président des sionistes canadiens, Clarence de Sola, avec qui il eut un entretien de deux heures. Ce dernier avoua que, bien que ce qui avait été dit fût confidentiel, durant cet entretien, « *on avait traité la question de l'avenir de la Palestine et que M. Balfour l'(avait) seulement autorisé à dire que "personnellement il ressent(ait) pour le sionisme une profonde sympathie"* et le président ajouta *que les sionistes (pouvaient) être confiants que l'idée d'une résurrection de la Palestine juive (était) sur le point de se réaliser*[2] ».

Il faut ajouter que sur le plan financier les choses n'avaient pas été aussi faciles qu'on pouvait le croire. Les discussions financières entre les Anglais et les Américains traînèrent. Le 26 juin, le Trésor américain refusa les avances

1. AE Guerre 1914-1918, Sionisme, vol. 1200, A. Saphir, « La question juive. Le congrès juif d'Amérique et la France », 20 octobre 1917.
2. *Ibid.*, souligné dans le texte.

pourtant promises, ce qui allait mettre la Grande-Bretagne à quelques heures de suspendre ses paiements à New York. Le 28, Balfour télégraphiait à Wiseman que les Alliés étaient « *au bord d'une catastrophe financière pire qu'une défaite sur le champ de bataille* » *s'ils devaient abandonner la convertibilité, éventualité prévisible pour le lundi suivant*[1] ».

Après de multiples discussions, les choses s'arrangèrent, les dirigeants américains n'étant pas dépourvus d'arrière-pensées politiques. Ils exigèrent déjà le remplacement de l'ambassadeur anglais Spring-Rice, trop lié aux républicains, par Lord Reading, de religion juive.

Finalement House et Wilson acceptèrent de sauver la livre « *mais en échange, Washington et Londres se mirent tacitement d'accord sur le fait que, pour la conduite de la guerre et aussi pour la détermination de leurs objectifs, les Britanniques devraient tenir compte des orientations américaines. C'était la mise en place d'une* « *special relationship* », *politique et financière. C'est tout le sens de la mission Reading aux États-Unis et des transactions qui ont entouré celle-ci*[2] »…

1. G.H. Soutou, *op. cit.*, p. 463.
2. *Ibid.*, p. 472.

Or, pour les Américains, les objectifs de guerre n'étaient pas la libération de Strasbourg ou celle des bouches de l'Escaut mais la création d'un foyer national juif.

Durant tout ce voyage, l'une des choses qui frappèrent le plus Balfour fut la puissance des sionistes dans ce pays.

Il faut remarquer que l'entrée en guerre des États-Unis le 6 avril 1917 suivit de peu l'abolition de la monarchie en Russie le 16 mars. Cette coïncidence n'était pas due au hasard. Hostiles jusqu'alors à toute alliance avec les pays de l'Entente et profondément germanophiles, les masses juives américaines et leurs dirigeants leur devinrent soudain favorables. De ce point de vue, le changement d'attitude de la banque Khun Loeb et Cie parle mieux que de longs discours.

Dans une note consacrée au sionisme, Louis Canet, à l'époque collaborateur du bureau de presse de l'ambassade de France à Rome, relevait que *Le Temps* signalait que « *la grande banque américaine Khun-Loeb et Cie, de New York, fai(sait) savoir qu'en présence de la situation actuelle et de la révolution en Russie, elle (était) décidée à appuyer la cause des Alliés*[1] ». Cependant, ajoutait Canet, les

1. AE Guerre 1914-1918, Sionisme, vol. 1198, Note de L. Canet sur « Le sionisme » du 9 avril 1917, jointe à la lettre de Barrère à Ribot, 16 avril 1917.

Juifs américains ne sont pas aussi favorables que le croit ce journal.

« *Ils n'ignorent pas en effet que les Alliés, ou au moins parmi les alliés, l'Angleterre, la France et l'Italie sont peu portés à reconnaître la thèse si chère aux Juifs orientaux et aux Juifs américains, qu'Israël n'est pas seulement une religion, mais une race et qu'il est plus qu'une Église, une nation*[1] ».

Canet commettait une erreur lorsqu'il mettait sur le même plan que la France et l'Italie, l'Angleterre. Celle-ci était tout à fait prête à reconnaître la spécificité de la nation juive. Grâce aux efforts conjoints de Weizmann et de Louis Brandeis, pour ne citer que les deux personnes les plus importantes, Balfour allait se convertir complètement au sionisme. Il ne pouvait guère faire autrement puisque, comme on l'a vu, l'octroi des crédits américains dont la Grande-Bretagne avait un impérieux besoin, était lié à cette reconnaissance.

On peut donc dire que sans les pressions très fortes des sionistes américains qui occupaient des places capitales dans l'administration de ce pays comme Brandeis, Bernard

1. *Ibid.*

Baruch, directeur du ministère de l'Armement, Jules Klein, du département du Commerce, de Felix et de Paul Warburg de la Banque fédérale de réserve, la déclaration Balfour serait peut-être restée dans les limbes encore un certain temps.

Il est donc évident que le voyage de Balfour aux États-Unis a été un moment clé dans le projet de mainmise des sionistes sur la Palestine et par conséquent de l'éviction de la France.

•••••

On remarquera d'ailleurs que la France fut totalement tenue à l'écart de toute cette affaire. Elle était pourtant intéressée au premier chef à la Palestine par tout son passé et par les accords Sykes-Picot. Le seul à avoir vu clair et à prévenir Paris fut Slousch, ce Juif marocain, ami de Lyautey, qui avait eu vent de ce qui se tramait entre les Anglais et les Américains : La création d'un centre national juif, ce qui ne pouvait que conduire à des bouleversements dont notre pays ferait vraisemblablement les frais, ce qui ne devait pas trop déplaire à l'Angleterre. N'était-ce d'ailleurs pas là l'un des buts principaux recherchés par ce pays ?

Chapitre IX
La France et la déclaration Balfour

Que faisait la France dans toute cette affaire ? Selon Weizmann, c'était l'empêcheur de tourner en rond, alors que selon un article de « La Revue sioniste » du 10 septembre 1918, sans l'action de François Georges-Picot, la déclaration Balfour n'aurait pas vu le jour. Bref, on se trouve en pleine contradiction dont il aurait été difficile de sortir si la Providence ne nous avait permis de rencontrer son petit-fils, M. Lewandowski, qui a eu l'amabilité de nous fournir la photocopie d'une conférence faite par son grand-père le 1er mars 1939. Ce document éclaire bien des points restés jusqu'alors obscurs.

Les premières manœuvres sionistes auprès de François Georges-Picot : leur succès

Lors de cette conférence, François Georges-Picot nous apprend tout d'abord que c'est à l'initiative de Sir Mark Sykes qu'il rencontra le grand rabbin de Londres, Gaster mais les conversations entre les deux hommes se passèrent assez mal en raison des exigences du grand rabbin que Picot jugea irréalistes. «*Mettez-moi donc en présence d'une personnalité responsable, dit-il à Sir Mark, pouvant prendre des décisions mais ayant quelque objectivité, et je suis sûr que cette fois nous ferons du bon travail. C'est alors que, quelque temps après, il m'amena Naoum Sokolow.*

J'ai conservé des pourparlers que nous avons eus pendant des mois et de mes multiples conversations avec Naoum Sokolow, la plus profonde admiration pour son esprit. Il comprenait les limites des choses, il savait évoluer et avec des idées aussi passionnées pour ses coreligionnaires que mon premier interlocuteur, on se rendait compte qu'avec lui, il y avait des chances de faire avancer la question. Nous avons donc eu, quelquefois trois fois par semaine, des entretiens qui posaient les bases du problème[1] ».

À cette époque, Aristide Briand était président du Conseil et ministre des Affaires étrangères. F. Georges-Picot le connaissait puisqu'il l'avait rencontré à plusieurs reprises lors des tractations précédentes qui avaient abouti aux fameux accords «Sykes-Picot». «*Je ne l'avais pas entretenu*

1. Papiers personnels de M. Dominique Lewandowski, conférence de F. Georges-Picot prononcée le 1er mars 1939. Les citations suivantes sont extraites du même texte.

des conversations que j'avais, quand un jour, traversant le Détroit, et sachant par une longue expérience combien c'était un esprit compréhensif, combien son intelligence était rapide à saisir une question que jusque-là il n'avait ni étudiée, ni même abordée, je lui dis ce qu'avaient été nos conversations et quel était à mon sens l'importance des résultats qui pouvaient être ainsi obtenus pour l'avenir même de la guerre. En donnant à l'immense communauté juive, le sentiment que la France continuait sa politique traditionnelle de libération et que, parmi tous les peuples pour lesquels elle la faisait, les Juifs n'étaient pas les derniers, les alliés s'assuraient partout la collaboration plus ou moins active de groupements dont le rayonnement et l'action ne pouvaient pas être exagérés».

En dépit du caractère un peu elliptique de ces lignes, on saisit quel fut le but premier de F. Georges-Picot lors de ces négociations : faire basculer les communautés juives des pays neutres, et, particulièrement celles des États-Unis, en faveur des pays de l'Entente, en amenant ces dernières à faire pression sur le gouvernement américain afin qu'il entre en guerre aux côtés des Alliés.

Il faut dire que certains Juifs anglais influents avaient pris l'initiative de convaincre en premier Sir Mark Sykes et ensuite François Georges-Picot que la meilleure et probablement la seule façon de conduire Wilson à déclarer la guerre aux Empires centraux était de s'assurer l'appui des sionistes américains en leur promettant la Palestine.

On ne s'étonnera donc pas qu'Aristide Briand ait répondu aussitôt au diplomate «*qu'il comprenait cela à merveille. Il m'encouragea à poursuivre mon action et à l'entretenir de ce qui adviendrait. Chaque fois que je traversais le Détroit, je le mettais donc au courant de la suite de nos pourparlers et les choses mûrissaient*»... On ne peut donc accuser F. Georges-Picot de double jeu, mais Briand, c'est bien connu, était un grand paresseux qui écrivait rarement. Il ne rédigeait sans doute aucune note d'audience à la suite de ses conversations avec ce diplomate. Il y a donc fort à parier que ni Jules Cambon, ni de Margerie ou Jean Gout ne furent tenus au courant de toute cette affaire.

Au début de 1917, Fr. Georges-Picot et Sir Mark Sykes furent nommés haut-commissaires en Palestine. Pour rejoindre leurs postes, provisoirement situés au Caire, ils passèrent tous deux par Paris. Fr. Georges-Picot prit contact avec son ministère de tutelle. Mais le cabinet dirigé par Briand venait d'être renversé le 20 mars 1917. Pour des raisons de pure politique politicienne, Ribot le remplaça comme président du Conseil et ministre des Affaires étrangères. C'était un ami de la famille Picot comme on l'a déjà dit. Il était doué d'une brillante intelligence « *mais il ne savait jamais aller jusqu'au bout d'une idée. Son intelligence voyait tellement bien le pour et le contre, les avantages qu'il y avait à faire ceci, mais les inconvénients qu'il y aurait, d'autre part, à prendre telle résolution, qu'il était toujours suspendu entre deux avis* »… « *J'eus donc beaucoup de peine à lui faire comprendre, continuait F. Georges-Picot, la portée des négociations qu'avait encouragées M. Briand, à lui en faire surtout admettre le terme. Toutefois, la vérité en était tellement évidente, la tradition républicaine qu'elle représentait était si certaine qu'il ne sut pas refuser jusqu'au bout. Il me dit donc : « Eh bien, bon, préparez-moi un texte, je le discuterai et puis si je l'adopte, je vous autoriserai à aller chez Jules Cambon (le secrétaire général d'alors) et dans son bureau vous appellerez M. Sokolow afin que Jules Cambon lui remette la formule. Il encaissera ce que vous aurez fait* ».

On constate donc que ce n'est pas sans difficulté que F. Georges-Picot réussit à convaincre Ribot. On notera aussi qu'il fut le rédacteur de la note officieuse remise à Sokolow le 9 avril 1917 et confortée le 4 juin. Mais il convient de continuer de citer des extraits de cette conférence passionnante car elle dévoile la manière dont les choses se sont ensuite passées. Non sans avoir rappelé auparavant qu'à cette réunion du 9 avril 1917 assistait aussi de Margerie, directeur des affaires politiques et commerciales, troisième personnage du quai d'Orsay après le ministre et le secrétaire général. Or, lorsque François Georges-Picot avait débuté dans la carrière, il avait été nommé en février 1899, secrétaire de 3e classe à la légation de France à Copenhague dont la direction était assurée à l'époque par Jusserand qui devint par la suite ambassadeur à Washington. Il était secondé à cette époque-là par de Margerie qui était conseiller. En 1909, F. Georges-Picot retrouva ce dernier à Pékin où il était ministre de France en qualité de premier secrétaire. Il assura même l'intérim durant un an. Ces collaborations successives avec de Margerie ne furent pas, peut-on penser, sans créer des liens entre les deux hommes.

«*Le 9 avril, poursuit F. Georges-Picot, j'obtins enfin l'autorisation de remettre à Naoum Sokolow la formule définitivement adoptée... c'est de cette formule qu'est sorti tout le reste, je vous expliquerai tout à l'heure comment. Et, s'il y a, à l'heure actuelle, un foyer en Palestine, un foyer menacé, mais un foyer solide, vous le devez tout de même à l'initiative qui fut prise alors par le gouvernement français et par lui seul*». Cette déclaration était la suivante :

« *Vous avez bien voulu m'exposer le projet auquel vous consacrez vos efforts, et qui a pour objet de développer la colonisation israélite en Palestine. Vous estimez que, si les circonstances le permettent, et l'indépendance des Lieux saints était assurée d'autre part, ce serait faire œuvre de justice et de réparation que d'aider à la renaissance, sous la protection des puissances alliées, de la nationalité juive, sur cette terre, d'où le peuple d'Israël a été chassé, il y a tant de siècles. Le gouvernement français qui est entré dans la présente guerre pour défendre un peuple injustement attaqué, et qui poursuit la lutte pour assurer le triomphe du Droit sur la force, ne peut éprouver que de la sympathie pour votre cause, dont le triomphe est lié à celui des Alliés. Je suis heureux de vous en donner ici l'assurance».*

On remarquera que cette note remise à Sokolow le 9 avril est au mot près la même que celle publiée le 4 juin suivant.

«Je voudrais, continuait F. Georges-Picot, que vous ayez pu voir quel fut le rayonnement de la figure de Sokolow quand cette lettre fut remise par moi entre ses mains. Après tant d'années, je suis encore ému au souvenir des paroles de remerciement qu'il me dit en me remettant deux petits papiers qui étaient des télégrammes qu'il se chargeait de faire parvenir aux amis d'Amérique – l'un d'eux était destiné au juge Brandeis et ainsi formulé : « Vous pouvez marcher maintenant. Nous avons des assurances formelles du gouvernement français. » C'était un mois et demi

avant l'entrée en guerre de l'Amérique. Manifestement, la mémoire de F. Georges-Picot a défailli sur ce point car les États-Unis étaient entrés en guerre le 6 avril précédent. Le télégramme de Sokolow au juge Brandeis n'a donc pas contrairement à ce qu'il écrivait été un des éléments déterminants de la décision du président Wilson, de se joindre aux pays de l'Entente contre les empires centraux».

Dans l'esprit de Fr. Georges-Picot, la France venait de marquer un point face à l'Angleterre. Dans une conversation avec Sokolow à ce moment-là ; «*il lui dit que la France revendiquait la Palestine pour elle et qu'elle ne voulait pas entendre parler d'une combinaison avec la Grande-Bretagne ou, pire encore, avec les États-Unis*[1] ».

Les fonctions des personnes qui entouraient Fr. Georges-Picot lors de la remise de cette déclaration à Sokolow, Jules Cambon et de Margerie, montrent l'importance que la France attachait à cette question.

Contrairement à Weizmann qui redoutait que Sokolow n'ait entamé des négociations sur la Palestine avec les Français, Sir Mark Sykes, qui était à Paris, fut enchanté de la tournure des événements. «*Actuellement, écrivait-il au*

1. L. Stein, *op. cit.*, p. 399.

Foreign Office, il serait dangereux d'exposer l'idée d'une Palestine britannique mais si les Français sont d'accord pour reconnaître le nationalisme juif et tout ce que cela comporte en tant que facteur politique palestinien, je pense que cela marque un pas dans la bonne direction et que cela ouvre la voie afin que la Grande-Bretagne devienne la patronne de la Palestine[1] ».

De leur côté les patrons du Quai d'Orsay pensèrent consolider la position de la France en conseillant à Sokolow d'aller en Italie. Cela cadrait parfaitement avec les plans dressés par Sir Mark Sykes. Celui-ci pensait en effet que si les Italiens donnaient leur appui aux aspirations sionistes, cela serait avantageux pour nous, c'est pourquoi ils demandaient que l'ambassade d'Italie à Londres « *soit priée de préparer la voie pour lui (ie Sokolow)*[2] ».

Le piège romain

François Georges-Picot et Sir Mark Sykes passèrent donc par Rome avant d'aller en Palestine. Sir Mark n'était pas sans arrière-pensée : celle de faire recevoir Sokolow au Vatican et sur ce terrain il était mieux placé que les Français car la

1. *Ibid.*, p. 401.
2. *Ibid.*, p. 405.

France, ne l'oublions pas, avait rompu ses relations diplomatiques avec le Saint-Siège depuis 1904, rupture aggravée par la dénonciation du concordat en 1905, sans concertation avec l'autre partie. L'Église avait encaissé le coup mais elle n'avait pas oublié.

Sir Mark Sykes, lui, était issu d'une famille qui était toujours restée catholique même aux pires moments des persécutions. C'était un élément qui jouait en sa faveur et qui explique, sans doute, pourquoi il fut reçu le 11 avril par monseigneur Pacelli qui était en quelque sorte le ministre des Affaires étrangères du Saint-Siège. Le 13 il était reçu en audience par Benoît XV. À la sortie de cette audience, Sir Mark télégraphia à Londres que le pape « *craignant une tutelle abusive de la France sur les lieux saints, ne serait pas opposé à ce que l'Angleterre exerçât une sorte de protectorat sur la région qui les comprenait, et il ajoutait J'ai préparé la voie pour les sionistes en présentant leurs objectifs et suggéré que M. Sokolow rencontre Mgr Pacelli. Celui-ci étant entièrement d'accord*[1] ».

Avant son départ de Paris, Sykes avait dit à Sokolow qu'il laisserait des instructions pour lui à Rome. En arrivant là vers le 23 avril, Sokolow trouva une lettre de Sykes datée

1. J. P. Alem, *La déclaration Balfour, aux sources de l'État d'Israël*, éd. Complexe, Bruxelles 1982, p. 90.

du 14 à l'ambassade de Grande-Bretagne. Il lui écrivait qu'il avait parlé du sionisme avec Mgr Pacelli et avec le Pape et qu'il leur avait signalé que « *les buts des sionistes n'étaient pas opposés aux désirs des chrétiens en général et des catholiques en particulier en ce qui concerne les Lieux saints*[1] ».

Il conseilla à Sokolow d'appeler Mgr Pacelli dès son arrivée et si tout se passait bien de solliciter une audience avec sa Sainteté ajoutant que « *le représentant britannique auprès du Vatican, le comte de Salis, ferait le nécessaire pour arranger tout cela*[2] ».

Arrivé à Rome, Sokolow écrivit à Weizmann : « *Je suis allé à Rome sur les conseils des Français, mais il ne m'était jamais venu à l'esprit d'approcher le Vatican… maintenant je n'ai plus le choix… Je suis mis devant le fait accompli*[3] ».

C'est ainsi que le 29 avril il rencontra Mgr Pacelli qui le laissa parler sauf quand il fut question des Lieux saints. Il insista pour que ceux-ci soient clairement définis selon les vœux du Saint-Siège. Il laissa entendre qu'on demanderait aussi aux sionistes de laisser libre un secteur autour des Lieux saints. Sokolow nota « *qu'en dépit de la très grande*

1. L. Stein, *op. cit.*, p. 405.
2. *Ibid.*
3. J. P. Alem, *op. cit.*, p. 90.

courtoisie (de la conversation)... celle-ci était quelque peu tendue[1] ».

Deux jours plus tard, il rencontra le secrétaire d'État, le cardinal Gasparri qui, comme Mgr Pacelli, insista sur la question des Lieux saints à tel point que Sokolow avoua «*qu'il en avait été transi. L'Église revendiquait que des droits soient réservés non seulement à Jérusalem et Bethléem, mais aussi à Nazareth ainsi qu'aux alentours de Tibériade et même à Jéricho*[2] ». Ceci étant, le cardinal Gasparri fut assez chaleureux. Il rappela ce que les catholiques avaient souffert sous le régime tsariste comme les Juifs. Il mentionna aussi qu'en réponse à un mémorandum de « l'Américan Jewish Committee » de 1916, le pape avait dit qu'il condamnait totalement les persécutions contre les Juifs.

En ce qui concerne les sionistes, le Saint-Siège souhaitait qu'ils réussissent à créer leur État et lorsque Sokolow répliqua qu'il cherchait à créer simplement un territoire autonome, le cardinal répliqua : « *Ne vous inquiétez pas. J'ai utilisé une figure de style. Appelez cela comme vous voulez. Je vous assure que vous ne rencontrerez aucune opposition*

1. L. Stein, *op. cit.*, p. 406.
2. *Ibid.*

de la part de l'Église. Au contraire vous pouvez compter sur notre sympathie. Nous serons contents de voir la Terre d'Israël[1] ».

Dans la note qu'il rédigea après sa conversation, Sokolow fit allusion au fait que « *Gasparri lui donna l'impression de préférer la Grande-Bretagne à la France*[2] ». Tel était le résultat de la politique anticléricale de la France depuis 1880 : faire préférer par le Vatican la tutelle d'un pays protestant à celle d'un pays majoritairement catholique mais dirigé par des sectaires.

Le 4 mai, Sokolow fut reçu en audience privée par Benoît XV. Le pape insista sur l'inviolabilité des Lieux saints ainsi que pour le maintien de tous les droits et privilèges de l'Église en Palestine. Sokolow répondit que les sionistes n'avaient que deux buts : créer en Palestine un centre de culture juive ainsi qu'un refuge pour les Juifs victimes de persécutions. Ils respecteraient donc scrupuleusement les Lieux saints chrétiens. Le pape parut satisfait et il exprima avec plus de chaleur que ne l'avait fait Gasparri son « *approbation envers les aspirations sionistes*[3] ». Il déclara que « *le*

1. *Ibid.*, p. 407.
2. *Ibid.*
3. *Ibid.*, p. 108.

retour des Juifs en Palestine était un événement miraculeux «*c'était providentiel; Dieu a voulu cela* [1]».

Selon Sokolow la conversation se termina ainsi:

Sa Sainteté: «*Mais alors, que pouvons-nous faire pour vous?*»

Sokolow: «*Nous désirons que Votre Sainteté accepte les assurances de notre loyauté et nous accorde son appui moral. Tel est notre désir*».

Sa Sainté: «*Oui, oui, je crois que nous serons de bons voisins*[2]».

Sokolow raconta à Weizmann que lorsqu'il parla au pape du désir de l'Angleterre de régner en Palestine, Benoît XV ne répondit pas directement «*mais il parla de façon significative de son admiration pour la Grande-Bretagne et de sa confiance dans la sagesse anglaise et dans son sens de la justice*[3]».

Ces diverses rencontres se sont-elles passées aussi bien que Sokolow l'a raconté par la suite et comme Léonard

1. *Ibid.*
2. *Ibid.*
3. *Ibid.*

Stein en fait état ? On peut en douter. En effet, lorsque Sykes revint à Rome en novembre 1918, il remarqua « *que les forces antisionistes étaient à l'œuvre au Vatican et qu'il avait été particulièrement troublé par un manque de sympathie de la part du secrétaire d'État, le cardinal Gasparri*[1] ». Le seul qui l'ait bien reçu fut Mgr Cerretti qui avait remplacé Mgr Pacelli, comme sous-secrétaire d'État. Il lui avait dit que « *les motifs du sionisme étaient purs naturels, irrésistibles, inévitables et antimatérialistes*[2] ».

De son côté, la revue *The Tablet* publia un démenti en 1919 à propos des bruits qui avaient circulé comme quoi « *le Saint-Père serait un partisan du sionisme*[3] », expliquant que, s'il avait fait des vœux pour que les Juifs trouvent un refuge en Palestine, il n'était pas partisan d'un État juif. Enfin au consistoire tenu le 10 mars 1919, le pape déclara que « *ce serait pour nous et pour tous les chrétiens un grief très grave si des incroyants avaient une position supérieure et plus privilégiée que les autres en Palestine*[4] ».

On avouera que tout cela ne cadre pas du tout avec ce qu'a raconté par la suite Sokolow.

---

1. *Ibid.*, p. 281.
2. *Ibid.*, p. 282.
3. *Ibid.*, p. 409.
4. *Ibid.*

Il n'en reste pas moins que d'avoir été reçu successivement par Mgr Pacelli, par le cardinal Gasparri et par le Pape à quelques jours d'intervalle constituait un beau succès pour Sokolow surtout si l'on se rappelle ce qui s'était passé treize ans auparavant lorsque Pie X avait reçu Herzl. Il lui avait dit que l'Église ne pouvait pas approuver le retour des Juifs en Terre sainte. «*Mais les temps avaient changé. Le sionisme avait obtenu l'intérêt bienveillant d'une grande puissance, la puissance dont les armées combattaient les Turcs en Palestine et dont les décisions dans le futur auraient un poids décisif*[1] ». La remarque est juste mais cela explique-t-il un tel renversement de la politique religieuse de l'Église en si peu de temps? C'est douteux. C'est pourquoi on peut penser que Sokolow, très critiqué par Weizmann pour n'avoir pas dit clairement aux Français que les sionistes anglais appuyés par ceux des États-Unis avaient décidé que seuls les Britanniques devraient gérer la Palestine après la guerre, a tenté de se rattraper en présentant ces rencontres au Vatican comme autant de succès, ce qui permit à Weizmann de déclarer le 20 mai 1917 à Londres lors d'une réunion sioniste que ceux-ci n'avaient à craindre aucune opposition de la part de l'Église catholique.

---

1. *Ibid.*, p. 407.

La chose plus intéressante dans tout cela était que le Saint-Siège, lassé par l'attitude de la France, était prêt à se tourner vers l'Angleterre d'autant que celle-ci, il n'était pas difficile à le deviner, serait la grande gagnante de la guerre au Proche-Orient.

Ensuite, Sokolow fut reçu par le secrétaire général du ministère des Affaires étrangères italien. C'était le 8 mai. Le secrétaire général lui dit que « *l'Italie ne prendrait pas d'initiative sur la question sioniste bien qu'elle soit en accord avec les aspirations sionistes et qu'elle soit prête à leur apporter son soutien moral*[1] ». Le 12 mai Sokolow rencontra le président du Conseil qui lui dit que « *la question sioniste… n'était pas de celle sur laquelle l'Italie pouvait prendre une initiative*[2] »… Il ajouta néanmoins, comme le secrétaire général du ministère des Affaires étrangères, que le sionisme avait toute sa sympathie.

Les résultats obtenus par Sokolow au Vatican, mais surtout au Quirinal, semblent avoir été assez modestes. Dans les deux cas, il reçut de belles paroles mais rien de concret.

1. *Ibid.*, p. 414.
2. *Ibid.*, p. 415.

Comme l'écrit Léonard Stein, lorsqu'après la guerre, il fallut clarifier les choses en précisant, en particulier, ce que le gouvernement italien pensait de la déclaration Balfour, celui-ci fut plutôt perplexe. « *À l'instar du gouvernement français, (les Italiens) avaient donné à, Sokolow quelques vagues assurances de sympathie au printemps de 1917, mais comme eux, ils ne considéraient pas que cela les obligeait à suivre la conduite du gouvernement britannique*[1] ».

Ce que dit Léonard Stein semble contestable. Il est évident, en effet, que le gouvernement français ne pouvait pas avoir la même politique que le gouvernement italien. Que ce dernier se soit contenté de bonnes paroles à l'adresse de Sokolow se comprend parfaitement car il avait peu de moyens d'action en ce qui concerne la Palestine. Il en allait tout autrement pour le gouvernement français qui avait l'assurance, du moins le croyait-il, d'avoir un condominium sur ce pays après la guerre en vertu des accords Sykes-Picot et qui aspirait même à récupérer totalement dans son giron la Palestine. C'est dans cette optique qu'il faut interpréter les conversations de François Georges-Picot à Londres avec les sionistes et surtout la réception de Sokolow au Quai d'Orsay le 9 avril précédent. En agissant ainsi, les Français pensaient avoir marqué un point sur les

1. *Ibid.*, p. 591.

Anglais, ce en quoi l'avenir prouva qu'ils se trompaient, mais sur le moment ils ne pouvaient pas prévoir comment ce jeu serré entre la France et l'Angleterre allait se terminer. C'est pourquoi lorsque Léonard Stein écrit «*qu'ils (les gouvernements français et italiens) ne considéraient pas que cela les obligeait à suivre la conduite du gouvernement britannique*», cela montre qu'il n'a pas compris qu'au moins en ce qui concerne la France, celle-ci ne pouvait pas suivre la politique du gouvernement britannique puisque, sans le dire, Paris et Londres avaient en ce qui concerne la Palestine des buts opposés, à savoir rafler la mise à la barbe de l'autre, autrement dit être seul à occuper les Lieux saints.

Toujours est-il que notre ambassadeur en Italie, Camille Barrère, écrivit à Ribot le 20 mai 1917 pour lui signaler que Sokolow allait bientôt retourner à Londres et qu'à son passage à Paris «*il y aurait un véritable intérêt à ce qu'il fût reçu par M. Jules Cambon ou par M. de Margerie*[1]». C'est pourquoi, dès son arrivée à Paris, Sokolow fut reçu par de Margerie à qui il raconta les audiences qu'il avait eues au Vatican et au Quirinal. Margerie lui dit que «*son travail à*

1. AE Guerre 1914-1918 vol. 877, Barrère à Ribot, 20 mai 1917.

Rome avait rendu un grand service à la cause sioniste et il le félicita de ce brillant succès[1] ».

À la suite de cette visite, de Margerie en fit le compte rendu à Ribot le 27 mai. Il lui rappela que Sokolow revenait de Rome où il avait été reçu au Vatican et au Quirinal. On trouvera le compte rendu de ces réceptions dans les archives du Quai[2], spécialement celle avec Mgr Pacelli[3], avec Benoît XV[4], ainsi qu'avec le président du Conseil italien[5].

Il ajouta que Sokolow avait été rappelé à Londres pour aller à Petrograd. Compte tenu de ses relations avec le Foreign Office et de la réception que lui avait faite le président du Conseil italien… « *il serait utile à notre cause en Palestine et plus encore à l'action que pourra exercer M. Sokolow sur ses coreligionnaires de Russie, que Monsieur Ribot voulût bien le recevoir et autoriser, par exemple sous la signature de M. Jules Cambon, l'envoi à Sokolow d'une lettre où seraient exprimées les sympathies*

1. L. Stein, *op. cit.*, p. 416.
2. AE Guerre 1914-1918 vol. 1199, de Margerie à Ribot, 22 mai 1917.
3. *Ibid.*
4. *Ibid.*
5. AE Guerre 1914-1918, Sionisme, vol. 1199, de Margerie à Ribot, 13 mai 1917.

du gouvernement français pour la colonisation juive en Palestine[1] ». Retenons bien ce mot de colonisation.

Pour comprendre la note de de Margerie il faut savoir que les Juifs étaient devenus très rapidement, en Russie, les maîtres du gouvernement provisoire, l'un d'eux en la personne de Kerensky en était même devenu le chef. Sokolow sut admirablement jouer de la situation à une époque où une bonne partie des Russes aspiraient à la paix. Il fit comprendre aux responsables du Quai d'Orsay le peu d'intérêt d'aller à Petrograd s'il n'avait rien d'officiel à apporter à ses coreligionnaires. Si, au contraire, il avait quelque chose alors il pourrait peut-être les amener à continuer la guerre.

C'est dans ce climat et dans celui de rivalité avec l'Angleterre qu'on doit comprendre la lettre que Jules Cambon adressa à Sokolow le 4 juin 1917. « *Vous avez bien voulu m'exposer le projet auquel vous consacrez vos efforts et qui a pour objet de développer la colonisation israélite en Palestine. Vous estimez que, si les circonstances le permettent et l'indépendance des Lieux saints était assurée d'autre part, ce serait faire œuvre de justice et de réparation que d'aider à la renaissance, par la protection des*

1. *Ibid.*

puissances alliées, de la nationalité juive, sur cette terre où le peuple d'Israël a été chassé il y a tant de siècles.

Le gouvernement français, qui est entré dans la présente guerre pour défendre un peuple injustement attaqué et qui poursuit la lutte pour assurer le triomphe du droit sur la force, ne peut éprouver que de la sympathie pour votre cause dont le triomphe est lié à celui des Alliés[1] ».

Cette lettre, on le voit, était la même que celle que lui avait remise deux mois plus tôt F. Georges-Picot. La seule différence, mais elle était de taille, était son caractère officiel. L'on comprend donc que Sokolow ait chaudement remercié J. Cambon de sa lettre le 11 juin[2].

Mais cette lettre ne reçut aucune publicité car les Français ne désiraient pas se mettre à dos les musulmans qui peuplaient leur empire et dont certains combattaient en France tandis que les sionistes de leur côté ne voulaient pas que, dans la lutte qui opposait la France et l'Angleterre en Palestine, la France puisse sembler l'emporter d'autant que celle-ci parlait de faciliter la colonisation

1. *Ibid.*, Lettre de J. Cambon, à Sokolow, 4 juin 1917.
2. *Ibid.*, Lettre de J. Cambon à Sokolow, 4 juin 1917.

juive en Palestine ce qui était loin de correspondre à leurs exigences.

C'est pourquoi sur le moment, cette déclaration ne joua aucun rôle. Elle constituait un atout considérable pour les sionistes comme l'admettait Sokolow dans une lettre adressée à Sacher mais ceux-ci exigeaient davantage : ils voulaient être reconnus comme peuple. « *Or il était extrêmement difficile d'obtenir (des Français) qu'ils reconnaissent les Juifs comme une des petites nations de cette guerre mais heureusement nous avons surmonté ces difficultés-là*[1] », c'est-à-dire en Angleterre.

Que devenaient Sir Mark Sykes et François Georges-Picot pendant ce temps-là ?

Un voyage écourté

Peu après leur arrivée en Égypte, Sykes et Picot qui accompagnaient le commandant en chef, assistèrent à la prise de Gaza. Ils crurent que les événements allaient s'accélérer. « *Mais après des journées qui furent brillantes, nous entrâmes, je me souviens, un soir à Gaza et nous étions quelques-uns sur la Grande Place, quand le*

1. L. Stein, *op. cit.*, p. 407.

général-commandant (i.e. il s'agissait du général Murray) décida que c'était l'heure du thé, que nous n'étions pas assez nombreux, qu'on se retirerait donc pour le boire et qu'on reviendrait le lendemain. Le lendemain fut différé de quatre mois et le général en fut si vite convaincu que dînant sous sa tente, il me dit : « Écoutez si vous avez quelque chose à faire, eh bien… je vous conseille d'y aller ; je n'attaquerai pas avant votre retour parce qu'il faut que je réorganise l'armée. » Ce fut l'origine de toute une tournée dans la mer Rouge pour voir les différents sultans – dont le roi de La Mecque[1] »…

F. Georges-Picot accomplit en partie tout au moins ou, peut-être en totalité, cette tournée avec Sir Mark Sykes qui lui retourna à Londres dès le 14 juin afin de travailler en vue de la future déclaration.

Comme les choses traînaient toujours sur le plan militaire, le général Allenby qui avait remplacé Murray, écrivit au diplomate français pour lui dire « *que l'attaque tarderait plus qu'il ne l'avait pensé tout d'abord, je suis revenu voir le président du Conseil français (Ribot), le président du Conseil* [*sic*] *anglais, je suis allé à Londres. J'y suis arrivé au mois*

1. Papiers personnels de M. Dominique Lewandowski : conférence de F. Georges-Picot prononcée le, 1er mars 1939. La citation suivante est tirée du même texte.

d'octobre 1917 et j'ai revu mes amis du Parlement anglais, ceux qui s'intéressaient à toutes ces questions d'Orient, et je leur demandai où en étaient leurs pourparlers. Ils me dirent que les choses étaient plus malaisées qu'ils ne l'avaient pensé, qu'il y avait dans le cabinet anglais une très violente opposition à une décision définitive» en faveur des Juifs.

C'est là, semble-t-il, que se place la première intervention importante que F. Georges-Picot eut à faire devant une partie du cabinet anglais. Il la raconte dans une lettre à son épouse, lettre datée du 23 octobre 1917. Ce jour-là, F. Georges-Picot alla travailler pendant deux heures avec Sykes dans son bureau à Whitehall Gardens. C'était le matin. Après diverses visites dans l'après-midi, il prit le thé chez Sir Mark. «*Puis, nous retournons au Foreign Office où doit avoir lieu la réunion des ministres à 18 heures. Sir Mark m'a dit en peu de mots comment serait abordée la question. On me laisse dans une salle où j'ai quelques minutes de réflexion… Me voici introduit et présenté. Autour de la table M. Balfour, ministre des Affaires étrangères* sic], *Lord Curzon of Kedleston, min.* sic] *de l'Inde, ancien vice-roi des Indes, Lord Hardings of Penhurst, s. secrét.* sic] *des Aff. Étr.* sic], *ancien v-roi* sic] *des Indes, Lord Islington et le s. secrét.* sic] *du Colonial Office. Dès que je suis assis, M. Balfour me prie d'exposer le point de vue du gouvernement français sur un sujet tout différent de – ceux prévus par Sykes, les autres détails de l'accord étant agréés d'avance par les diverses personnes présentes. Je me sens tout à coup dans la position de l'avocat, qui voit sa plaidoirie s'effondrer par l'aveu de l'inculpé dont il allait affirmer la parfaite innocence. Force m'est soudain de changer mes batteries, sans un instant pour réfléchir. Enfin, je me lance à la grâce de Dieu. Dix minutes durant je fais un exposé dont j'admire intérieurement l'ingéniosité autant que l'imprévu. Certaines de ses affirmations sont hardies, d'autres inattendues, mais j'ai le meilleur des publics, et quand j'ai terminé personne ne semble trop étonné. La discussion s'engage assez serrée, surtout de la part de Lord Curzon, et se prolonge une heure durant, mais il est visible qu'aucun de mes adversaires n'est irréductible. Il n'y a plus bientôt qu'une forme à trouver et j'en serai chargé...*

Demain, je verrai Lord Hardings pour lui montrer ma rédaction, et jeudi soir, nous nous réunirons de nouveau pour terminer.

"All right" m'a dit Sykes en me quittant « you won them » « Avant votre arrivée, ils étaient irréductibles ! Amabilité à part, nous aurons le résultat qu'il fallait. Tout est donc bien[1]».

1. Papiers personnels de M. Dominique Lewandowski : lettre de F. Georges-Picot à son épouse datée du 23 octobre 1917.

On remarquera le style volontairement elliptique de F. Georges-Picot. Il ne faut pas oublier, en effet, que ces événements se placent en pleine guerre donc à une époque où existait une censure assez sévère entre la France et la Grande-Bretagne : les lettres étaient ouvertes, d'où la prudence du diplomate lorsqu'il écrivait à son épouse.

Le moment décisif

Il semble cependant que les choses ne marchèrent pas aussi bien que ne l'avait pensé Sir Mark Sykes puisque dans sa conférence du 1er mars 1939, Fr. Georges-Picot raconte… un jour Sir Mark Sykes vint me trouver à l'ambassade. *« Écoutez, la discussion tourne très mal, les hésitations se font de plus en plus grandes, car le gouvernement anglais ignore totalement la position prise par le Cabinet français ! Est-ce que, sans demander d'instructions à Paris, vous pouvez venir aujourd'hui à Downing Street et dire à nos ministres ce qu'a fait votre gouvernement ». Ce sont des cas où il faut se décider instamment et sans en référer à ses chefs. Je lui réponds donc « Je suis prêt à y aller avec vous et à lire notre formule » : « Partons, partons, me dit-il, parce que la décision sera prise ce soir, et que c'est urgent » J'arrivai et j'exposai les faits à mes interlocuteurs. À cet endroit F. Georges-Picot a barré une phrase du brouillon de sa conférence qui rend la suite plus compréhensible : Voilà ce qui a été fait dit-il sans doute aux ministres qui l'interrogeaient. Qu'on l'ait tenu secret, ajoutait-il, je ne le comprends pas. La France faisant une chose absolument conforme à toutes ses traditions n'a aucune raison de ne pas s'en vanter. Il est inadmissible qu'on ne sache pas prendre la responsabilité de ce qu'on décide*[1]». En quelques lignes F. Georges-Picot mit le doigt sur ce qui peut paraître comme des contradictions de la politique française à savoir d'une part que ce n'est pas le Cabinet français, mais un haut fonctionnaire du Quai d'Orsay, son secrétaire général, qui avait écrit à Sokolow afin que le gouvernement puisse le désavouer en cas de besoin, et d'autre part, après avoir adhéré à la politique défendue par F. Georges-Picot les responsables du ministère des Affaires étrangères donnèrent le moins de publicité possible à cette nouvelle donne comme s'ils étaient honteux ou plus simplement conscients des immenses problèmes qu'elle allait poser.

C'est cette attitude qui semble avoir révolté le diplomate français. C'est elle qui paraît l'avoir amené à cracher le morceau, si l'on ose dire, ce qui eut pour conséquence d'amener le Cabinet britannique encore très divisé à se

1. Papiers personnels de M. Dominique Lewandowski : conférence de F. Georges-Picot prononcée le, 1er mars 1939. La citation suivante est extraite du même texte.

rallier à la position de Balfour et à presser l'envoi de la fameuse lettre.

Bref… en racontant, ce qui s'était passé avec Sokolow à Paris. Fr. Georges-Picot mit aussi hors jeu Montagu et ceux des ministres plus lucides qui devinaient les difficultés à venir avec les Arabes. Leur défaite fut totale.

F. Georges-Picot continuait, en effet : « *Je dois avouer que les ministres anglais parurent excessivement étonnés que le gouvernement français soit allé aussi loin, qu'il l'ait fait depuis tant de mois, sans qu'ils le sussent, sans que même ils le pressentissent. Le soir même, la formule Balfour était adoptée, le lendemain, elle était envoyée à Lord Rothschild* ».

On voit que le Cabinet anglais a tout de suite compris que dans ce jeu serré et caché qui l'opposait au gouvernement français, il avait failli se faire doubler. Il a compris aussi les défauts de la cuirasse de son homologue français. Il a bien vu que sur le fond, les positions étaient radicalement différentes et que seule celle de Londres, qui allait beaucoup plus loin que celle de Paris, était capable de satisfaire les sionistes qui n'avaient pour la plupart que mépris pour les colonies du baron de Rothschild, ils voulaient un État, notion contenue en germe dans le texte anglais. Il suffisait de faire signer la lettre qui était déjà préparée par

Lord Balfour qui, étant secrétaire d'État au Foreign Office, engageait tout le gouvernement, ce qui n'était pas le cas de Jules Cambon. Le Cabinet demanda aussi à Sir Mark Sykes d'organiser une grande manifestation sioniste le 25 novembre à Londres afin de donner un maximum de publicité à son geste. Cela permit de rallier les masses juives au gouvernement de Sa Majesté, première étape importante vers l'élimination définitive de la France de Palestine.

En effet, les responsables sionistes allaient être rejoints par les masses juives des différents pays, surtout par celles des pays anglo-saxons et spécialement celles des États-Unis qui allaient exiger et obtenir de leur gouvernement qu'un mandat britannique soit substitué au régime international tel qu'il était prévu par les accords Sykes-Picot.

La controverse Stein

Léonard Stein, dans son volumineux ouvrage consacré à la déclaration Balfour a contesté en partie l'intervention de Fr. Georges-Picot le 1er novembre 1917 ainsi que ses résultats. Il écrit en effet : « *En octobre 1917, la lettre de Cambon était depuis des mois en possession du Foreign Office, une copie avait été donnée par Sokolow à Sir Reginald Graham le 18 juin. L'histoire racontée par Picot est donc quelque peu surprenante, mais elle n'est toutefois pas impossible à admettre. Balfour peut ne pas avoir été mis au courant de la lettre ou avoir oublié son existence. Dans son ardent désir de justifier ce paradoxe que les Juifs devaient la déclaration Balfour à la France aussi bien qu'à l'Angleterre, Picot dramatisa naturellement la présentation de la lettre de Cambon et magnifia son importance. Que cela ait joué une part décisive comme il a été dit est, à tout le moins, hautement improbable*[1] ».

Léonard Stein n'a pas tort de s'interroger sur ce qu'a raconté François Georges-Picot dans sa conférence de 1939. Chacun sait combien les auteurs de l'Histoire, même de bonne foi, ont tendance à enjoliver le rôle qu'ils ont joué dans tel ou tel événement. C'est d'ailleurs la raison pour laquelle il convient de prendre ce qu'ils racontent dans leurs mémoires avec beaucoup de prudence. Comme le dit le droit romain : « *testis unus, testis nullus* ». On aurait donc toute légitimité de mettre en doute le témoignage de François Georges-Picot si nous n'avions que son témoignage, mais il se trouve que nous en avons un autre, c'est celui de Sir Mark Sykes dans « La Revue sioniste » du 10 septembre 1918 ; que nous avons évoquée plus haut.

1. L. Stein, *op. cit.*, p. 420.

Léonard Stein nous met néanmoins sur une piste intéressante. On peut penser, mais ce n'est qu'une hypothèse, que les sionistes se sont servis de la position française attestée par la lettre remise par Jules Cambon le 5 juin comme d'un marchepied auprès du Foreign Office. O remarque d'ailleurs, que c'est à cette époque que les pressions sionistes s'accentuèrent sur le gouvernement anglais.

Rappelons que selon Weizmann, il alla voir Balfour avec Sir Renald Graham et Lord Rothschild quelques jours après le 13 juin 1917, donc après le retour de Sokolow à Londres et qu'il lui dit que « *le moment était venu pour le gouvernement britannique de nous donner une déclaration définitive d'aide et d'encouragement. M. Balfour promit de le faire et me demanda de lui soumettre une déclaration qui serait satisfaisante pour nous et qu'il s'évertuerait à présenter au cabinet de Guerre*[1] ».

Le temps de mettre en forme cette déclaration, de la peaufiner afin d'en arrondir les angles en la rendant si possible anodine, de vaincre les diverses oppositions, spécialement celle de Montagu, tout cela amène au 1er novembre et à l'intervention décisive de Fr. Georges-Picot qui mit hors-jeu les antisionistes dans le gouvernement anglais et permit

1. Weizmann, *op. cit.*, p. 238.

de sortir un texte sérieusement préparé depuis plusieurs semaines et qui n'attendait qu'une occasion, on pourrait presque dire qu'un électrochoc pour sortir.

•••••

En agissant comme il l'a fait le 1er novembre 1917, François Georges Picot dévoilait le jeu du gouvernement français. Il en faisait surtout ressortir les faiblesses aux yeux des sionistes et des Britanniques. Bref, dans cette partie de poker menteur, il venait de dévoiler un des atouts dont il avait été lui-même l'artisan. Le moins que l'on puisse dire, c'est que ce jour-là, il n'a pas très bien joué. De là à prétendre comme le fait L. Stein que, dans son ardent désir de justifier ce paradoxe que les Juifs devaient la déclaration Balfour à la France aussi bien qu'à l'Angleterre, Picot dramatisa naturellement la présentation de la lettre de Cambon et magnifia son importance, il y a un pas qu'on ne peut franchir parce qu'ainsi qu'on va le voir, la position du gouvernement français et celle du gouvernement anglais vis-à-vis des aspirations sionistes étaient radicalement différentes : les premiers étaient pour l'extension des colonies déjà existantes, les seconds pour la création d'un état juif, ce qui n'était pas du tout pareil.

La seule chose que l'on puisse dire, sans trop de crainte de se tromper, c'est que la position française, aussi insuffisante soit-elle aux yeux des sionistes et de leurs alliés, leur a servi de tremplin pour obtenir ce qu'ils voulaient finalement. Telle a été, à mon avis, la ligne directrice de la stratégie de Sir Mark Sykes qui a joué un rôle capital dans toute cette affaire. Il a bien analysé le jeu français, ses insuffisances et ses faiblesses aux yeux du Vatican et des sionistes. Partant de là, il s'en est servi au mieux dans l'intérêt de l'Angleterre et des Juifs. Il est donc possible que Fr. Georges-Picot, un peu honteux de s'être laissé berner de la sorte, se soit rallié par la suite au prétendu sens de l'Histoire, alors que, comme nous le verrons plus tard par la suite, les réactions du gouvernement français et la sienne en particulier furent tout autres au départ.

Chapitre X

Les handicaps de la France au plan international

L'intervention, de Fr. Georges-Picot devant le Cabinet britannique le 1er novembre 1917 a été le petit poids qui a fait pencher la balance encore indécise du côté du projet anglo-sioniste. Cependant rien n'eût été perdu si le droit avait pu appuyer la force. Malheureusement, tel ne fut pas le cas. La malchance voulut que la France soit absente au Proche-Orient sur le terrain militaire et dépendante en Europe sur le terrain économique. En outre, et ce ne fut pas le moindre de ses handicaps, ses dirigeants ne saisirent pas la novation fondamentale introduite par la déclaration Balfour en raison même de son ambiguïté

L'absence de la France sur le terrain militaire

Le 11 septembre 1916, Paul Cambon prévenait Briand de la possibilité d'une attaque ou d'un débarquement anglais en Syrie ou en Palestine afin de repousser la menace pesant sur le canal de Suez : « *Si bons que soient assurément les motifs que nous avons eus de différer longtemps une action en Syrie, on ne peut dissimuler que le moment vient où il faut prendre une décision définitive. À nourrir les ambitions que nos intérêts comme nos souvenirs historiques nous imposent en Orient, en se refusant à toute action, on poursuit une politique à la fois chimérique et contradictoire, qui à beaucoup apparaît là-bas comme hésitation et faiblesse*[1] ».

Le 5 octobre 1916, P. Cambon revint sur la question en disant que le gouvernement britannique solliciterait probablement notre concours dans l'action qui se préparait. « *Si nous refusons et si notre abstention avait un jour comme naguère en Égypte des conséquences que nous viendrions à regretter, nous ne pourrions vraiment, cette fois encore, nous en prendre qu'à nous-mêmes*[2] ».

Dans une lettre à son frère datée du 6 octobre, Paul Cambon revenait sur la question : « *Les Anglais nous annoncent sous le sceau du secret leur intention de couper les communications turques au sud de la Syrie. Cela va de soi mais ils nous préviennent.* [...] *Ne renouvelons pas nos erreurs d'Égypte. Si nous ne faisons rien en Syrie,*

1. AE, Guerre 1914-1918, Turquie, vol. 874, P. Cambon à Briand, 11 septembre 1916.

2. *Ibid.*, du même au même, 5 octobre 1916.

nous jetterons les hauts cris quand nous verrons les Anglais s'en approcher, nous les accuserons de (mot illisible) et c'est nous cependant qui serons dans notre tort[1] ».

À la lecture de ces deux dépêches, on pressent combien le précédent égyptien de 1882 allait peser lourd dans les discussions qui devaient être prises ou pas.

Briand répondit à la dépêche du 5 octobre que l'opération devait se limiter à la défense du canal de Suez, ce qui ne rendait pas la présence française indispensable, mais que la France ne laisserait jamais conduire une opération en Syrie sans elle. Cependant, comme le lui faisait observer P. Cambon, les Britanniques voulaient pousser jusqu'à El Arich qui était dans le « vilayet » de Jérusalem. Les faits obligeraient donc la France à envisager l'entrée des troupes anglaises en Palestine sans elle[2].

Le 9 décembre, P. Cambon prévenait officiellement le département qu'il avait été informé de source « *très confidentielle* » que Londres solliciterait Paris afin de participer à l'administration conjointe de la Palestine dès que celle-ci

1. AE, Papiers Jules Cambon, Lettres de Paul Cambon (1905-1917), vol. 92, Paul Cambon à Jules Cambon, 6 octobre 1916.

2. AE, Guerre 1914-1918, Turquie, vol. 874, P. Cambon à Briand, 10 octobre 1916.

aurait été occupée par les troupes anglaises[1]. Après une réunion chez de Margerie avec Jean Gout et le colonel Hamelin, le directeur des Affaires politiques et commerciales proposa à Briand de nommer F. Georges-Picot comme haut-commissaire spécial en Palestine, compte tenu du fait que son homologue devait être Sir Mark Sykes ; il conseilla également au ministre l'envoi de trois bataillons de troupes d'Algérie pour assurer la garde du chemin de fer Jaffa-Jérusalem et celle des Lieux saints[2].

Le 30 décembre Briand informait P. Cambon de sa décision de confier la mission de représenter le gouvernement français dans l'administration de la Palestine à F. Georges-Picot. Il n'y avait là rien que de logique puisque l'offre anglaise d'un double commissariat apparaissait comme la conséquence des accords anglo-franco-russes d'avril-mai 1916.

Une note du 26 janvier 1917 pour le ministre précisait que cette nomination avait essentiellement deux buts :

… « *éviter que l'arrivée d'une armée anglaise sur les confins de la Palestine ne semble marquer la mainmise de l'Angleterre sur les régions voisines de la Syrie et agir sur les*

1. *Ibid.*, vol. 875, P. Cambon à Briand, 9 décembre 1916.
2. *Ibid.*, de Margerie à Briand, Note du 14 décembre 1916.

éléments musulmans arabes pour les amener à se prononcer ouvertement en faveur des Alliés[1] ».

Mais qu'en était-il de l'envoi de troupes qui apparaissait d'autant plus nécessaire que le général Murray, commandant en chef des troupes anglaises en Égypte, venait de s'emparer d'El Arich, sans coup férir[2] ? Le 3 janvier, de Margerie et Georges-Picot rencontrèrent Lyautey, ministre de la Guerre, qui leur déclara qu'il ne pourrait dégager de troupes qui si les Anglais et les Italiens envoyaient des unités sur le front français et sur le front d'Orient[3]. Autrement dit, il s'agissait d'une fin polie de non-recevoir. C'est si vrai que Murray fut obligé d'envoyer une division en France en février 1917[4], sans que le moindre soldat français parût sur le canal de Suez. La seule chose que consentit à faire Lyautey fut de mettre à la disposition de François Georges-Picot qui se préparait à rejoindre son poste deux éléments de valeur : le lieutenant Coulondre et le sous-lieutenant Massignon[5]. C'était beaucoup en qualité, mais peu en quantité !

---

1. *Ibid.*, « Note pour le ministre », 26 janvier 1917.
2. *Ibid.*, Briand au général Lyautey, ministre de la Guerre, 25 décembre 1916.
3. *Ibid.*, « Note » de Margerie, 3 janvier 1917.
4. *Ibid.*, Defrance à Briand, 28 février 1917.
5. *Ibid.*, vol. 876, Lyautey, ministre de la Guerre à Briand, 12 mars 1917.

Cela n'empêcha pas Ribot d'envoyer des instructions ambitieuses à F. Georges-Picot : « *il vous appartiendra, lui écrivait-il, d'organiser les territoires occupés, en assurant à la France une situation égale à celle de l'Angleterre dans tous les rapports avec les indigènes*[1] ». Il devait faciliter le retournement des Arabes contre les Turcs et assurer la réouverture « *de nos écoles et de nos hôpitaux* ». Tout cela relevait évidemment de l'utopie, compte tenu de la faiblesse de nos moyens.

Plus intéressant était ce qui suivait. Vis-à-vis des Juifs, il importait, écrivait Ribot, « *de leur accorder une large protection "en les appelant à administrer eux-mêmes" leurs communautés et à participer au gouvernement du pays. Il ne vous échappera pas, en effet, que la politique suivie à leur égard est appelée à avoir un profond retentissement non seulement parmi les coreligionnaires établis dans les pays de l'Entente et les pays neutres, mais même parmi ceux qui se trouvent en pays ennemi* ». Ainsi Ribot laisse-t-il entendre que les raisons de la politique française vis-à-vis des sionistes tenaient à la puissance de leur lobby qui n'existe pas, bien sûr, bien qu'il agisse partout.

---

1. *Ibid.*, Ribot à F. Georges-Picot, 2 avril 1917. Les citations suivantes sont extraites de la même lettre d'instruction.

Ribot ajoutait: «*Pour importante que soit cette partie de la tâche qui vous est confiée, l'action que vous êtes appelé à exercer sur les éléments musulmans arabes en vue de les appeler à se prononcer ouvertement en notre faveur apparaît comme autrement efficace. Elle doit faciliter* [...] *l'avance des troupes alliées vers le nord et nous rallier des populations... «portées» plus volontiers à tourner leurs regards vers l'Angleterre*».

Ribot terminait en écrivant: «*La tâche qui vous est confiée est le complément de l'œuvre que vous avez poursuivie au cours des négociations que vous avez été chargé de suivre, l'année dernière, à Londres et à Petrograd. Vous devez donc constamment vous reporter au texte des arrangements signés, pour vous en inspirer en toutes circonstances, et préparer ainsi la mise en valeur prochaine de nos accords*». Phrase capitale qui met bien les choses au point.

Le cadre fixé à F. Georges-Picot était clair. Mais les moyens qu'on lui accordait pour concrétiser cette politique étaient dérisoires: trois bataillons de tirailleurs, un peloton de spahis, une ambulance et une section d'hospitalisation[1], soit à peu près deux mille hommes, de piètre valeur, à côté de cent mille Britanniques aguerris.

1. *Ibid.*, le ministre de la Guerre à Ribot, lettre sans date.

Il faut dire que la chance sembla d'abord sourire aux Français, car les Anglais, faute d'esprit d'initiative, échouèrent devant Gaza à deux reprises : fin mars et fin avril 1917[1].

Bien que ses troupes aient été ainsi immobilisées, cela n'empêcha pas le général Murray de répondre publiquement à la question : « *Que ferions-nous de la Palestine libérée ? Sans aucun doute nous rétablirions une Palestine juive pour permettre aux israélites de réaliser leurs rêves sionistes*[2] ».

Cette rude franchise découvrait les buts véritables de la politique anglaise et le peu de valeur que celle-ci accordait aux accords passés un an auparavant avec la France et la Russie.

Deux événements, indépendants l'un de l'autre, allaient renverser le cours des choses en 1917. Le premier fut l'écroulement du front russe qui fit craindre sur le front français et sur le front d'Orient l'arrivée massive des régiments allemands et autrichiens, ce qui rendit impossible tout envoi de troupes françaises au Proche-Orient. Le second fut le

1. *Ibid.*, Defrance à Ribot, 1er et 25 avril 1917.

2. *Ibid.*, vol. 877, 2e bureau de l'état-major, citation extraite du *Nieuwe Rotterdamsche Courant* du 8 juin 1917.

remplacement, le 25 juin, du général Murray accusé d'avoir laissé échapper l'occasion de prendre sans coup férir Gaza, par le général Allenby, chef de l'une des armées britanniques en France. Il s'était emparé de la colline de Vimy, c'est dire qu'il avait une réputation de battant. Sa nomination n'était donc pas le fruit du hasard. Londres voulait des résultats, c'est-à-dire la prise de Jérusalem avant la fin de l'année.

Du côté français, on parut prendre conscience qu'il eût été bon de sortir de l'inaction. Jules Cambon écrivit à de Margerie : « *Je crois que M. Defrance a raison. Il faut faire l'expédition de Syrie, mais nous avons laissé passer le moment où elle pouvait se faire avec un minimum de troupes. L'inaction des Russes au Caucase a mis les Turcs à l'aise et nous trouverons en Syrie des contingents nombreux*[1] ».

Le 16 juillet un rédacteur anonyme prônait le débarquement de quelques milliers d'hommes en Syrie. Cela, écrivait-il, « *aurait le grand avantage d'une part de mettre entre nos mains un premier gage, d'autre part de rétablir notre prestige.*

1. AE, A Paix, vol. 174, J. Cambon à de Margerie, 26 juin 1917.

Si nous nous reportons à l'accord de mars 1916, nous sommes obligés de constater que nos alliés sont largement nantis, tandis que notre programme reste entièrement à réaliser. Les Anglais occupent tout l'Irak, et ont dépassé Bagdad en Mésopotamie ; ils dominent la rive arabe du golfe Persique, ils exercent une influence supérieure à la nôtre au Hedjaz ; ils ont reculé la frontière de l'Égypte jusqu'aux portes de la Palestine. Les Russes détiennent la plus grande partie de l'Arménie. Si nous n'apportons point un concours effectif aux opérations, il est toujours à craindre ou que nos Alliés montrent moins d'empressement à les poursuivre, ou que leurs agents les moins favorables à nos desseins ne tirent argument de notre inaction pour chercher à revenir sur les concessions qui nous furent faites. Si des négociations de paix avec la Turquie venaient à s'ouvrir, la France s'y présenterait dans des conditions singulièrement moins avantageuses que ses partenaires. Et c'est là une raison politique de premier ordre pour saisir un gage en Syrie[1] ».

Il ajoutait que notre abstention avait diminué notre prestige en Orient. Les musulmans syriens interprétaient notre absence comme un signe de notre désintéressement et penchaient en faveur des Anglais, tandis que les chrétiens perdaient patience. Quant au chérif de La Mecque, il

1. AE, Papiers Jules Cambon, vol. 82, Nécessité d'une opération militaire en Turquie, 16 juillet 1917.

n'accordait confiance qu'aux Britanniques, seuls capables d'action.

Dans un Orient où seule comptait la force, la France n'était représentée que par un contingent peu nombreux de 2000 hommes et surtout de faible valeur sur le plan militaire, à tel point que le ministre de la Guerre écrivit à son collègue des Affaires étrangères que, compte tenu de la composition du détachement français, il préférait que celui-ci s'abstînt de toute participation aux opérations actives[1]. C'est dire le piètre rôle qu'il allait jouer dans la future campagne et les difficultés qui ne manqueraient pas de s'ensuivre, mais où trouver les hommes nécessaires alors que la défection russe faisait peser un danger plus grand que jamais sur les fronts européens?

Le 27 octobre le général Allenby passait à l'offensive. Le 7 novembre il prenait Gaza sans que les troupes françaises participent le moins du monde à ces opérations, ce qui n'empêchait pas Barthou, éphémère ministre des Affaires étrangères, constatant que la prise de Jérusalem était probable, d'écrire à Maugras, adjoint de F. Georges-Picot: «*Je pense que vous avez pris, en accord avec le colonel de*

1. AE, Guerre 1914-1918, Turquie, vol. 878, Le ministre de la Guerre à Ribot, 12 septembre 1917.

Piepape[1]*, toutes les mesures pour que, conformément à nos accords avec le gouvt* sic] *britannique, le détachement et le drapeau français soient associés à la libération de régions où de si hauts intérêts matériels et moraux français nous ont créé des devoirs et des droits*[2] ».

Cette présence symbolique de la France, lors de l'entrée officielle à Jérusalem, agita beaucoup le département les jours suivants. La Centrale s'inquiéta aussi de savoir comment le gouvernement anglais envisageait « *l'organisation administrative de la Palestine et notamment des villes saintes conformément à l'esprit de nos accords de 1916*[3] ». À cette question capitale, Fleuriau, adjoint de l'ambassadeur de France à Londres, répondit par l'envoi d'une lettre de Balfour qui faisait savoir que tant que Jérusalem serait considérée comme théâtre d'opérations militaires, il n'y aurait pas de place pour une administration civile, ce qui revenait à dire que les Français n'y auraient aucune part[4].

C'était pourtant Londres qui, à la fin de 1916, avait proposé au gouvernement français de participer à

---

1. Commandant du détachement français.
2. *Ibid.*, vol. 879, Barthou à Maugras, 15 novembre 1917.
3. *Ibid.*, vol. 880, Pichon à P. Cambon, 24 novembre 1917.
4. *Ibid.*, Fleuriau, chargé d'affaires de France à Londres à Pichon, 24 novembre 1917.

l'administration de la Palestine, compte tenu des accords passés. C'est pour cela que Briand avait nommé F. Georges-Picot à la tête de la future administration conjointe. Mais le général Allenby décida d'ignorer ce qui avait été conclu en 1916 entre les deux pays et même les ordres du Foreign Office. Prétextant ne rien connaître aux questions civiles, le général en chef fit venir du Soudan « *une multitude de fonctionnaires*[1] » afin d'organiser en Palestine « *un gouvernement militaire qu'il assurait provisoire* ». Bien évidemment Georges-Picot porta à sa connaissance qu'il ne pouvait admettre de semblables procédés et il fit état des déclarations de Balfour à Paul Cambon « *ainsi que des instructions envoyées en février dernier au général Murray dont une copie m'avait été remise confidentiellement par les Anglais* » en faisant observer que la situation de la France n'était pas comparable à celle des autres pays et que c'était « *une situation d'égalité avec l'Angleterre qui avait été prévue pour elle* »... Tout cela était vrai en théorie, mais en cas de mauvaise foi anglaise, que valaient des engagements que la faiblesse des effectifs français sur place rendait impossibles à faire respecter?

À la suite d'une nouvelle visite au général Allenby, celui-ci promit à F. Georges-Picot de le faire rentrer à ses côtés à

1. *Ibid.*, F. Georges-Picot à Pichon, 27 novembre 1917. Les citations suivantes sont extraites de la même dépêche.

Jérusalem et d'associer le détachement français à la garde de la ville. Picot lui fit observer que cela répondait très peu à l'engagement d'une double administration de la ville. «*Mais il n'y aura pas d'administration, répondit aussitôt le général. Nous sommes en guerre.* [...] *Dans de telles conditions, il n'y a qu'une chose possible: la loi martiale appliquée par les délégués militaires qui ont ma confiance personnelle*[1].»

Aussitôt F. Georges-Picot répliqua que des officiers français pourraient être nommés délégués du général Allenby. «*Sans vouloir discuter leur mérite, a répliqué le général, il me faut les écarter car je ne les connais pas et la délégation dont je vous parle implique une confiance personnelle*».

Allenby ajouta que la prise de Jérusalem pourrait tout changer, l'administration pourrait être remise à une direction civile. «*Je vous céderai ma place, jusque-là la question est purement militaire, et je n'accepterai la responsabilité de la conduite de la campagne sans avoir les moyens d'assurer personnellement et sans partage la sécurité de nos armées*».

F. Georges-Picot répliqua que cette situation, admissible pendant la durée des opérations, ne le serait plus après et qu'il en référerait à Paris. «*Nous sommes trop près de l'Égypte*

1. *Ibid.*, du même au même, 1er décembre 1917. Les citations suivantes sont extraites de la même dépêche.

pour oublier ce que peut donner le provisoire»..., ajoutait-il, observation fort juste, mais l'exemple égyptien aurait surtout dû rappeler aux Français ce que cela leur avait coûté en 1882 de ne pas envoyer de troupes. Or, ils refirent la même erreur en Palestine trente-cinq ans plus tard. Picot l'avoua lorsqu'il écrivit le 4 décembre à Pichon : *«une faute capitale a été commise quand les Anglais ont été autorisés à agir seuls en Palestine*[1] *»*...

Ce point de vue fut confirmé par une note de Margerie à Pichon du 14 décembre 1917. Il lui rappelait qu'en conformité avec les accords du 9 et du 16 mai 1916, le gouvernement britannique informa le gouvernement français en octobre 1916 de son intention *«de faire une expédition s'étendant en Palestine et même en Syrie pour protéger le canal de Suez. M. Briand, le 11 octobre, chargeait M. Paul Cambon de rappeler nettement à Londres que l'entente franco-anglaise réservait à la France l'«initiative et la direction*[2] *» de toute expédition en Syrie*[3] *»*.

Le général Murray s'empara ensuite d'El Arich. Le 9 décembre P. Cambon prévenait Paris que le gouvernement

1. *Ibid.*, du même au même, 4 décembre 1917.

2. Souligné dans le texte.

3. *Ibid.*, Note pour le ministre du directeur des Affaires politiques et commerciales, 14 décembre 1917. Les citations suivantes sont extraites de la même note.

britannique allait adresser à la France une demande officielle de participer à l'administration de la zone qui serait occupée par les armées anglaises en Palestine. Cette demande «*transmise par M. Cambon le 20 décembre fut* [...] *confirmée par M. Lloyd George et Lord Robert Cecil au cours des conférences de Londres le 28 décembre, et M. Ribot, envoyé par le cabinet de Paris, conclut en ces termes:*

Nous sommes d'accord avec vous sur la nécessité d'envoyer en Palestine un représentant politique et quant aux troupes nous pouvons faire venir de Tunisie des tirailleurs musulmans».

Le 30 décembre un télégramme de P. Cambon acceptait la proposition de participer à l'administration de la zone occupée en Palestine et celle de nommer un haut-commissaire français à côté du haut-commissaire anglais. C'est ainsi que F. Georges-Picot fut désigné avec Sir Mark Sykes. Après son rappel à Londres, ce dernier fut remplacé par le général Clayton. Mais le général Bailloud, en déconseillant au général Allenby d'employer le contingent français, commit une faute lourde.

Arguant de la situation militaire, et sous la pression des éléments anglo-égyptiens, le général Allenby refusa toute administration conjointe. Il considéra F. Georges-Picot non comme un haut-commissaire, mais comme un simple conseiller, gênant au demeurant, dont il se garda bien d'écouter les avis. De Margerie suggérait alors «*au ministre d'appeler l'attention de l'ambassadeur d'Angleterre sur cette situation inadéquate à nos accords et de le prier de faire donner par le gouvernement britannique au général Allenby des instructions pour que l'administration conjointe prévue par les deux gouvernements en décembre 1916 soit réalisée par une entente à conclure sur place entre le général Allenby et M. Georges-Picot*».

En tête de cette note, Pichon écrivit à la main le 15 décembre 1917 : «*J'ai entretenu Lord Bertie de cette affaire. Il m'a promis de téléphoner à son gouvernement* sic] *pour le prier (mot illisible) l'exécution de l'arrangement de décembre 1916. Je lui ai fait remarquer qu'en cas contraire, je serais exposé à des questions ou des interpellations qu'il est (mot illisible) d'éviter. Il m'a dit qu'il le ferait savoir au Foreign Office*».

La capitulation de Jérusalem le 10 décembre rendit la situation française encore plus délicate. Pichon écrivit à Clemenceau, président du Conseil et ministre de la Guerre, pour lui signaler que le caractère très modeste de la participation militaire française en Palestine risquait de compromettre l'application des accords de 1916. Il lui proposait d'envoyer là-bas une division d'infanterie et une division de cavalerie[1]. Cet envoi était d'autant plus urgent que F. Georges-Picot prévint la Centrale le lendemain que le chef d'état-major de l'armée anglaise pensait que les Turcs reculeraient jusqu'à Damas. L'avancée des troupes risquait de se faire sans la participation française, ce qui était grave et posait la question de savoir : « *Voulons-nous mettre en vigueur les accords relatifs à l'Orient ou sommes-nous contraints à nous en désintéresser ? Il n'y a pas d'autre alternative et le silence équivaut à une renonciation*[2] ».

Le même jour Pichon écrivait à F. Georges-Picot que Clemenceau avait décidé l'envoi de deux escadrons de chasseurs d'Afrique et de trois pelotons de spahis[3], mesure dérisoire qui fut annulée, de surcroît, le 24 décembre par une lettre qui se terminait par cette phrase révélatrice ; « *en définitive, l'envoi en Palestine de nouveaux contingents français, lequel ne présente qu'une utilité secondaire, apparaît difficile à réaliser*[4] ». On retiendra surtout l'aveu qu'aux yeux du président du Conseil la Palestine ne représentait qu'une utilité secondaire, ce qui est à mettre en regard avec ce que déclarait Lloyd George à la Chambre des

1. *Ibid.*, Pichon à Clemenceau, 12 décembre 1917.
2. *Ibid.*, F. Georges Picot à Pichon, 13 décembre 1917.
3. *Ibid.*, Pichon à Georges Picot, 13 décembre 1917.
4. *Ibid.*, vol. 881, Clemenceau à Pichon, 24 décembre 1917.

Communes au début de 1918, à savoir que « *l'un des buts principaux de la guerre mondiale, ou plus exactement de la guerre anglaise (était) : la Palestine et l'Irak*[1] ». Désormais les demandes de F. Georges-Picot d'envoi de troupes supplémentaires restèrent sans effet[2]. Le colonel Brémond, dont l'action fut importante au Proche-Orient, eut beau plaider auprès de Gout en faveur d'une action énergique en Palestine et en Syrie car il n'y avait que là que l'on pouvait «*par de petits moyens obtenir de sérieux effets*»[3], ce fut sans succès. Certes, un mois plus tard, Clemenceau écrivait à Pichon qu'il était décidé à renforcer le détachement français de Palestine pour lui permettre de jouer un rôle actif[4] et d'envoyer en tout huit mille hommes[5]. C'était évidemment trop peu et trop tard. Pourtant F. Georges-Picot n'avait pas manqué d'avertir Pichon des conséquences de cette inaction : « *La part si modeste, lui écrivait-il le 14 janvier 1918,*

---

1. *Ibid.*, vol. 883, extrait du journal *Sabah* du 20 février 1918.

2. *Ibid.*, vol. 881, Picot à Pichon, 28 décembre 1917 et réponse de Pichon à Picot, 30 décembre 1917.

3. *Ibid.*, vol. 882, Gout à de Margerie, 17 janvier 1918, F. Georges-Picot dans une lettre personnelle du 31 décembre 1917 avait écrit à Jean Gout la même chose : Insistez encore pour l'envoi de quelques renforts : 10 000 hommes de plus ou de moins seront de peu de poids en Italie ou en Grèce, tandis qu'ici ils modifieront du tout au tout notre position. Je me refuse à penser qu'à Paris on s'obstinera jusqu'au bout à ne pas voir une vérité si évidente (AE, Papiers Gout, vol. 9, F. Georges-Picot à Jean Gout, 31 décembre 1917).

4. *Ibid.*, vol. 883, Clemenceau à Pichon, 17 février 1918.

5. *Ibid.*, Pichon à Picot, 20 février 1918.

prise par notre détachement à l'opération apparaît comme incroyable à ceux qui se souviennent du passé et ses efforts semblent dérisoires. Notre situation en a reçu un contre-coup sérieux qui se fait sentir même dans les groupes les plus attachés à notre influence[1] ».

Sur place les Anglais traitaient les Français par le mépris comme il ressort d'une dépêche de Georges-Picot. À la suite d'un incident avec Allenby, le haut-commissaire français lui objecta « *qu'à observer ces prescriptions, je ne voyais pas ce qui me restait à faire.* « *Ni moi non plus, a-t-il rétorqué*[2] ». De toute façon, comme le disait le colonel Symes, successeur de Storrs en Égypte, à un collaborateur de Defrance qui invoquait les accords de 1916, « *Je vous le répète, il n'y a que les faits qui comptent*[3] », rude parole que les Français auraient eu intérêt à méditer. Il était clair que les Anglo-Égyptiens, placés en position de force, étaient décidés à ne pas appliquer les accords de 1916. Comme l'écrivait Defrance, en Orient les buts de la politique des Anglo-Égyptiens étaient simples :... « *en Égypte, anglicisation la plus rapide possible du pays et élimination de l'influence française, non pas du domaine politique que*

1. *Ibid.*, vol. 882, Picot à Pichon, 14 janvier 1918.
2. *Ibid.*, Picot à Pichon, 25 janvier 1918.
3. *Ibid.*, vol. 884, Note de Cosme, secrétaire de l'agence, à Defrance, 8 mars 1918.

nous avons loyalement abandonné, mais des domaines moraux, intellectuels, économiques et commerciaux; en Arabie et en Palestine, annulation en fait de l'égalité de situation entre la France et l'Angleterre qui a été stipulée en principe; en Syrie, indépendance absolue du pays ou son incorporation dans un État arabe pour faire échec à la liberté d'action qui nous a été reconnue et pour empêcher au moins que la Syrie, à laquelle ils ne peuvent se décider à renoncer, devienne terre d'influence française exclusive[1]».

Le plan anglais était clair. Il s'appliquait déjà en Palestine où, selon Georges-Picot «*l'administration qui gouverne actuellement* [...] *comprend une majorité de Juifs levantins avec de rares Anglais d'Égypte*[2]», rendant illusoire l'action du haut-commissaire français d'autant que les officiers français qui commandaient le petit détachement, sous les ordres du colonel Piepape, furent systématiquement écartés des postes des gouvernements militaires.

À chaque protestation de Paris, relayée par le Foreign Office, le général Allenby répondait imperturbablement que la guerre entraînait un état d'exception qui ne permettait pas de faire participer les Français à l'administration des régions libérées.

1. *Ibid.*, Defrance à Pichon, 9 mars 1918.
2. *Ibid.*, vol. 883, Picot à Pichon, 11 février 1918.

Au début d'octobre 1918, Lord Robert Cecil, adjoint de Balfour, écrivit à Pichon que le retrait de la Russie de la guerre et l'intervention des États-Unis dans le conflit devaient entraîner la révision des accords de 1916, arguments pour le moins étonnants, surtout en ce qui concerne le second. En effet, si les États-Unis avaient déclaré la guerre aux empires centraux en avril 1917, ils ne l'avaient pas fait vis-à-vis de la Turquie, mais la logique pure n'avait évidemment pas grand-chose à voir dans cette affaire. On sent bien que l'Angleterre voulait profiter tout simplement d'une situation militaire qui lui était éminemment favorable pour annuler les accords qu'elle regrettait d'avoir signés et que refusaient ses nouveaux alliés : les sionistes.

D'ailleurs, le 10 décembre 1918, le général Allenby décida, de sa propre autorité de rattacher le caza de Safed où vivaient beaucoup de Juifs, une partie du caza de Hasbaya et toute la région à l'Est du lac de Tibériade à la Palestine, alors que selon les accords Sykes-Picot, ces territoires auraient dû revenir à la Syrie[1].

À cette faiblesse militaire de la France au Proche-Orient s'ajouta sa dépendance économique.

1. AE, A Paix, vol. 175, Affaires d'Orient, révision éventuelle des accords de 1916, 24 novembre 1918.

La tragique dépendance du gouvernement français vis-à-vis des Américains

La crise qui avait frappé l'Angleterre à la fin de l'été 1916 et qui s'était résolue par l'arrivée au pouvoir de personnalités politiques décidées à poursuivre la guerre, quoi qu'il en coûtât sur le plan financier et monétaire, eut son pendant en France un an plus tard. Elle aboutit au même résultat.

Le printemps de 1917 avait été marqué sur le plan militaire par l'échec de l'offensive du Chemin des Dames. Ces combats qui s'étaient déroulés pendant plus d'un mois, et avaient coûté plus de 300 000 morts, n'avaient abouti à aucun résultat sauf au découragement de la troupe et à des mutineries matées le plus humainement possible par le général Pétain. À l'est, on avait assisté à la paralysie, puis à l'effondrement du front russe en même temps que celui du gouvernement provisoire de Kerensky qui avait été remplacé par les bolcheviks dont on savait qu'ils voulaient conclure la paix à tout prix, seul moyen pour eux d'asseoir leur pouvoir. Cela signifiait que d'ici peu l'essentiel des troupes allemandes libérées de l'effort de guerre sur le front russe se retrouverait à l'ouest alors que les Américains, dont les troupes étaient en pleine période d'instruction, n'avaient pas encore de soldats en France.

Durant cette période on assista à de nombreuses initiatives de paix : « *les différents contacts entre Painlevé et Vienne, entre Briand et Berlin, l'appel pontifical du 1er août, des contacts entre Berlin et le gouvernement belge et aussi avec Londres par l'intermédiaire des Espagnols*[1] ». Dès le lendemain de la révolution, les bolcheviks lancèrent aussi « *un appel à tous les belligérants pour la négociation d'une paix générale*[2] ».

C'est dans ce climat que Clemenceau fut appelé au pouvoir le 16 novembre 1917. On sait que lors de la séance d'investiture le président du Conseil appelé déclara : « *Nous nous présentons devant vous dans l'unique pensée d'une guerre intégrale*[3] » et en réponse aux interpellations, il insista sur ce point : « *Je vous ai dit que je voulais faire la guerre. Certainement ! C'est ma seule raison d'être ici...*

Et alors, quand vous me demandez mes buts de guerre, je vous réponds : mon but c'est d'être vainqueur[4] ».

---

1. G. H. Soutou, *op. cit.*, p. 582.
2. *Ibid.*, p. 632.
3. Clemenceau, compte rendu de son discours d'investiture devant la Chambre des députés du 20 novembre 1917, JO du 21 novembre 1917.
4. *Ibid.*

Or peu après que Clemenceau eut prononcé ces fières paroles, Rockfeller, le patron de la « Standard Oil of New Jersey », qui approvisionnait jusque-là la France en pétrole, décidait de suspendre ses livraisons afin d'augmenter ses prix. Le président du Conseil demanda alors à Lloyd George d'intervenir auprès de Wilson afin que celui-ci fasse pression sur Rockfeller et l'amène à reprendre l'approvisionnement en pétrole dont les besoins grandissaient au fur et à mesure que les armées entamaient leur mécanisation. C'était l'époque où les premiers chars d'assaut sortaient d'usines.

En effet, le nouveau commandant en chef des troupes françaises, le général Pétain, avait demandé dès sa prise de commandement en mai 1917, la construction massive d'avions car « *il faut être maître de l'air*[1] » et 3 500 chars pour le 1er avril 1918. En outre, il accorda tous ses soins à l'artillerie qui d'hippomobile devint tractée. Il savait, en effet, que l'effondrement du front russe permettrait à l'Allemagne de reporter toutes ses divisions ainsi libérées sur le front ouest, au moment même où il y avait une grave crise des effectifs. Ainsi, Pétain apparaissait « *comme un stratège de premier plan*[2] » qui « *n'a pas été appelé pour continuer*

1. G. Pedroncini, *Pétain, le soldat et la gloire, 1856-1918*, Perrin, Paris, 1989, p. 188.
2. *Ibid.*, p. 201.

la guerre menée depuis 1914 mais pour en conduire une autre[1] » qui préfigure les guerres modernes. Mais toute la mise en œuvre de ce programme n'était possible que si nous pouvions nous fournir en pétrole.

La tragique dépendance de la France à l'égard de l'étranger à une époque où l'Amérique, la Hollande et l'Angleterre, grâce à Rockfeller, à Dieterling et à Churchill avaient su se constituer de puissantes sociétés pétrolières, était la conséquence de l'imprévoyance passée des gouvernements et des capitalistes français. Elle faillit coûter la victoire.

« *Lisez les « Mémoires de Ludendorff », écrivait Tardieu dans L'Illustration du 19 juin 1920, vous y verrez que, jusqu'à Brest-Litovsk, le manque de carburants a été, pour l'Allemagne, l'angoisse quotidienne. Les Alliés, de leur côté, n'ont été sûrs de gagner la partie que lorsque, à la fin de 1917, ils ont su organiser sur une base commune, leur ravitaillement en essence.*

Le 21 novembre 1918, Lord Curzon, en clôturant les travaux de la commission interalliée du pétrole, pouvait dire

1. *Ibid.*, p. 203.

avec raison : « En vérité, l'avenir proclamera que les Alliés ont vogué à la victoire sur une vague de pétrole[1] *! »*

•••••

« Je rappellerai, qu'au début de 1918 si, à l'appel du gouvernement français, je n'avais pas réussi à obtenir du président Wilson le concours massif qui a porté nos stocks de 47000 tonnes au 1er février à 237000 tonnes au 30 avril, les deux batailles, l'une défensive, l'autre offensive, dont la victoire est sortie, eussent perdu l'un des meilleurs gages de leur efficacité[2] *».*

Autrement dit, à la fin de 1917 et au début de 1918, le sort de la guerre était suspendu au bon vouloir du président des États-Unis. L'on ne s'étonnera donc pas qu'André Tardieu, qui était haut-commissaire de France aux États-Unis et qui était spécialement chargé de l'approvisionnement du pays en guerre, ait été aussi un ardent partisan du sionisme.

---

1. À titre d'exemple, les besoins de la France en pétrole et en huiles lourdes crurent de la façon suivante :

Pétrole 1910 : 1792481 (hectolitres) Huiles lourdes 1910 : 976549 (hectolitres)

1913 : 2444287 (hectolitres) 1917 : 5092485 (hectolitres) 1917 : 1729666 (hectolitres) (AE, Papiers Tardieu, vol. 450.)

2. AE, correspondance politique et commerciale 1914-1918, série Y, vol. 195, Mossoul et le pétrole, A. Tardieu dans *L'Illustration* du 19 juin 1920.

Il n'était pas inutile de rappeler les événements qui se déroulaient à cette époque en toile de fond, non pas pour excuser, mais pour comprendre l'attitude du gouvernement français au moment où de nouvelles pressions s'exercèrent sur lui.

Le chantage de Sokolow

Le 15 janvier 1918, Sir Mark Sykes écrivit à Jean Gout, sous-directeur Asie, avec qui il avait eu des conversations, et qu'il connaissait bien par conséquent, qu'il avait eu plusieurs entretiens avec Sokolow et qu'il lui avait « *fortement conseillé d'aller à Paris afin de discuter avec vous*[1] ». Celui-ci devait venir à Paris la semaine suivante. Pichon donna à P. Cambon son accord pour que Jean Gout se mît à la disposition de Sokolow lors de son prochain voyage[2]. Sokolow ne venait pas à Paris pour le plaisir mais pour exercer un véritable chantage sur le gouvernement français comme le prouve une note de de Margerie, directeur des Affaires politiques et commerciales, à Pichon, en date du 1er février.

Le représentant des organisations sionistes avait signalé qu'un congrès de son mouvement se tiendrait d'ici un mois

1. AE, Guerre 1914-1918, Sionisme, vol. 1200, Sir Mark Sykes à Jean Gout, 15 janvier 1918.
2. *Ibid.*, Pichon à Cambon, 17 janvier 1918.

ou deux aux États-Unis. Lors de ce congrès, il était certain «*que l'attitude du Gouvernement français et la réserve qu'il a(vait) jusqu'ici gardée dans ses déclarations publiques à l'égard du sionisme risqu(aient) d'être mal interprétées. Si M. Sokolow recueillait de la bouche même du ministre des Affaires étrangères de la République l'assurance que le gouvernement français ét(ait) absolument d'accord avec ses Alliés à la solution à donner à la Commission* sic] *sioniste, il pourrait au sein du Congrès faire une propagande en faveur de la France, propagande qui aurait sûrement un grand intérêt en atteignant la masse juive des États-Unis*[1]». Derrière l'accord avec les Alliés se cachaient l'Angleterre et les États-Unis.

Ces considérations, ajoutait de Margerie, militaient en faveur d'une audience. Il demandait donc au ministre de recevoir Sokolow le plus tôt possible.

Le 7 février une note manuscrite précisait que «*M. Sokolow serait heureux de recevoir une déclaration du gouvt* sic] *franc.* sic] *approuvant celle de M. Balfour afin de pouvoir faire pour la France une propagande dans les milieux israélites de Russie, d'Amérique et d'Espagne. Le faire recevoir par M. Pichon*[2]».

---

1. *Ibid.*, de Margerie à, Pichon, note, 1er février 1918.
2. *Ibid.*, note manuscrite, 7 février 1918.

Autrement dit, il s'agissait de faire avaliser par le gouvernement français, mais sans le dire clairement, la conception anglaise d'une Palestine juive.

Le 9 février, Sokolow fut reçu par le ministre des Affaires étrangères. À sa sortie d'audience, il écrivit à Jean Gout que « *pour que le communiqué produise la même impression qui a été produite par la déclaration Balfour, il est indispensable qu'il soit rédigé en des termes élevés et nets*[1] », c'est-à-dire en des termes agréables aux sionistes.

Le communiqué de presse publié l'après-midi faisait savoir que le délégué sioniste avait été reçu le matin même par Pichon « *qui a(vait) été heureux de lui confirmer que l'entente é(tait) complète entre les gouvernements français et britannique en ce qui concerne la question d'un établissement juif en Palestine*[2] ». Or ce n'est pas du tout ce que désirait Sokolow. Il voulait quelque chose de clair.

Il ne trouva donc pas le communiqué à sa convenance puisqu'il écrivit le surlendemain à Jean Gout que, pour sa propagande, il fallait « *absolument que vous ayez la grande bonté de m'adresser une lettre officielle, analogue*

1. *Ibid.*, Sokolow à Gout, 9 février 1918.
2. *Ibid.*, communiqué de presse du 9 février 1918.

à la lettre adressée par M. Balfour à Lord Rotshchild dont je vous transmets une copie[1] ». Une telle lettre lui était indispensable en Amérique d'autant que la presse française, se plaignait-il, n'avait pas fait beaucoup écho au communiqué de presse, contrairement à la presse anglaise après la déclaration Balfour. Certains journaux avaient même poussé l'outrecuidance de mener campagne pour une grande Syrie englobant la Palestine. Aussi, le 13 février, insista-t-il à nouveau au sujet de la déclaration officielle[2].

Le 14 février, Pichon s'inclinait et écrivait à Sokolow :

« *Monsieur,*

Comme il avait été convenu au cours de notre entretien le samedi de ce mois, le gouvernement de la République, en vue de préciser son attitude vis-à-vis des aspirations sionistes, tendant à créer pour les Juifs en Palestine un foyer national, a publié un communiqué dans la presse.

En vous communiquant ce texte, je saisis avec empressement l'occasion de vous féliciter du généreux dévouement avec lequel vous poursuivez la réalisation des vœux de vos coreligionnaires, et de vous remercier du zèle que vous apportez à leur faire connaître les

1. *Ibid.*, Sokolow à Jean Gout, 11 février 1918.
2. *Ibid.*, du même au même, 13 février 1918.

sentiments de sympathie que leurs efforts éveillent dans les pays de l'Entente et notamment en France[1] ».

Cette lettre allait beaucoup plus loin que le communiqué de presse ; elle parlait en effet de foyer national.

Le lendemain Pichon envoyait à Tardieu qui dirigeait le service des Achats aux États-Unis et qui s'occupait donc de l'approvisionnement du pétrole, une dépêche lénifiante pour lui dire que « *l'accord é(tait) complet entre le gouvt* sic] *français et le gouvt* sic] *britannique sur la situation à réserver au sionisme en Palestine, l'un et l'autre gouvt* sic] *admettent l'établissement des Juifs doté de l'autonomie administrative, dans le cadre de l'État international à fonder dans ce pays*[2] », ce qui prouve qu'il n'avait pas compris le fond du problème d'autant que cette dépêche était une réponse à celle de Tardieu du 9 février qui lui écrivait : « *Dans mes télégrammes* [...] *j'ai employé le mot État juif. C'est bien ainsi qu'on interprète aux États-Unis, ce terme « national homeland » dont s'est servi M. Balfour dans sa lettre à Lord Rothschild et qui ne signifie nullement foyer,*

1. AE, Levant-Palestine, 1914-1929, vol. 17, lettre de Pichon à Sokolow, 14 février 1918.

2. AE, Guerre 1914-1918, Sionisme, vol. 1200, Pichon à Tardieu, 15 février 1918.

comme on l'a traduit en France, mais patrie, sinon État dans le sens politique de ce mot[1] ».

La réponse de Pichon à Tardieu était empreinte d'un profond malentendu. Elle s'accrochait à l'idée d'un régime international pour la Palestine, héritage des droits historiques de la France sur ce pays et des accords Sykes-Picot alors qu'en s'alignant sur la position du gouvernement anglais définie par la déclaration du 2 novembre 1917, elle faisait précisément fi de ces droits. Tardieu le lui fit comprendre dès le 16 février : « *En réponse à sa dépêche du 15 février il lui envoya un article du* Das Yedish Volk, *paru le jour même qui résumait bien la situation telle qu'elle se présentait pour la France après le communiqué du 9 février et surtout après la lettre du 14 février 1918 :*

Ce que nous savons jusqu'ici de la déclaration suffit pour nous donner une grande satisfaction. Entre tous les pays alliés, la France seule pouvait faire valoir des droits spéciaux sur la Palestine ou la Syrie. La tradition politique (spéciale) de la France avait influencé (défavorablement) la presse française et les Juifs français. La peur de la France et de sa politique traditionnelle imputée aux chefs du

1. *Ibid.*, Tardieu à Pichon, 9 février 1918.

judaïsme français a lourdement pesé sur les chefs sionistes dans les pays alliés...

L'acte du gouvernement français sera accueilli avec beaucoup de satisfaction dans tous les milieux juifs. Ce gouvernement a montré qu'il demeure fidèle aux traditions de la grande Révolution et qu'il place les revendications justifiées des petites nations au-dessus de ses anciennes ambitions propres[1] »...

L'analyse du *Das Yedish Volk* soulignait la novation apportée par la lettre de Pichon à Sokolow du 14 février puisque le gouvernement français se ralliait officiellement à la déclaration Balfour mais il ne semble pas que le ministre des Affaires étrangères ait compris l'étendue de la bévue qu'il avait commise puisqu'il écrivit à Tardieu le 21 février que sur le principe, le gouvernement français était d'accord pour un foyer juif en Palestine, c'est ce qui justifiait au fond le communiqué du 9 février et la lettre à Sokolow du 14, mais sa réserve tenait à deux causes : le sionisme n'avait que fort peu d'adhérents en France, il fallait aussi tenir compte des sentiments « *des millions de musulmans qui vivent sous nos lois dans l'Afrique du Nord et qui, par*

1. AE, Papiers Tardieu, vol. 280, Tardieu à Pichon, 16 février 1918.

leur loyalisme dans cette guerre, ont mérité les plus grands égards.

[…]

Si les sionistes savent demander ce qui peut leur être raisonnablement accordé, ils ne trouveront pas la France contre eux… mais certains veulent un État, or ces excès de langage inquiètent nos musulmans[1] »…

Et le ministre se référait au cas de F. Georges-Picot, « *qui avait déjà conféré avec les sionistes d'Angleterre et qui, avec l'autorisation du gouvt* sic], *leur avait donné les assurances qu'ils demandaient (et qui) a, dès son retour en Égypte et en Palestine, constaté les mêmes protestations des musulmans comme des chrétiens d'Orient contre les avantages à accorder aux Juifs en Palestine*[2] ».

Il est donc évident que Stephen Pichon n'a saisi ni le sens ni la portée du communiqué publié le 14 février 1918, ce qui se comprend d'autant mieux que le 6 janvier 1918, donc un mois auparavant, Lloyd George avait dit dans une déclaration sur les buts de guerre faite devant les syndicats britanniques, déclaration à laquelle la France adhéra par dépêche de Clemenceau envoyée le lendemain que

1. AE, Guerre 1914-1918, Sionisme, vol. 1200, Pichon à Tardieu, 21 février 1918.

2. *Ibid.*

«l'Arabie, l'Arménie, la Syrie et la Palestine (avaient) le droit de reconnaître leur situation nationale séparée», autrement dit, en clair, avaient le droit à leur indépendance.

Pour les sionistes, cela n'avait aucune importance. Il s'agissait de mots creux destinés à tromper les Arabes. L'important était que la France ait fait mine de s'aligner sur l'Angleterre en parlant de foyer national, autrement dit d'État juif. Cela entraîna deux conséquences capitales.

La première fut la reconnaissance internationale des prétentions sionistes. En effet, comme l'écrit Leslie Fry : *«la déclaration Balfour fut approuvée en février 1918 par le gouvernement français ; en mai, par le gouvernement italien par l'entremise de son ambassadeur à Londres, en août 1918 par une lettre publique du président Wilson*[1] »...

Très habilement, celui-ci fit semblant d'être obligé de se rallier aux gouvernements alliés au mépris des 14 points qu'il avait lui-même énoncés le 8 janvier précédent, spécialement le point 13 qui prévoyait de garantir une sécurité absolue, de vie et la pleine possibilité de se développer d'une façon autonome pour les nations sous domination turque, comme c'était le cas pour la Palestine. Voilà ce

---

1. http://www.iamthewitness.com/books/Denis.Fahey/Waters.Flowing.Eastward/1.6Ten.Year...

qu'écrivait Max Senior à Louis Marshall : « *Le président Wilson exprima ses vues personnelles en faveur des principes énoncés dans la « déclaration » Balfour.*

La France, l'Italie et la Grèce l'avaient formellement adoptée. Il y a donc une unanimité de sentiments de la part des puissances alliées[1] ».

Ainsi, Wilson faisait semblant de se rallier à la décision de tous ses partenaires. En agissant de la sorte, il dégageait sa responsabilité. Il s'exonérait à bon compte des reproches que l'on pourrait lui faire ; d'avoir été le premier à violer l'un des quatorze points qu'il avait solennellement énoncés alors même que, sans les pressions de son gouvernement sur Balfour, représentant d'un pays aux abois, lors de son voyage aux États-Unis au printemps 1917, cette fameuse déclaration serait probablement restée lettre morte.

La seconde conséquence importante fut l'éviction de la France de Terre sainte comme nous le verrons par la suite.

•••••

1. *Ibid.*

Mais pour bien comprendre la bévue involontaire commise par Pichon le 14 février 1918, bévue si lourde de conséquences, il faut en saisir les raisons et pour cela il est nécessaire de revenir un peu en arrière en analysant la déclaration Balfour elle-même.

Chapitre XI

La déclaration Balfour ou le triomphe de l'ambiguïté

Le trait dominant de cette fameuse déclaration est que tous les mots y sont faux, y compris le titre lui-même que l'on baptise d'un qualificatif ronflant alors qu'il s'agit en réalité d'une simple lettre à Lord Rothschild. Mais là n'est pas le plus grave.

Ce qui frappe dans les lignes qui suivent, c'est l'ambiguïté des formules qui autorisent des interprétations contradictoires laissant place à toutes les manœuvres dolosives.

Une déclaration volontairement ambiguë

Comme on l'a dit le 2 novembre 1917, le secrétaire d'État au Foreign Office, Lord Arthur Balfour, envoyait une lettre de neuf à dix lignes à Lord Lionel Rothschild ainsi conçue :

« *Cher Lord Rothschild,*

J'ai le grand plaisir de vous adresser, de la part du gouvernement de Sa Majesté, la déclaration suivante, sympathisant avec les aspirations juives sionistes, déclaration qui, soumise au Cabinet, a été approuvée par lui :

Le gouvernement de Sa Majesté envisage favorablement l'installation en Palestine d'un foyer national pour le peuple juif et fera tous les efforts possibles en vue de faciliter la réalisation de cet objectif, étant bien entendu que rien ne sera entrepris qui puisse causer un préjudice aux droits civils et religieux des communautés non juives existant en Palestine, ou aux droits et statuts politiques dont jouissent les Juifs dans n'importe quel autre pays ».

Une seule chose était claire dans cette déclaration, c'était l'absence totale de référence au gouvernement français, alors que, d'après les accords Sykes-Picot, la Palestine devait être internationalisée, c'est-à-dire, dans les faits, administrée par un condominium franco-britannique. Aucune décision concernant la Terre sainte n'était donc valable sans l'accord de la France d'où la fébrilité de Sokolow pour arracher cet accord ainsi que nous l'avons vu.

Cela mis à part, tous les termes de cette déclaration avaient été soigneusement choisis afin de rester dans un clair-obscur propice à toutes les interprétations. Pourquoi ?

Parce qu'à l'époque les Arabes chrétiens et musulmans étaient plus de 600000 alors que les Juifs vivant sur place étaient à peine 60000 et que théoriquement les accords Sykes-Picot existaient toujours. D'où les inquiétudes juives et la nécessité de s'avancer masqué. On remarque que les Anglais ne parlaient que d'un foyer national juif, terme qui n'a aucun sens en droit international, afin d'éviter le mot État qui, lui, est clair mais qui n'aurait pas manqué de soulever des difficultés tant du côté des Arabes que des Français. Cependant dans l'esprit des Anglais et des sionistes cela revenait au même. Les termes foyer national juif n'étaient qu'un cache-sexe destiné à couvrir le véritable but de l'opération dans l'immédiat. Malheureusement à terme, cela ne résolvait pas le dilemme posé par la présence d'une écrasante majorité des Arabes face à l'infime majorité juive.

Comme l'a dit Israël Zangwill dans un bel élan de sincérité : « *Si les Juifs n'avaient pas été en minorité en Palestine, il n'y aurait pas eu besoin de manifestes balfouriens spéciaux en leur nom*[1] ». On ne peut pas rêver plus bel aveu. Dans l'immédiat et pour les sionistes, tel n'était pas le cas.

Il fallut donc commencer par dissimuler le but de l'opération qui était de fonder un État juif derrière cette formule alambiquée de « foyer national juif » qui ne voulait rien dire.

Pour autant les sionistes n'étaient pas satisfaits car à leurs yeux l'Angleterre avait commis une faute énorme en refusant que « *rien ne soit entrepris qui puisse causer un préjudice aux droits civils et religieux des communautés non juives existant en Palestine* ». Passe encore pour les droits religieux mais la notion très floue de « droits civils » leur paraissait très dangereuse.

Cette phrase, écrivait Weizmann, pouvait être interprétée « *comme un moyen de limiter notre tâche à tel point qu'elle serait complètement paralysée*[2] ». On verra par la suite comment les Anglais s'y sont pris, lors de la conférence de San Remo, afin d'annuler cette porte de sortie offerte aux Palestiniens. En attendant, cela suscitait les inquiétudes chez Weizmann et chez ses amis. Comme l'écrivait Israël Zangwill :

---

1. Israël Zangwill, *La voix de Jérusalem*, F. Rieder et cie, éd., Paris 1929, p. 246.
2. Weizmann, *op. cit.*, p. 242.

«I*l est vrai que le gouvernement britannique s'est engagé à aider à l'établissement d'un «Foyer national juif» en Terre sainte. Mais dans le même moment il a ajouté une clause qui pratiquement réduit sa promesse à être contradictoire dans les termes.*

Il y est dit que «rien ne devra être fait qui pourrait porter préjudice aux droits civils et religieux des communautés non juives existant en Palestine». C'est comme si le gouvernement cédait le Savoy à une nouvelle administration sous la condition que les hôtes de l'hôtel ne soient pas dérangés[1] ».

Ce que disait Zangwill aurait été juste si les sionistes et les Anglais s'étaient placés dans une optique réellement démocratique mais toute l'astuce consista précisément à lui tourner le dos comme nos «démocrates» savent si bien le faire. Comment? Mais rien ne fut plus simple. Il suffit de qualifier les Palestiniens de «*collectivités non-juives vivant en Palestine*», donc sous-entendu, sans attaches réelles avec ce pays. Seuls les Juifs étaient qualifiés de «peuple» ce qui leur permettait d'en appeler au fameux «droit des peuples à disposer d'eux-mêmes» ainsi qu'aux quatorze points de Wilson énoncés le 8 janvier 1918 devant le Congrès américain. Ceux-ci visaient à imposer soi-disant un nouvel ordre

---

1. Israël Zangwill, *op. cit.*

mondial fondé non pas sur la force mais sur le droit. Mais il est facile de voir que tout cela reposait sur de simples jeux de mots puisqu'en qualifiant une minorité de «peuple» on lui octroyait tous les droits alors que les Arabes à qui l'on attribuait que le qualificatif de «communautés» n'avaient que des droits résiduels.

On les privait en particulier de tout droit politique alors même que la déclaration Balfour précisait bien qu'il n'était pas question de porter atteinte aux droits et statuts politiques dont jouissent les Juifs dans n'importe quel autre pays. Quel joli tour de passe-passe! Ce qui était scandaleux d'accorder aux Palestiniens, il était normal de le conserver aux Juifs partout ailleurs! Cela rappelle l'expression qui se trouve dans le préambule de la Déclaration d'indépendance américaine qui qualifie «les Indiens de sauvages sans pitié», ce qui permettra toutes les cruautés à leur égard en retour. Ainsi faisait-on des habitants légitimes de la Palestine des intrus et d'immigrés non pas présent mais à venir, des légitimes propriétaires de ce pays.

En dépit de l'ingéniosité de ces constructions intellectuelles, les sionistes étaient si peu sûrs de leur prétendu droit à occuper la Palestine que Zangwill écrivait dans les années vingt à propos des Arabes: «*par conséquent, nous devons poliment les persuader de «décamper». Après tout, ils ont toute l'Arabie qui couvre un million de kilomètres carrés – sans compter les nouveaux territoires libérés par les Turcs, entre la Syrie et la Mésopotamie – et Israël ne possède pas un pouce de terre. Il n'y a aucune raison spéciale pour que les Arabes se cramponnent à ces quelques kilomètres. « Plier leurs tentes » et « s'en aller furtivement » est une de leurs habitudes proverbiales ; qu'ils le fassent donc aujourd'hui – Les Juifs seront trop heureux de payer leurs frais de voyage et d'acheter aussi – à un prix fixé par le gouvernement britannique – toute propriété ou tout bâtiment ayant quelque valeur*[1] ».

Tout cela était parfait en théorie mais si ces Arabes, par définition incultes, vivant sous la tente, habitués à se déplacer comme des nomades, avaient le mauvais goût de ne pas se laisser faire, que se passerait-il ?

Rien de plus simple, répondait Zangwill : « *Un peuple chassé une fois de son pays ne peut y rentrer qu'à la pointe de l'épée et cela est même impossible pour un peuple disséminé, à moins que l'épée ne soit celle d'un ami puissant*[2] ». Et cette invitation tombait particulièrement bien parce que cet ami puissant existait : c'était l'Angleterre et qu'elle avait tout

1. *Ibid.*, p. 212.
2. *Ibid.*, p. 206.

prévu puisqu'il était écrit dans la déclaration Balfour que l'Angleterre emploiera tous ses efforts pour faciliter la réalisation de cet objectif, c'est-à-dire en clair pour réaliser un changement de population, changement on ne peut plus légitime, puisque ce que la déclaration Balfour ne disait pas clairement mais qui était implicite dans la notion de foyer national juif : les droits supérieurs accordés d'ores et déjà aux Juifs habitant la Palestine étaient désormais accordés à tous les Juifs du monde entier s'il leur plaisait simplement de venir s'installer en Terre sainte, sans que les Arabes n'aient, bien sûr, aucun mot à dire. Cette disposition était tellement scandaleuse qu'aucun pays, n'aurait pu l'accepter d'autant que les pays de l'Entente prétendaient avoir mené la guerre du Droit contre les empires centraux censés représenter la force brutale.

Or, «*employer tous ses efforts*» revenait à dire employer tous les moyens légaux et illégaux au regard du droit international ou plus simplement au regard du droit des gens, suivant l'adage «*qui veut la fin veut les moyens*». C'est ce qu'exigeaient les sionistes. Ils ne voulurent pas une partie de la Palestine mais toute la Palestine. «*En effet la constitution de deux foyers nationaux dans un pays bien plus petits que bien des ranchs de l'Amérique du Sud, c'est là une solution bien moins pratique qu'un exode arabe*». Autrement dit, Zangwill avançait que, comme tous les sionistes ne cessaient d'exiger une *Palestine Arabische rein*, il fallait tout faire pour réaliser leur désir. Ce qui ne fut pas possible immédiatement fut réalisé après la seconde guerre mondiale en 1947-1948. Les Juifs, en accord avec les grandes puissances, procédèrent à un remplacement de population et la mise en place d'un régime concentrationnaire. En effet expulser quelqu'un d'un pays où il est né, c'est le déporter selon le droit public anglais.

Dès que le partage de la Palestine fut voté par l'ONU, et surtout au moment de la création de l'État d'Israël, on assista à une véritable épuration ethnique. Les Israéliens prétendirent que les Palestiniens, paysans pauvres pour la plupart, avaient abandonné « librement » leurs maisons et leurs terres et cet énorme mensonge fut accepté sans difficulté. Il faut dire que ce véritable crime contre l'humanité était le prolongement de la déclaration Balfour qui avait reconnu de facto que la Palestine appartenait aux Juifs et à eux seuls. Les Arabes n'étant que des gens de passage !

Entraîné par sa logique, Zangwill ajoutait que « *l'avenir juif repose plus encore sur un Jabotinsky que sur l'admirable fonctionnaire qu'est Samuel*[1] », ce en quoi il avait tort car le pseudo-légalisme de l'un servait à couvrir les crimes

1. *Ibid.*, p. 249.

de l'autre. Il est en tout cas évident que la création du foyer national juif n'était possible dès le départ qu'en donnant vacance à toutes les prétendues valeurs dont l'Occident et en particulier les pays anglo-saxons, prétendent s'inspirer en politique. Zangwill l'avouait d'ailleurs sans détour puisqu'il écrivait que si les Arabes avaient leur représentation parlementaire, les Juifs trouveraient la porte fermée, barrée et boulonnée. En instituant un conseil d'administration non électif le gouvernement coupe court à toute cette menace[1]. On ne saurait mieux dire…

Mais quelle a été la position de la France dans toute cette affaire puisqu'à un moindre degré, c'est vrai, elle aussi était concernée par ces mensonges?

Une redoutable novation passée pratiquement inaperçue en France

Le seul à avoir saisi le changement considérable apporté par la déclaration Balfour fut Fr. Georges Picot de retour en Égypte comme le montre le télégramme inquiet qu'il envoya à Sir Mark Sykes le 6 décembre 1917 dans lequel il écrivait: «*J'ai, la conviction que les encouragements publics imprudemment donnés à ce mouvement (i e au sionisme)*

1. *Ibid.*, p. 249-250.

réduiraient à néant nos accords». C'était bien vu, même si les encouragements donnés au sionisme de la part du gouvernement anglais n'étaient pas imprudents mais volontaires car, si Londres voulait satisfaire au premier chef les Juifs, il voulait par la même occasion évincer les Français.

Mais François Georges-Picot semble avoir été l'un des rares diplomates, si ce n'est le seul, à apercevoir les dangers de la situation comme le prouve cette lettre de Pichon à Paul Cambon. Voici à quelle occasion.

Au début de décembre 1917, Paul Cambon interrogea le ministre car les comités sionistes anglais affirmaient qu'ils étaient appuyés par Paris dans leurs visées sur la Palestine. Il voulait savoir si cela était exact.

Pichon, lui répondit que les seuls entretiens entre les représentants officiels de ces groupements et F. Georges-Picot s'étaient déroulés à Londres sous son égide, qu'il avait eu communication de la lettre de ce diplomate en date du 5 mai 1917 et qu'on lui avait fait parvenir un rapport sur la mission Sokolow de juin de cette même année. Pichon ne faisait allusion à aucun autre document, ce qui prouvait bien que, du côté français, les relations avec les sionistes s'étaient arrêtées après la déclaration officielle de Jules Cambon du 4 juin 1917.

Il résultait de tout cela, écrivait Pichon, que le gouvernement français envisageait « *avec sympathie le mouvement sioniste. D'un côté nous ne pouvons être hostiles aux aspirations nationales du judaïsme dans la limite où elles sont compatibles avec les aspirations des autres nationalités de Palestine. Par ailleurs, écarter brusquement les revendications sionistes risquait de mécontenter les groupements israélites qui ont adhéré à cette tendance et qui sont particulièrement influents aux États-Unis. Leur concours, ou tout au moins leurs sympathies, ont servi nos intérêts lors de l'entrée en lutte du gouvernement* sic] *nord-américain aux côtés des Alliés. Si nous les avions découragés, ils se seraient tournés vers nos adversaires qui à plusieurs reprises ont cherché à concilier le programme sioniste avec la (mot illisible) de la domination turque*[1] ».

Le ministre poursuivait en écrivant cette phrase capitale : Mais nous n'avons jamais donné aux comités juifs l'assurance que nous étions partisans de la constitution de la Palestine en un état israélite indépendant ni même de l'installation d'un organisme israélite souverain dans une partie de cette région. C'est là le problème alors que l'Angleterre l'avait fait et son gouvernement, par la voix de

1. AE Guerre 1914-1918, Sionisme, vol. 1199, Pichon à Cambon, 15 décembre 1917. Les citations suivantes sont extraites de la même dépêche.

Balfour, venait même de déclarer aux Communes, sans être démenti, qu'il avait agi en complet accord avec ses alliés.

Pichon ajoutait avec bon sens que «*la diversité des races qui peuplent cette contrée comme celle des religions et des cultes qui y revendiquent les monuments de leur foi s'opposent à toute appropriation de lieux qui sont en quelque sorte internationaux par destination même. Seule la domination de tous, si difficile qu'elle soit à faire fonctionner, peut être établie dans un pays qui doit être à tous et qui doit instituer l'entente de toutes les confessions et de tous les peuples*». Tout cela allait à l'encontre de la philosophie de la déclaration Balfour, d'autant que Pichon ajoutait «*qu'il est incontestable, en outre, que l'attribution en pleine souveraineté d'une partie de la Palestine aux Juifs, les Lieux saints en fussent-ils séparés, serait envisagée de la manière la plus défavorable par les Arabes qui se considéreraient comme évincés de (mot illisible) de cette principauté. Leurs plaintes auraient le plus fâcheux effet non seulement en Asie Mineure, mais en Afrique du Nord où les indigènes sont animés dans l'ensemble de sentiments peu amicaux pour les juifs*».

La meilleure solution pour sortir de toutes les contradictions paraissait à Pichon être la reconnaissance du sionisme sous les formes de communautés autonomes vivant dans le cadre de l'État international…

« *Une telle organisation ramène à des proportions modestes le grand dessein d'une restauration du royaume de Judée formé par certains sionistes* [...].

Les difficultés mêmes que présente la solution du problème sioniste [mot illisible] *une raison pour les gouvernements* [*sic*] *de l'Entente de se montrer prudents dans leurs déclarations à ce sujet* ».

Comme on le voit à travers ces citations, la position française, en ce qui concerne la Palestine, était très éloignée, pour ne pas dire opposée, à celle préconisée par la déclaration Balfour.

Dans un cas, cela s'inscrivait dans la ligne de ce qui avait été promis par Fr. Georges-Picot le 9 avril 1917 et confirmé par Jules Cambon le 4 juin suivant, il d'agissait de développer la colonisation israélite en Palestine, ce qui n'avait rien de révolutionnaire puisque cela entrait dans l'esprit de ce qu'avait fait le Baron Edmond de Rothschild au XIXe siècle, tandis que dans l'autre cas, sans le dire trop ouvertement, car il fallait continuer à tromper les Arabes dont on avait encore besoin et éviter d'éveiller la méfiance des Français, le gouvernement anglais donnait aux Juifs plus qu'un espoir, une quasi-certitude, d'avoir un État, c'est-à-dire un pays dont ils seraient pleinement les maîtres. On n'était plus du tout dans le même cas de figure.

Cette ambiguïté volontaire de la part des Anglais a duré assez longtemps puisque Cambon, qui avait été le premier secrétaire général du Quai d'Orsay pendant la guerre de 1914 et qui connaissait donc parfaitement le dossier palestinien, écrivait dans l'*Écho de Paris* du 29 juin 1919 « *l'originalité de la paix de 1919 aura été que, pour la première fois, des vainqueurs réunis pour décider le sort du monde, ont commencé par proclamer qu'ils voulaient faire une paix de justice, réparer les iniquités passées et panser les blessures cruelles dont tant de peuples avaient souffert depuis des siècles. On a vu apparaître la théorie des revenants de l'Histoire, les Polonais, les Tchèques, les Roumains de Transylvanie, les Yougoslaves, les Arméniens, les Arabes et jusqu'aux Grecs du Pont qui voudraient faire revivre le royaume de Mithridate*[1] ».

Curieusement, Jules Cambon ne soufflait mot de la nationalité juive, oubli révélateur, Pourquoi ? Par antisémitisme ? Pas le moins du monde comme le prouve son attitude d'avril, et du 4 juin 1917 vis-à-vis de Sokolow.

Jules Cambon, comme la plupart des diplomates et des hommes politiques français, se rattachait simplement à l'idéologie de la Révolution française exprimée par l'abbé

1. AE, Papiers J. Cambon, vol. 100, article de J. Cambon dans *L'Écho de Paris* du 29 juin 1919.

Grégoire et par Clermont-Tonnerre : « *Il faut tout refuser aux Juifs comme nation ; il faut tout leur accorder comme individu ; il faut qu'ils soient citoyens* ». Rien n'allait plus à l'encontre de l'idéologie sioniste pour qui les Juifs étaient d'abord un peuple. C'est ce qu'exprimait clairement la déclaration Balfour. Elle sous-entendait même que les Juifs étaient le seul peuple ayant droit à la Palestine puisque les Arabes, chrétiens et musulmans qui habitent pourtant là depuis des millénaires et étaient largement majoritaires, étaient qualifiés de communautés non-juives.

Afin d'affirmer plus fortement le droit du peuple juif à occuper la Palestine, Weizmann aurait voulu que dans le texte final de la lettre de Balfour à Lord Rothschild on emploie le mot réinstallation plutôt que celui d'installation pour bien montrer les droits du peuple juif à revenir sur sa terre dont il aurait été dépouillé depuis près de deux mille ans, ceci avec l'aide de l'Angleterre bien évidemment.

Quelles valeurs juridique et historique attacher à cette prétention ?

La réponse est simple : aucune.

La déclaration Balfour a été faite au nom du « gouvernement de Sa Majesté »... comme si la Palestine était déjà une colonie anglaise, or tel n'était pas le cas à ce moment-là puisque, comme on l'a dit précédemment, selon les accords Sykes-Picot ratifiés par l'Angleterre, par la France et par la Russie, cette province turque devait être internationalisée c'est-à-dire en fait régie par un condominium franco-britannique. L'Angleterre n'avait donc aucun droit d'en disposer seule.

À cela on opposera peut-être le fait que la France avait fait des promesses à Sokolow le 9 avril et le 4 juin 1917 sans en parler à Londres mais ce n'était pas du tout pareil. En effet que disaient ces déclarations ? « *Vous avez bien voulu m'exposer le projet auquel vous consacrez vos efforts et qui a pour objet de développer la colonisation israélite en Palestine* ». Autrement dit, dans l'esprit des Français il s'agissait simplement de développer une colonisation déjà amorcée au siècle précédent par le baron Edmond de Rothschild en particulier. Il n'y avait donc aucune novation.

Dans le cas présent, les formules ambiguës utilisées dans la déclaration Balfour masquaient à peine la création d'un État nouveau et le fait que désormais la Palestine appartenait aux Juifs. On n'était plus du tout dans le même cas de figure. Pour que ces bouleversements aient une quelconque valeur juridique, il aurait fallu que la France soit associée à cette déclaration ou tout au moins qu'elle l'approuve immédiatement et surtout clairement. Or, on voit bien en analysant la lettre de Pichon à Paul Cambon du 15 décembre 1917 ainsi que celles de Pichon à Tardieu les 15 et 21 février 1918 que tel n'était pas le cas. Notre ministre des affaires étrangères pensait être toujours dans le cadre des entretiens qui avaient eu lieu avec Sokolow au printemps précédent, c'est-à-dire dans l'optique des accords Sykes-Picot.

Chose curieuse dans des pays qui se présentaient comme des flambeaux de la «démocratie», que ce soit la France ou l'Angleterre, la déclaration Balfour ne fut jamais présentée au Parlement. Ainsi à la suite d'une interpellation au Sénat de l'un de ses membres, Dominique Delahaye, en avril 1921, il apparut clairement que la ratification de la fameuse déclaration n'avait jamais été soumise ni au Sénat ni à la Chambre des députés. Il en alla de même en Angleterre à tel point que le 21 juin 1922 la Chambre des Lords vota une résolution exprimant son opposition aux termes du mandat confié par la Société des Nations à la Grande-Bretagne, résolution dont il ne fut tenu, évidemment, aucun compte.

De la part des Français, cette absence de ratification peut se comprendre puisque le gouvernement a été très long à saisir l'importance de la fameuse déclaration mais du côté anglais, c'est plus curieux, sauf à admettre que le Cabinet n'ait pas voulu éveiller les soupçons de ses compatriotes et surtout ceux de son partenaire principal au Proche-Orient : la France. Cela prouve simplement qu'au plan interne la déclaration Balfour n'avait et n'a toujours aucune valeur juridique.

Au plan international, les Anglais étaient très conscients de la faiblesse de leur position. Il ne suffit pas de déclarer unilatéralement qu'une chose est ou n'est pas pour que cette position soit adoptée par les autres pays ; surtout lorsqu'elle lèse leurs droits. C'est pourquoi, comme nous le verrons par la suite, les Anglais n'ont eu de cesse de combler cette faille à la conférence de Londres et à San Remo en insérant la déclaration Balfour dans les traités internationaux, à commencer par celui de Sèvres avec la Turquie et en prétendant que la France avait toujours été tenue au courant de leurs intentions, ce qui était parfaitement faux comme Ph. Berthelot le fit observer à plusieurs reprises, mais sans insister malheureusement.

À défaut de valeur juridique, la déclaration Balfour pouvait-elle s'appuyer sur des droits historiques ? Pas plus.

Voici ce que disait Mgr Baudrillart, recteur de l'Institut catholique de Paris, quelques semaines après la déclaration

Balfour dans un article du *Petit Journal* intitulé Quel doit être l'avenir de Jérusalem ? : « *de savoir si le fait qu'ils ont été pendant des siècles les maîtres du pays, leur donne un droit particulier sur cette terre est une autre question. Je ne sais quel israélite, homme d'esprit, faisait remarquer l'autre jour que s'il fallait rendre Jérusalem aux Juifs, sous prétexte qu'ils en furent jadis les maîtres, il n'y aurait pas de raison pour ne pas remonter plus haut et ne pas la rendre aux Jabuséens sur lesquels David a conquis la ville de Sion. On ne saurait oublier non plus que depuis le temps de la captivité, c'est-à-dire depuis le commencement du* vi^e^ *siècle avant Jésus-Christ, la Palestine a toujours été soumise à des dominations étrangères, sauf le temps très court où elle fut gouvernée par les Maccabées ; la domination politique des Juifs en Palestine ne reposerait donc que sur des droits hypothétiques*[1] ».

En dépit de toute leur mauvaise foi, les Anglais le comprirent si bien qu'ils refusèrent de reprendre la formule proposée par Weizmann à savoir que « *la Palestine devait être rebâtie en tant que patrie pour le peuple juif*[2] ». Le mot « rebâtie » voulait évidemment montrer la prétendue

1. Mgr Baudrillart, « Quel doit être l'avenir de Jérusalem ? », *Le Petit Journal*, 25 décembre 1917. La captivité dont il s'agit fait référence à la captivité de Babylone.
2. Weizmann, *op. cit.*, p. 242.

continuité entre les anciens royaumes de Jérusalem disparus depuis longtemps, le foyer national juif. Pour couper court, les Anglais préférèrent parler comme nous l'avons dit d'établissement en Palestine d'un foyer national pour le peuple juif, sans aucune référence à un passé plus ou moins mythique.

Cette affaire n'avait pas qu'un intérêt sémantique, on s'en doute. Si les Anglais avaient accepté la version proposée par Weizmann, cela aurait voulu dire que le foyer national n'était que la restauration d'un ancien état de choses, qu'un retour à des droits préexistants sur une patrie millénaire dont ils avaient été dépossédés par des intrus. La formule anglaise plus neutre empêchait ce genre d'interprétation. C'était bien la seule chose positive contenue dans cette déclaration !

Il est à peine nécessaire d'expliquer longuement, écrivait Asher Gruzberg, trois ans plus tard sous le coup de l'indignation, la différence entre les deux versions : « *Si le gouvernement britannique avait accepté la version qui lui était suggérée, cela aurait signifié que la Palestine, telle qu'elle est maintenant, était rendue au peuple juif sur la base de ses droits historiques, que le peuple juif devait reconstruire ces endroits incultes et qu'il était en droit de régner dessus et de diriger ses affaires à son gré, sans s'occuper du consentement ou du refus des habitants actuels. Car cette reconstruction (il faut bien le comprendre) est seulement un retour à l'ancien droit des Juifs qui l'emporte sur le droit des habitants actuels qui ont établi, à tort, leur État sur une terre qui n'était pas la leur*[1] ». Autrement dit si les Anglais avaient suivi jusqu'au bout les désirs de Weizmann, les Palestiniens seraient apparus comme des intrus dans leur propre pays alors que là c'était les Juifs.

Ainsi que ce soit sur le plan historique ou sur le plan juridique, les exigences présentées par les sionistes n'avaient aucune valeur en soi. On comprend mieux ainsi pour quelles raisons les Français n'ont pas saisi la portée de cette déclaration. Elle leur a paru si étrange qu'ils n'en comprirent ni le sens ni les aboutissements.

Ils ont pensé, de bonne foi, qu'elle s'inscrivait dans ce que François Georges-Picot et Jules Cambon avaient promis à Sokolow en avril et en juin 1917, c'est-à-dire une simple extension de la colonisation juive telle que les bases en avaient été posées au XIXe siècle alors que pour les Anglais et pour les sionistes il ne s'agissait pas du tout de cela mais de fonder un État purement juif sur toute la Palestine. On était en réalité en pleine contradiction puisque d'un côté

1. http://www.iamthewitness.com/books/Denis Fahey/Waters. Flowing. Eastward/1.5.Zionists…

la déclaration Balfour reconnaissait, sans le dire ouvertement, mais cela transparaissait à travers les lignes, que la Palestine appartenait aux Juifs et aux Juifs seuls étant donné que seuls ils formaient un peuple à la différence des Palestiniens mais d'un autre elle reconnaissait que ce peuple n'avait aucun droit ni historique ni juridique à s'installer sur la Terre sainte.

•••••

La déclaration Balfour porte donc en elle une contradiction. D'un côté, elle apportait une novation fondamentale en prétendant que les Juifs étaient un peuple, ce qui leur ouvrait le droit d'avoir un État, d'un autre côté, elle fragilisait considérablement cette prétention en leur déniant toute base historique et légale puisqu'elle parlait d'installation en Palestine et non pas réinstallation, comme l'auraient voulu Weizmann et ses amis. Ce qui prouvait que ce foyer national pour le peuple juif était purement artificiel. Le gouvernement anglais le comprenait si bien qu'il s'engageait à faire tous les efforts possibles en vue de faciliter la réalisation de cet objectif.

En face de toutes ces contradictions, la France aurait dû avoir la partie facile. Mais en s'alignant, sans en comprendre la portée, sur la déclaration Balfour le14 février 1918, Paris avait perdu une carte maîtresse : celle que lui avait donnée une longue histoire ainsi que les accords Sykes-Picot. Allait-elle rattraper cette erreur ou tout au moins en limiter les dégâts ? C'est ce qu'il faut voir maintenant.

Chapitre XII
L'abandon par la France de la Palestine

Comme nous l'avons vu, depuis l'arrivée au pouvoir de Lloyd George, l'Angleterre regrettait amèrement les concessions qu'elle avait dû faire à la France au début de 1916, concessions qui avaient conduit aux accords Sykes-Picot. Comment en sortir?

Les tentatives d'abrogation des accords Sykes-Picot

Le fait même que l'on ait appelé ces accords du nom des deux diplomates de niveau relativement modeste qui les avaient écrits et non pas du nom de leurs signataires, Grey, Cambon, comme c'est l'habitude, est déjà une indication non négligeable sur le peu de valeur que, dès le départ, les Anglais étaient décidés à leur apporter. Mais quoi qu'ils fassent, ces accords existaient. Ils avaient été signés par trois pays: la France, l'Angleterre et la Russie. Or, la chute du tsarisme parut à certains une occasion inespérée afin de les remettre en cause mais le prétexte était un peu léger ou trop grossier. En fait ce fut d'Amérique que vint l'aide la plus précieuse.

Peu après leur arrivée au pouvoir, les bolcheviks publièrent les accords secrets conclus par le pouvoir tsariste. Parmi ceux-ci figuraient, entre autres, les accords Sykes-Picot signés l'année précédente. Or, Wilson, type même du pharisien hypocrite, prétendait refuser toute diplomatie secrète. Les accords Sykes-Picot ressortaient de cette catégorie. Ils se virent donc contester. Comme l'écrit Weizmann… « *le trait le plus important de l'aide américaine à ce moment v(int) de la politique du président Wilson qui repoussa les traités secrets. La convention Sykes-Picot n'était pas un véritable traité, mais elle était suffisamment officielle pour créer le seul et le plus important obstacle à notre progrès. La proclamation du principe de Wilson sur les conventions déclarées publiquement et ouvertement obligea les puissances à étaler leur jeu. Le pacte Sykes-Picot, traité semi-officiel, s'évanouit dans l'arrière-plan*[1] ».

En fait ce fut la déclaration Balfour elle-même qui porta un coup fatal aux accords des 9 et 16 juin 1916. Si cette déclaration s'était inscrite dans la logique de ce qui était

1. Weizmann, *op. cit.*, p. 229.

envisagé par le gouvernement français, un simple développement de la colonisation juive en Palestine, il n'y aurait eu aucun problème mais tel n'était pas le cas. Dans l'esprit de ses auteurs, il s'agissait de faire cadeau de toute la Palestine aux Juifs alors que celle-ci devait être, suivant les traités, internationalisée. C'était là une novation considérable qui n'aurait dû se faire qu'en accord avec la France mais, le moins que l'on puisse dire, c'est que les sionistes, comme les Anglais, savaient qu'un tel agrément risquait de leur être refusé parce que cela minait les accords Sykes-Picot en substituant de facto au condominium franco-britannique sur la Palestine un condominium judéo-britannique, ce qui n'était pas du tout pareil.

Dans un premier temps, comme on l'a vu ; l'Angleterre décida de se passer de l'accord de la France en jouant sur les mots non sans un certain succès puisque le 10 octobre 1918, Pichon écrivait à Paul Cambon, à la suite d'une déclaration de Lord Robert Cecil : « *Le régime auquel, d'après nos accords, sera soumise la Palestine doit être établi après entente entre les Alliés* [...] *Rien ne s'oppose* [...] *à ce que les populations de Palestine puissent aspirer à une autonomie surveillée. Je vais même plus loin : une promesse de ce genre a été implicitement faite aux sionistes quand la France et la Grande-Bretagne ont admis la constitution d'un home ou foyer juif en Palestine. Cette autonomie concédée aux Juifs ne pourra pas être, sans injustice, refusée aux Arabes du pays ni aux communautés chrétiennes*[1] ».

Il est clair que pour Pichon la déclaration Balfour s'inscrivait toujours dans la droite ligne des accords Sykes-Picot et des promesses faites aux Arabes et aux divers peuples opprimés par Lloyd George lui-même devant les Trade-Unions en janvier 1918 promesses confirmées le 7 novembre 1918, c'est-à-dire quelques jours avant l'armistice, par les gouvernements français et anglais puisqu'il était dit que le but que s'était fixé la France et l'Angleterre au Proche-Orient était la libération finale complète des peuples si longtemps opprimés par les Turcs et l'établissement de gouvernements nationaux tirant leur légitimité et leur autorité de libre choix des peuples. Les Français étaient donc prêts à accorder à tous ces peuples une large autonomie. Malheureusement un événement inattendu allait ruiner toutes ces bonnes intentions.

Le coup de tête de Clemenceau

« *Le 1er décembre 1918, Clemenceau se rend à Londres et s'entretient en tête à tête avec Lloyd George. Il n'y aura*

1. AE, Levant 1918-1929, Palestine, vol. 11, Pichon à P. Cambon, 11 octobre 1918.

aucun procès-verbal officiel de cette rencontre[1] »… On en a, en revanche, non pas un mais deux témoignages indirects : celui de Balfour lui-même et celui de Hankey, secrétaire du cabinet de guerre britannique dans son journal. On trouvera le premier dans l'ouvrage d'Antoine Hoyakem et de Marie-Claude Bittar. Il s'agit d'un mémorandum de Balfour, représentant du Premier ministre à la conférence de la Paix à Lord Curzon qui faisait fonction de secrétaire d'État au Foreign Office à propos de la Syrie, de la Palestine et de la Mésopotamie daté du 11 août 1919, de Paris.

À l'époque, une campagne de presse était menée à Paris contre la politique anglaise au Proche-Orient. Celle-ci cherchait à créer toutes les difficultés possibles à la France en Syrie. Robert de Caix, qui était conseiller technique auprès du ministère des Affaires étrangères pour les questions du Levant, publia dans le numéro de février-juillet 1919 de *L'Asie française*, organe dont il était le directeur, un article intitulé « l'état présent des questions orientales et l'intérêt français ». Cet article eut un grand retentissement en raison de la personnalité de son auteur. C'est ce qui suscita la réaction de Balfour qui écrivit à Lord Curzon : « *Supposons que nous devions demander à M. Clemenceau de dire la vérité face à l'attitude de suspicion pleine de rancune*

1. H. Laurens, *La question de Palestine*, t. 1, *op. cit.*, p. 430.

adoptée presque totalement par ses compatriotes, je pense qu'il répondrait quelque chose de ce genre : "À Downing Street, en décembre dernier, je me suis efforcé d'arriver à une entente avec l'Angleterre au sujet de la Syrie. J'étais profondément convaincu de la nécessité de relations amicales entre nos deux pays et je désirais prévenir les heurts d'intérêts au Moyen-Orient. J'ai donc demandé au Premier ministre quelle modification dans les accords Sykes-Picot il désirait." Il répondit "Mossoul". Je lui dis "Vous l'aurez". "Rien d'autre ?" Il répliqua "La Palestine". Je dis encore "Vous l'aurez[1]" ».

Ce témoignage recoupe celui de Hankey dans son journal à la date du 11 décembre. Après une magnifique réception à Londres, Lloyd George et Clemenceau allèrent à l'ambassade de France. Clemenceau dit : « *"Bien. De quoi devons-nous discuter ? – De la Mésopotamie et de la Palestine", répondit Lloyd George. "Dites-moi ce que vous voulez", demanda Clemenceau. "Je veux Mossoul", dit Lloyd George. "Vous l'aurez", a dit Clemenceau. "Rien d'autre ? – Si, je veux Jérusalem", a continué Lloyd George. "Vous l'aurez", a dit Clemenceau, "mais Pichon fera des difficultés pour Mossoul" . Il n'y a absolument aucune trace écrite ou mémorandum fait sur le moment… Cependant,*

1. A. Hoyakem et M. C. Bittar, *op. cit.* p. 212 et 224.

en dépit de grandes pressions de la part de ses collègues et de toutes sortes de parties concernées, Clemenceau, qui a toujours été inflexible, ne revint jamais sur sa parole et je suis bien placé pour dire que Lloyd George ne lui en a jamais laissé l'occasion. C'est ainsi que l'histoire s'est faite[1]. »

Lorsqu'ils furent connus, ces abandons furent évidemment très critiqués en France, dès 1919, dans beaucoup de secteurs, spécialement par le parti colonial ainsi qu'on l'a vu avec l'article de Robert de Caix. Ces critiques étaient dirigées essentiellement vers l'Angleterre. Elles reprirent de plus belle en 1920, à la suite de la conférence de San Remo. Elles mirent alors en cause la politique de Clemenceau à tel point que l'un de ses collaborateurs les plus proches, André Tardieu, n'hésita pas à monter au créneau en publiant un grand article dans *L'Illustration* du 19 juin sous le titre Mossoul et le pétrole, article dont il a déjà été fait mention.

À la suite de ce qui a été dit précédemment, André Tardieu rappelait que la France, qui, avec un front de 600 km en Europe, contrainte par la défaillance russe et les objections anglaises, dut fournir le plus gros effort sur le front des Balkans, ne put envoyer que sept bataillons en Syrie en sorte que pendant longtemps la zone qui lui avait

1. H Laurens, *La question de Palestine*, t. 1, *op. cit.*, p. 431.

été réservée resta occupée par les Anglais. «*Mille incidents pénibles en résultèrent, qui, à la fin de 1918, menaçaient, sinon d'envenimer, du moins de compliquer gravement les relations générales de la France et de la Grande-Bretagne.*

C'est dans ces circonstances que M. Clemenceau arrive à Londres. [...] *Trois intérêts dominent la pensée du Chef du gouvernement français. D'abord – on l'a trop oublié – il doit, à la veille de la conférence, établir, sur les questions européennes, qui sont vitales pour la France, les principes généraux de son accord avec M. Lloyd George. Ensuite, en ce qui touche la Syrie même et la Mésopotamie, il lui faut d'une part mettre fin aux dangereux conflits des dernières semaines et obtenir l'exécution sans heurt de l'accord de 1916; d'autre part* [...] *s'assurer, pour toute modification qu'entraînerait le système américain des mandats ou qui résulterait d'une opposition du président Wilson, peu favorable à l'accord de 1916, l'appui de la Grande-Bretagne. Enfin, sur un point, les pétroles de Mossoul, il a l'impérieux devoir de faire réviser cet accord et d'assurer à la France, dans l'exploitation de ces gisements, la place, dont, par sa note du 2 nov. 1918, le commissaire général aux essences avait fortement exposé la capitale importance.*

La conversation s'engage et, tout de suite, à M. Clemenceau qui lui dit: "Réglons cette affaire et dites toute votre pensée", M. Lloyd George réplique "en demandant d'une part qu'un mandat britannique soit substitué en Palestine au mandat international, ensuite que Mossoul passe de la zone franco-arabe à la zone anglo-arabe". M. Clemenceau sent que, pour arriver à un accord, qui lui est, à lui-même, indispensable, une concession est nécessaire. Il précise, dans les jours suivants, à quel prix il acceptera de la consentir. Il est disposé à donner en principe satisfaction à la demande de M. Lloyd George– mais cela à trois conditions. La première, c'est que la France obtienne, par modification de l'accord de 1916, sa part des pétroles de Mossoul. La deuxième, c'est que la Grande-Bretagne soutienne sans restriction la France à la conférence sur la base intégrale de cet accord (moins Mossoul) et lui assure son plein appui dans le cas d'objections américaines. La troisième, c'est que, si prévaut le système des mandats, le mandat français s'applique, au même titre, aux deux zones que distinguait l'accord de 1916– en d'autres termes que Damas et Alep soient placés sous notre mandat comme Alexandrette et Beyrouth».

Les problèmes du pétrole furent assez vite réglés.

Restaient les problèmes territoriaux qui semblaient devoir être les plus simples à résoudre. En fait, l'Angleterre bloqua tout jusqu'au départ de Clemenceau.

Dès le 8 février 1919, le gouvernement britannique avait laissé apparaître des exigences qui, modifiant profondément l'équilibre de l'accord préparé à Londres au mois de décembre précédent, mutilant la Syrie à l'Est et surtout au Sud, étaient inacceptables pour la France.

Le gouvernement français multiplia les efforts pour ramener les représentants britanniques à une vue plus juste : ce fut en vain. Le 9 février, première note, où nous rappelons que le mandat anglais sur la Palestine et la cession de Mossoul ont toujours été subordonnés non seulement au règlement de la question des pétroles mais aussi à l'appui donné sans restriction par la Grande-Bretagne aux droits de la France sur la Syrie et sur la Cilicie, conformément à l'accord de 1916. Le 17 mars, nouvelle note : on y lit, au sujet de la nouvelle frontière proposée :

Pas un instant le gouvernement français ne peut accepter une telle diminution. Il ne s'arrête pas à une suggestion, où il ne peut voir que l'expression des vues des coloniaux anglais.

Si de telles vues devaient être prises à son compte par le gouvernement anglais, M. Clemenceau préférerait s'en tenir aux accords de 1916.

Le 21 et le 22 mai, deux discussions très vives de ton (eurent) lieu entre les Premiers ministres. L'entente ne s'établit pas et M. Clemenceau déclar(a), dans le même sens que la note du 17 mars :

« *Si vous m'aviez dit en décembre que la cession de Mossoul entraînerait, en plus, la cession d'un immense territoire, je vous aurais, dès ce moment, refusé Mossoul* ».

Dès lors, la négociation est arrêtée, même pour les pétroles, P. Cambon et le commissaire général aux essences s'en inquiètent, mais Clemenceau tient bon.

Au mois de décembre 1919, on tente un effort et, pendant le séjour à Londres de M. Clemenceau, des conférences se tiennent au Foreign Office, où Lord Curzon représente la Grande-Bretagne et M. Philippe Berthelot la France. Par une note du 12 décembre, ce dernier expose une fois de plus pourquoi la France ne peut pas admettre les demandes territoriales de la Grande-Bretagne et, comment, du fait de ces demandes, l'ensemble de l'accord est rendu impossible. Il rappelle que nous n'avons dit oui sur Mossoul et sur la Palestine qu'à condition d'avoir satisfaction pour les pétroles et satisfaction aussi pour le mandat syrien. Or, depuis février – et l'on est en décembre – cette dernière condition continue à n'être pas remplie.

Telle fut, sous le ministère Clemenceau, la fin de la négociation relative à la Syrie et à la Mésopotamie. La question, faute de solution, demeurait entière et, – comme le déclarait le 25 février, à la commission des Affaires extérieures, M. Millerand, assisté de M. Berthelot, le négociateur de décembre – dans ce problème difficile, si longuement et si inutilement débattu « le gouvernement français avait les mains libres. »

On notera deux différences essentielles entre le récit d'André Tardieu et ceux de Balfour et d'Hankey. La première c'est que le collaborateur de Clemenceau affirme que les négociations sur Mossoul et sur la Palestine ont duré plusieurs jours parce qu'il y aurait eu marchandage : l'abandon de Mossoul aurait été compensé par un pourcentage des pétroles de l'ancienne « Turkish Petroleum Company », par la demande que l'Angleterre soutînt la France face aux États-Unis et par le fait que l'ancienne zone A puisse être traitée comme la Cilicie ou la zone de Beyrouth. La seconde c'est qu'il prétend que lorsque Clemenceau a quitté le pouvoir en janvier 1920, les négociations traînaient toujours et que ce serait Millerand qui aurait finalement cédé sur toute la ligne.

Que faut-il penser de cet habile plaidoyer qui a cependant l'inconvénient de ne pas coïncider avec ce que disent les Anglais?

Un premier élément de réponse est fourni dans l'extrait du procès-verbal en anglais de la séance tenue le 22 mai 1919 à 11 heures du «Conseil des quatre». On y trouve les quelques phrases suivantes qui confirment ce qu'écrivent Lord Balfour et Hankey: «*M. Clemenceau croit nécessaire de rappeler que M. Lloyd George lui a également parlé à Londres de la Palestine qui, conformément au traité de Londres, devait être soumis* sic] *à une sorte de régime international. M. Lloyd George avait demandé un régime anglais avec des arrangements pour les Lieux saints* (with arrangements for the Holy Places). *Lui, M. Clemenceau avait répondu qu'il n'avait pas d'objection à ce régime pourvu que les Lieux saints fussent protégés* (he had no objection provided the sacred spots were protected)[1] ».

Certes, Clemenceau ne parle ici que de la Palestine, mais on voit bien que l'accord qui s'est fait sur cette question n'a pas été la conséquence de discussions ayant duré plusieurs jours, mais qu'au contraire, il a été le résultat d'un échange de propos rapides. Ce fut même Lloyd George qui

1. AE, Levant 1918-1929., Palestine, vol. 5, Conseil des Quatre, extrait du procès-verbal (en anglais) de la séance tenue le 22 mai 1919.

proposa des arrangements spéciaux pour les Lieux saints, Clemenceau, seul, n'y aurait peut-être même pas songé!

D'un autre côté, on trouve dans les archives au Quai d'Orsay une réponse au mémorandum anglais du 13 septembre 1919 dans laquelle Paris dit qu'il faut en revenir aux accords de 1916: Les conversations de décembre 1918 entre M. Lloyd George et Clemenceau sont restées sans effet puisqu'il ne pouvait être fait état de concessions éventuelles sur Mossoul et la Palestine que si des contreparties étaient accordées au lieu des nouvelles concessions qui sont demandées[1].

Les débats au Parlement

Les débats qui eurent lieu au Parlement à propos de la discussion du budget du ministère des Affaires étrangères, une semaine après la parution de l'article d'André Tardieu dans *L'Illustration*, permettent de mieux cerner les choses. Il n'est donc pas inutile d'en donner de larges extraits.

Le premier à intervenir dans les débats fut Briand. L'intérêt de son discours vient de ce qu'il avait été président du Conseil et ministre des Affaires étrangères en 1916 lors

1. AE, A. Paix, vol. 176, Réponse au mémorandum anglais remis le 13 septembre 1919 par M. Lloyd George sur la Syrie.

des négociations et de la signature des accords Sykes-Picot. « *Tout cela évidemment, cause syrienne et internationalisation de la Palestine, déclara-t-il, faisait à la France une condition privilégiée puisque la France gardait ses droits, au moins moraux, de protection des chrétiens et que, dans cette administration internationale de la Palestine, elle pouvait d'autant plus compter sur la prépondérance que nos alliés russes insistaient pour qu'elle lui fût assurée.*

M. Léon Barre : L'avons-nous encore ?

M. Aristide Briand : Voilà ce que nous avons obtenu. Vous direz : c'était théorique.

Les accords de 1915 stipulaient qu'au cours des opérations en Asie Mineure, la France jouerait son rôle. Quel était ce rôle ? C'était au fur et à mesure de l'évacuation des zones, d'occuper la sienne ; dès qu'un pays était libéré, la France devait en prendre l'administration. Elle ne l'a pas fait. Alors les Anglais, eux, l'ont fait[1] ».

Ce que disait Briand était exact, il aurait simplement dû rappeler que si la France n'avait pu occuper les zones en Palestine et en Syrie, c'est parce qu'elle était occupée sur sa

1. A. Briand, séance du 25 juin 1920, JO du 26 juin 1920.

frontière de l'Est et dans les Balkans à protéger indirectement le canal de Suez.

«*Devant la commission des Affaires extérieures, continua Briand, M. le président du Conseil a déclaré: "Voilà que dans les accords de 1916, et de mon fait, dont je prends la responsabilité, j'ai abandonné pour des raisons de défense nationale, de possibilités militaires; voilà ce qui est du fait des négociations antérieures, qui ont handicapé mes négociations."*

Il n'y a qu'à s'incliner.

[...]

Mais enfin, il y a un fait: les accords nous donnaient une large monnaie d'échange.

Ayant abandonné Mossoul et sa zone, ayant abandonné la Palestine qui est maintenant purement sous mandat anglais, qu'avons-nous reçu en compensation?

[...]

(Clemenceau) a dit "Les accords de 1916 nous enlevaient les pétroles." Ce n'est pas exact.

[...]

Les accords de 1916 vous donnaient tout ce que vous vouliez. Ils vous donnaient la Palestine et Mossoul que désiraient les Anglais et vous aviez, par là même, la possibilité d'obtenir au point de vue économique tous les avantages que vous vouliez. Mais pour cela, il ne fallait pas déplacer la situation, il ne fallait pas, de défenseur que vous étiez, devenir, pour des raisons qui sont peut-être valables, du reste, des demandeurs.

[…]

On aurait pu dire aux Anglais : vous regrettez les accords de 1916 car Lord Curzon l'a déclaré carrément à la Chambre des Lords : il s'est écrié "Ah ! Ces accords de 1916, si c'était à refaire, nous ne les referions pas." Eh bien, il y a telle partie de ces accords qu'on pouvait abandonner.

Cependant, je n'aurais pas été jusqu'à céder la Palestine. Il y a vraiment trop de traditions séculaires de la France enracinées dans ce pays. (Applaudissements.) Il y a en Palestine un trop beau passé de la France et qui rayonne sur le monde entier, c'est un intérêt moral qui était en cause pour la France. (Applaudissements.)

Au moment où nous abandonnions la Palestine, on pouvait tout au moins se souvenir qu'il y avait des œuvres françaises ; que les actes s'y écrivaient en français et maintenant ce n'est plus permis – que les écoles étaient françaises et maintenant elles se vident.

[…]

Les Anglais ont posé la question de la Palestine et de la Syrie dans un bon moment, quand ils ont vu le chef du gouvernement français aux prises avec des préoccupations plus immédiates, plus pressantes, au cours d'une conversation en décembre, dans le cabinet de M. Lloyd George à Londres, entre les deux ministres, sans procès-verbal et sans secrétaire, et c'est ce qu'il y a eu d'effroyable dans la conclusion de cette guerre. On s'est réuni, on a parlé cordialement pendant plus d'un an, et il n'y avait personne pour recueillir les paroles, de sorte qu'on en est réduit aux hypothèses. Mais, dans ce cas particulier, l'hypothèse ne va pas tarder à se confirmer. Quelque temps après, en février, avait lieu rue Nitot [sic][1], *chez M. Lloyd George, une réunion à laquelle celui-ci avait convoqué M. Wilson, quelques conseillers techniques et le ministre des Affaires étrangères français. Ce dernier ayant parlé des accords de 1916, M. Lloyd George a objecté : "Ils sont modifiés ; on m'a promis l'abandon de Mossoul et de la Palestine." Personne n'a protesté.*

Dans les jours suivants, ayant connu la chose, j'ai dit au ministre des Affaires étrangères, dans les couloirs : "Si vous devez consentir à un tel abandon, profitez au moins du désir parfaitement compréhensible qu'ont les Anglais d'obtenir ces territoires... Ayons les pétroles."

1. Il s'agit probablement de la rue Jean-Nicot.

Il y avait en tout cela des possibilités de discussions et d'échanges. Je vois ce que l'on a donné. Je ne vois pas ce que l'on a reçu[1]". » *(Applaudissements.)*

Après ce réquisitoire d'autant plus implacable que le ton était modéré, ce fut à l'avocat de la défense de parler au cours de la même séance par la bouche d'André Tardieu.

Celui-ci commença par rappeler qu'à la suite des accords de 1916, et plus particulièrement de la lettre de P. Cambon à Sir Edward Grey du 15 mai 1916, les pétroles de la « Turkish Petroleum Company » appartenaient à l'Angleterre et non pas à la France et que, faute de troupes, les Anglais occupaient totalement la Palestine et la Syrie.

« *À ce moment Monsieur Clemenceau est arrivé à Londres, décembre 1918… Décembre 1918, le président Wilson vient d'arriver. M. Lloyd George va prendre le bateau. C'est la conversation générale à la veille du débat. Il s'agit, avant tout, de se mettre d'accord avec l'Angleterre sur certains points essentiels. Il faut obtenir d'elle ce qu'elle ne veut à aucun prix : l'occupation de la rive gauche du Rhin. Il faut obtenir le charbon de la Sarre et bien d'autres choses*

1. *Ibid.*

encore. Voilà dans quelles conditions M. Clemenceau est allé à Londres (Applaudissements.)

[…]

Ignorez-vous, Monsieur Briand, que le gouvernement des États-Unis, n'ayant rien su de l'accord de 1916 […] *lui était tout à fait défavorable, et que, pour tenir notre position de 1916, à la conférence de la Paix, qui devait s'ouvrir quinze jours plus tard, il était indispensable d'aboutir avec l'Angleterre qui était sur place, qui avait ses troupes, qui tenait toute la Syrie, à une entente, qui pouvait demander certains sacrifices ?*

Enfin, Messieurs, je l'ai montré, nous devons chercher à obtenir en Mésopotamie les pétroles que la lettre de M. Paul Cambon du 15 mai 1916 réservait à l'Angleterre.

Puis Tardieu ajouta que l'accord sur le pétrole avait été signé par les Anglais le 8 avril 1919, et ratifié par le Foreign Office le 16 mai, 1919 mais que c'était Clemenceau qui avait refusé de les accepter. Pourquoi ?

Parce qu'ayant cédé à la demande de M. Lloyd George à Mossoul et en Palestine, sous la triple condition de l'accord sur les pétroles, de l'appui total donné par l'Angleterre aux thèses françaises en cas d'objections américaines et enfin de l'exécution intégrale du traité de 1916, moins Mossoul, pour toutes les frontières de la Syrie, le 8 février 1919, nos amis anglais nous ont apporté une carte qui nous enlevait en plus un tiers de la Syrie.

Alors, M. Clemenceau a refusé de signer. On lui a dit "Cependant, il y a l'accord des pétroles qui est intéressant." Il a répondu "Si intéressant soit-il, je reste fidèle à l'accord de 1916, j'ai dit ce que je voulais bien céder contre telle ou telle concession. Je ne céderai rien de plus."

Cette situation a duré jusqu'au 23 décembre 1919[1]. »

Que tirer de ces deux interventions ? Il semble que, pour y voir clair, il faut distinguer entre la question de Mossoul, et de la Mésopotamie, et celle de la Palestine. En ce qui concerne la première, il ne fait pas de doute qu'il y ait eu des discussions qui ont abouti finalement, et entre autres choses, à un partage de la production de pétrole de l'ancienne Turkish Petroleum Company, dont la France reçut 23,5 %, mais quid de la Palestine ?

Pour apporter des éléments de réponse à cette question, il faut relire ce que disait Victor Bérard, spécialiste du Proche-Orient au Sénat, le 28 juillet 1920, à l'occasion de la discussion de ce même budget. Cette intervention est très intéressante, car elle résume bien le point de vue de

1. A. Tardieu, même séance, JO du 26 juin 1920.

ceux qui, tout au long du XIXe siècle, mais surtout à partir de 1870, refusèrent, comme c'était le cas de Clemenceau, de voir la France s'engager outre-mer alors qu'elle aurait dû, selon eux, concentrer tous ses efforts et toutes ses ressources sur ses frontières de l'Est.

Victor Bérard commença, habilement, par exposer la thèse du parti adverse.

« *M. Lucien Hubert, avec sa puissance oratoire d'évocation, nous a montré nos devoirs en Syrie. Il nous a dit pourquoi ce pays méritait qu'on s'y installât : "La Syrie où François Ier et la Convention elle-même, plus tard, avaient affirmé à la face du monde des droits qui auraient dû être imprescriptibles, la Syrie où, après avoir établi notre prestige de puissance chrétienne, nous sommes apparus un jour comme grande puissance musulmane, la Syrie, rêve traditionnel de la France..."*

Et M. Hubert continuait en nous disant que le maître de l'Orient est bien près d'être le maître de l'Occident et de l'Univers[1]. »

À cela Victor Bérard rétorqua que :

1. V. Bérard, séance du 28 juillet 1920, Sénat, JO du 29 juillet 1920. Les citations suivantes sont extraites de la même intervention.

« Depuis vingt ans que Bismarck avait établi son Allemagne unifiée et victorieuse, depuis vingt ans que Metz et Strasbourg étaient rentrées, disaient les Allemands, dans le giron de l'Empire allemand, l'aigle prussien planait sur toute l'Europe et gouvernait en somme tout le monde à sa guise. Pourquoi ? Parce que, selon le mot de Bismarck, il savait que toutes ces questions levantines ne valaient pas pour lui « les os d'un grenadier poméranien » et que, quand on voulait être le maître en Europe, quand on voulait seulement rester maître de Metz et de Strasbourg et tenir le Rhin sous l'emprise allemande, il fallait avoir la complaisance de la Russie et l'amitié de l'Angleterre. Or, la politique de Guillaume II était différente. Il fit un premier voyage à Constantinople et chassa Bismarck deux ans plus tard, un deuxième voyage en 1898. L'aigle prussien fit un troisième voyage en octobre 1917.

En revenant sur le terrain de ses exploits, Guillaume II put s'assurer de ce que coûte à une puissance occidentale qui veut rester maîtresse du Rhin, l'inimitié que l'on acquiert tôt ou tard quand on veut prendre sur la route des Indes une place que l'Angleterre ne tolérera jamais à personne.

... il ne faut pas qu'en défendant des intérêts peut-être secondaires de la France, nous mettions en péril ses intérêts vitaux. C'est toujours l'apologie de l'aigle prussien.

Or, après avoir été alliés, nous sommes en délicatesse avec l'Angleterre et presque en rivalité avec elle... Il n'est pas douteux que nous avons obtenu au Levant, depuis six mois, un certain nombre d'avantages et de succès diplomatiques. Mais quand on met dans une colonne les concessions que l'Angleterre nous a faites au Levant, on constate toujours qu'elles coïncident avec celles que nous avons dû faire sur le Rhin. C'est toujours aux dépens des affaires rhénanes que nous avons eu des succès et des concessions syriennes».

Puis V. Bérard en vint aux accords de 1916 dont on se demandait quelle était «*l'idée maîtresse qui les avait dictés*» jusqu'au jour où A. Briand expliqua que «*c'était là matières d'échange ou de possibilités*». *(Très bien! Très bien!) Dans la pensée de M. Briand, je crois que la conquête était le secondaire et l'échange le principal... Nous étions, en effet, à cette date de 1916, où l'on nous susurrait des propositions de paix neutre ou de paix blanche, et je crois bien... que M. Briand en demandant le maximum de terres ottomanes sur le parcours du Bagdad allemand, y avait vu la possibilité d'échanges avec nos ennemis pour obtenir la totalité de nos terres françaises sur le Rhin...*

Signé avec ou sans cette intention, cet accord fut certainement appliqué dans cette intention par M. Clemenceau depuis son arrivée au pouvoir jusqu'à sa sortie.

M. Tardieu nous a montré simplement dans la politique extérieure de M. Clemenceau le point de départ et le point d'arrivée et ce qu'il fallait de ténacité et de courage de toutes les minutes pour tirer moins des ennemis que des alliés, ce qu'il nous a obtenu sur le Rhin.

… On voit bien que cet homme qui, pendant un an, avait songé à faire la guerre a pensé pendant un an à faire la frontière française…

Mais comment M. Clemenceau pouvait-il faire la frontière française ? […] *M. Millerand découvrit avec un peu de surprise, peut-être, à son voyage de Londres et de San Remo, que ces accords de 1916 sur lesquels au mois de février il comptait appuyer toute sa politique* […] *n'étaient plus intacts.*

En 1916, nous avions la Syrie, la Cilicie, la Mésopotamie, une partie du Kurdistan et notre partie de l'internationalisation de la Palestine. Quand on rouvrait les accords en 1920, on s'apercevait que M. Clemenceau avait abandonné en route la Mésopotamie et le Kurdistan, en donnant Mossoul aux Anglais et qu'il avait aussi abandonné la

Palestine en la transformant de terre internationale en terre anglaise. Si donc vous mettez dans une colonne le compte de M. Tardieu « Voici les avantages que, sur le Rhin, M. Clemenceau nous a gagnés contre les hésitations – je n'emploie que ce mot à dessein – de nos grands alliés ou associés », nous pouvons dans une autre colonne mettre à quel prix M. Clemenceau obtint ces avantages ; il ne reste plus qu'à faire la comparaison, addition et soustraction. Je les ai faites pour mon compte et je n'hésite pas à dire que le jour où M. Clemenceau abandonna Mossoul, la Palestine, le Kurdistan, pour avoir Metz et Strasbourg sans plébiscite, le bassin de la Sarre, l'occupation rhénane, la sécurité complète et le charbon sans avance d'argent, il a fait de la grande politique française. (Vifs applaudissements).

Victor Bérard rappela que le 15 septembre 1919, Clemenceau signa avec les Anglais un accord qui les obligeait à retirer leurs troupes de Syrie. Le lendemain il nommait Gouraud là-bas. À la date où ce discours était prononcé, on occupait Damas et Alep.

« Mais, ajouta-t-il, croyez-vous que jamais l'Angleterre acceptera que, sur la route principale des Indes, vous essayiez de commencer la politique que nous avons essayé de faire de 1882 à 1903 sur l'Égypte. Voilà tout le problème.

Ce qui se présente aujourd'hui, c'est le même problème qui s'est présenté en 1882, au sujet de l'Égypte.

En 1882, il s'est trouvé un homme appelé Clemenceau, qui, à la tribune française, a eu le courage de regarder le problème en face et de dire : "Je vais parler contre les rêves de mon peuple, contre tous ses préjugés, contre ses sentiments les plus profonds, mais je veux lui dire que le jour où un condominium sera établi entre la France et l'Angleterre en Égypte, c'est la brouille assurée entre les puissances occidentales."

Et vous savez que cet homme avait vu juste : si nous avions débarqué en Égypte en 1882, la guerre de 1914 aurait eu lieu en 1898, et ce n'est pas de notre côté qu'auraient été les Anglais. Si nous sommes aujourd'hui à Metz et à Strasbourg, c'est que Clemenceau nous a empêchés en 1882 d'aller à Alexandrie et au Caire. Voilà comment je vois les choses. » (Mouvements divers.)

C'était dire excellemment que le Clemenceau qui se trouvait au soir de sa vie en face de Lloyd George, le 1er décembre 1918, ne pouvait se comprendre que si l'on se rappelait la position qu'il avait prise au moment de la crise égyptienne en 1882. Dans ces deux cas, cet homme politique avait été guidé par deux idées essentielles : refuser pour la Palestine, comme avant dans le cas de l'Égypte, d'exercer un condominium qui eût brouillé la France avec l'Angleterre d'autant que cela l'eût installée sur la route des Indes, ce qui l'aurait conduite à avoir deux ennemis irréductibles : un sur le Rhin avec l'Allemagne, l'autre au Proche-Orient avec la Grande-Bretagne. Or la France avait-elle assez de forces pour mener ces deux politiques?

Mgr Baudrillart, qui était certainement très loin de partager les idées du sénateur Bérard, se posait la même question… « *Comment soutenir simultanément notre effort dans l'Asie occidentale et sur le Rhin*[1] ? », signe que celle-ci n'était pas absurde. La réponse apportée était-elle la bonne? C'est une autre affaire.

Mais cette situation difficile dans laquelle se trouvait la France n'avait-elle pas été accrue par les prises de position de Clemenceau qui, au lieu de défendre la totalité de ce qu'avaient accordé à notre pays les accords Sykes-Picot, en fit, semble-t-il, trois lots :

– le premier comprenait le Liban, la Syrie et la Cilicie qu'il était prêt à défendre envers et contre tout,

1. Carnets du cardinal Baudrillart, 1er janvier 1919-31 décembre 1921, *op. cit.*, p. 685.

– le deuxième constitué de Mossoul et de sa région lui servit de monnaie d'échange pour obtenir une part du pétrole irakien et le retrait des forces anglaises de Syrie,

– quant au troisième, c'est-à-dire la Palestine, il semble avoir voulu s'en débarrasser à tout prix pour les raisons exposées plus haut par le sénateur Bérard dont l'analyse toute en finesse semble avoir pourtant ignoré, volontairement ou non, on ne peut le dire, des éléments capitaux qu'il faut aborder maintenant.

La politique de Clemenceau

Dans tous ces discours qui défendaient la politique de Clemenceau, ses avocats parlèrent de pétrole, d'héritage de la Révolution française, de l'homme clairvoyant qui avait refusé d'affronter l'Angleterre en 1882, préparant ainsi l'avenir. Mais Clemenceau, au cours de sa longue carrière politique, n'a pas fait que cela. Il a été aussi l'homme qui a pris passionnément parti en faveur de Dreyfus, qui publia dans son journal L'Aurore le fameux pamphlet de Zola : *J'accuse.*

Ce fut aussi l'homme politique qui apporta un soutien sans faille à la politique anticléricale de la IIIe République. Homme des loges maçonniques, il vouait autant de haine à l'Église catholique que d'amour à la synagogue. Aussi n'est-il pas étonnant qu'il ait déclaré, alors qu'il était en charge des affaires de la France, qu'« *il ne voulait pas être le sacristain du pape aux Lieux saints*[1] ».

On peut se demander aussi, si contrairement à beaucoup d'hommes politiques français, et spécialement Stephen Pichon, son ministre des Affaires étrangères, Clemenceau n'avait pas compris que la déclaration Balfour appuyée passionnément par les masses juives en Angleterre et aux États-Unis rendait très difficile la présence politique française en Palestine ? Dès lors, la realpolitik n'a-t-elle pas conduit Clemenceau à se tourner vers nos alliés afin de traiter avec eux plutôt que de défendre une position qui, à tort ou à raison, il estimait déjà perdue ?

Si cette hypothèse est plausible, cela expliquerait que la conversation qu'ont eue à Londres le 1er décembre 1918 Lloyd George et Clemenceau a été la conclusion d'un accord secret entre eux probablement en liaison avec Wilson à l'appui de cette thèse. On peut citer la déclaration à l'Associated Press que fit le rabbin Wise, l'un des chefs sionistes américains, à l'issue d'une entrevue avec le colonel Mandell House, délégué des États-Unis au Conseil interallié. Cette

1. Carnets du cardinal Baudrillart, 13 avril 1925-25 décembre 1928, éd. du Cerf, Paris 2002, p. 371.

déclaration se situe après le 1er décembre 1918 mais avant le début de la conférence de la Paix en janvier 1919.

« *La déclaration de Balfour relative au problème juif reste et restera. La Grande-Bretagne devrait recevoir, et je crois qu'elle recevra, le protectorat de la Palestine...*

Il est certain qu'avant le congrès de la Paix, la France, la Grande-Bretagne, l'Amérique et l'Italie se trouveront d'accord sur toutes ces questions. "Il est à prévoir que la France, aussi admirable dans la Paix que glorieuse dans la guerre, consentira à la décision de la Société des Nations qui donnera à la Grande-Bretagne un mandat en Palestine, de même que la Grande-Bretagne et l'Amérique consentiront à ce que la France reçoive un mandat dans la Syrie voisine[1]*."* »

On a véritablement l'impression à la lecture de ces lignes qu'il y a eu un véritable marché, au plus haut niveau évidemment, entre Français, Anglais et Américains, pour concéder à la France la Syrie sans trop de difficultés, à condition qu'elle abandonne tout le reste et surtout la Palestine. Cela expliquerait le silence dans lequel s'est toujours muré Clemenceau dans cette affaire, sa colère

1. AE, Papiers Tardieu, Sionisme, vol. 407, Entrevue du Dr Stephen Wise avec le colonel House, délégué des États-Unis au conseil interallié.

rageuse en 1919 lorsque l'Angleterre lui présenta une carte amputant d'un tiers la Syrie et l'abandon par la France de son protectorat catholique auquel elle fut contrainte à la conférence de San Remo. Cela expliquerait aussi pourquoi les États-Unis tenus, au départ, dans l'ignorance des accords Grey-Cambon, les ont finalement acceptés bien que ceux-ci leur aient déplu, ces accords allant à l'encontre des 14 points de Wilson. Mais il faut se rappeler que, lorsque House et Wilson avaient accepté de sauver la livre au printemps de 1917, ils ne l'avaient fait qu'à condition que dans la détermination de leurs objectifs, les Britanniques acceptent de tenir compte des buts de guerre américains[1]. Or, au premier rang de ceux-ci se trouvait la ratification des revendications sionistes en Palestine. L'Amérique avait fait plier l'Angleterre. Il était encore plus facile de faire plier la France aux prises avec des problèmes financiers, matériels et militaires encore plus redoutables. Le marché paraît donc avoir été simple : les États-Unis voulaient bien consentir à oublier en Europe, c'est-à-dire en Alsace-Lorraine, en Sarre, en Rhénanie, mais aussi en Palestine où 90 % de la population était hostile au sionisme, ainsi qu'en Syrie où 70 % des habitants étaient contre la France[2], au Proche-Orient en général, l'application des fameux 14 points à

1. Cf. G.H. Soutou, *op. cit.*, p. 472.

2. AE, Levant, 1918, 1929, Palestine, vol. 13, Note de Monod à J. Gout, 28 avril 1919.

condition que soit abandonnée l'internationalisation de la Palestine et qu'un mandat sur ce pays soit confié à l'Angleterre avec pour mission de créer leur home national comme l'exigeaient les sionistes. Chacun des trois pays y trouvait son avantage : la France sur le Rhin et en Syrie qu'on lui attribuait comme lot de consolation, l'Angleterre au Proche-Orient où elle se taillait la part du lion, et les sionistes, c'est-à-dire les États-Unis, en Palestine qu'on leur abandonnait au mépris de toutes les règles du droit et de la morale. La fondation de l'État juif valait bien quelques entorses aux grands principes !

D'ailleurs, « La Revue sioniste » fit savoir dans son numéro daté du 25 février 1919 que « *le 14 janvier, le professeur Weizmann eut avec le président Wilson un entretien d'une heure. Le président Wilson suivit attentivement et avec beaucoup de bienveillance l'exposé de monsieur Weizmann relatif à la création d'une Palestine vraiment juive. Il promit à celui-ci d'appuyer la fondation d'une Palestine indivise et libre de toute entrave dans son développement national et se chargea de présenter les revendications juives à la conférence de la Paix. Weizmann considère ces promesses comme une garantie que les desiderata du peuple juif obtiendront gain de cause à la conférence de la Paix*[1] ».

---

1. AE Nantes, Le Caire, vol. 521, *La Revue sioniste*, 25 février 1919.

Ainsi, tous les indices convergent pour montrer clairement le sens de la manœuvre : sionistes et Anglo-Saxons étaient parfaitement d'accord pour créer une Palestine juive, ethniquement pure. Le seul pays qui aurait pu y faire obstacle, en vertu des accords Sykes-Picot et de ses droits historiques, était la France. Elle tenait, grâce à l'internationalisation de cette région un gage sérieux. Clemenceau n'ayant que mépris pour les Arabes, haine pour les chrétiens et admiration pour les Juifs, il fut facile en contrepartie de quelques avantages illusoires sur le Rhin de lui faire renier le vieux rêve oriental de la France et ses droits hérités d'un passé auquel au fond de lui-même il avait toujours été hostile.

Mais tel n'était pas l'état d'esprit de la majorité des Français. D'autant que la Palestine abandonnée par Clemenceau à Lloyd George n'était pas celle définie en mai 1916. Le président du Conseil français avait admis à Londres que celle-ci devait s'étendre dans les limites historiques[1] de cette contrée, de Dan au Nord à Beersheba au sud[2], comme l'exigeaient les sionistes.

1. Souligné dans le texte.
2. AE, Levant 1918-1929, Palestine, vol. 3, Note, 24 décembre 1920.

Pour que toute cette manœuvre réussît, il fallait le secret. C'est pourquoi Clemenceau fit seul le déplacement à Londres, la présence de Foch à ses côtés n'ayant aucune signification puisque celui-ci n'étant ni un homme politique ni un membre du gouvernement n'avait pas à être mis dans la confidence.

Curieusement, cette visite de Clemenceau à Lloyd George répondait à un voyage du Premier anglais au président du Conseil français deux mois plus tôt. À la demande du Département, Paul Cambon avait approché le Foreign Office au sujet de l'administration de la Syrie mais sans grand résultat concret, car Sir Robert Cecil m'a répondu «*qu'en partant pour Paris ce matin, M. Lloyd George avait emporté les dossiers relatifs à nos accords de 1916 et à celui que nous venons de conclure*[1], *qu'il n'avait emmené avec lui aucun fonctionnaire du Foreign Office et que l'on ignorait ses intentions, qu'il avait sans doute le désir d'entretenir M. Clemenceau des affaires d'Orient et qu'il convenait d'attendre son retour avant d'échanger nos lettres*[2] ».

1. Il s'agissait de l'accord du 1er octobre 1918 concernant l'administration de la Syrie.

2. AE, Papiers Paul Cambon, vol. 9, Paul Cambon à Pichon, 4 octobre 1918.

Ce n'est que le lendemain que Lloyd George demanda à Balfour ou à Lord Robert Cecil de venir le rejoindre[1]. N'était-ce pas une bien curieuse façon d'agir qui ne peut s'expliquer que par l'impérieuse nécessité pour Lloyd George et pour Clemenceau d'avoir un ou plusieurs tête-à-tête sans témoin gênant puisque, à partir du moment où le premier secrétaire du Foreign Office ou son adjoint n'était pas là, Pichon n'avait nulle raison d'y être non plus.

Ainsi la visite de Clemenceau à Londres semble avoir été le pendant de celle de Lloyd George à Paris deux mois plus tôt. À la suite de quoi le président Wilson et le colonel House purent tranquilliser leurs visiteurs, Weizmann et Wise, avant même que ne se réunît la conférence de la Paix. La Palestine serait juive et foin des « grands principes » !

•••••

Peut-on parler maintenant d'un coup de tête de Clemenceau ? Cela semble difficilement soutenable. L'hypothèse du président du Conseil qui lâche de façon irraisonnée la Mésopotamie et la Palestine est absurde. André Tardieu et Victor Bérard, dans leurs discours respectifs à la Chambre des députés et au Sénat, parlent de négociations.

1. *Ibid.*, du même au même, 5 octobre 1918.

Certes, celles-ci n'ont pas eu lieu le 1er décembre 1918. C'est évident, le voyage de Clemenceau à Londres fut trop court et trop protocolaire pour permettre des discussions approfondies. Alors comment comprendre ce qui a pu se passer?

Tout s'éclaire si l'on admet, à titre d'hypothèse, que les discussions entre Clemenceau et Lloyd George se sont déroulées les mois précédents. C'est ce qui expliquerait le mystérieux voyage de Lloyd George à Paris au début d'octobre 1918. Entre la France, l'Angleterre et probablement les États-Unis, tout s'est mis, sans doute, en place à ce moment-là. Clemenceau qui tenait plus à des garanties sur le Rhin qu'à des conquêtes en Orient qui lui paraissaient comme un rêve funeste à l'instar du rêve égyptien trente-six ans auparavant, abandonna sans trop de problèmes la Mésopotamie moyennant une part de la production pétrolière et la Palestine, pays où seule la France avait des droits historiques. Mais Clemenceau ne voulait à aucun prix d'un condominium à trois sur cette région, condominium qui aurait risqué de brouiller les Français avec les Anglais en même temps qu'avec les Américains dont le gouvernement était tout dévoué aux sionistes. En brisant le vieux protectorat catholique, en refusant d'être le sacristain du pape comme il l'avait dit, ne remportait-il pas une dernière victoire sur l'Église, couronnant ainsi sa carrière d'anticlérical. Ces discussions préalables permirent au président Wilson et au colonel Mandell House de rassurer leurs amis sionistes avant même que ne se réunît à Paris la conférence de la Paix, censée décider du sort du monde : la Palestine serait juive, Lloyd George et Clemenceau s'étaient mis d'accord sur ce point. En contrepartie Clemenceau obtint que Lloyd George soutînt les exigences françaises sur le Rhin et que le président Wilson oubliât ses quatorze points. En Orient, la Syrie constitua un lot de consolation, une Syrie tronquée et diminuée par les exigences anglaises en Mésopotamie et en Cisjordanie et par celles des Juifs en Palestine, mais occupée alors par les troupes anglaises qui ne semblaient pas pressées d'en partir.

Comme souvent la décision de Clemenceau paraît avoir été inspirée par un mélange de réalisme, absence de troupes françaises à l'époque dans la région et nécessité de sécuriser nos ressources de pétrole et d'idéologie chez un vieillard prisonnier de son passé. Le problème, c'est que le mélange des deux fait rarement bon ménage.

Cette décision a empêché de faire valoir nos droits sur la Palestine ce qui aurait rendu plus difficile la mainmise judéo-britannique sur ce malheureux pays mais pour cela, encore aurait-il fallu porter le fer dans la plaie en refusant de reconnaître la déclaration Balfour. Il suffisait pour ce faire de dénoncer son unilatéralisme, son absence de fondement juridique et historique comme les Anglais le reconnurent eux-mêmes.

Bref, il fallait se battre sur le fond en rappelant les promesses publiquement faites aux Arabes en janvier et en novembre 1918, promesses qui étaient en totale contradiction avec la déclaration Balfour elle-même, au lieu de comparer les avantages et les inconvénients d'une politique décidée par un seul homme. En agissant comme ils l'ont fait les députés français, qu'ils le veuillent ou non, avalisaient une politique contraire aux droits des gens dont nous connaissons aujourd'hui encore les fruits amers.

Chapitre XIII

La conférence de Londres, prélude à la double défaite de la France à San Remo

Après la Première Guerre mondiale, on assista à un changement de personnel politique. En Angleterre Balfour fut remplacé au Foreign Office par Lord Curzon, tandis qu'en France, Clemenceau, non élu à la présidence de la République, céda sa place de président du Conseil à Alexandre Millerand. Il ne s'agissait pas seulement, en l'occurrence, d'un changement d'hommes mais aussi d'un changement de politique.

Millerand et ses ministres étaient attachés à l'influence de la France au Levant. Or après les accords passés entre Clemenceau et Lloyd George à la fin de 1918, la France se retrouvait avec une petite Syrie en face d'un bloc anglais massif.

La conférence de Londres

Le nouveau gouvernement de Millerand n'admit pas sans réagir l'éviction de la France de Terre sainte, pays où elle avait tissé tant de liens culturels et religieux depuis François Ier. Peu de temps avant son arrivée au pouvoir s'ouvrit la conférence de Londres en février 1920. Ce fut Philippe Berthelot, le nouveau secrétaire général du Quai d'Orsay qui avait succédé à Jules Cambon, qui dirigea la délégation française.

Pour Lloyd George, en vertu des accords Sykes-Picot, la France devait exercer son pouvoir direct sur la côte, c'est-à-dire sur ce qui constitue le Liban actuel et, par contre, exercer un contrôle très indirect sur la Syrie qui serait donnée à Fayçal[1]. C'était évidemment une façon de réduire à presque rien l'influence française au Proche-Orient.

Lorsque la conférence de Londres s'ouvrit, les Français acceptèrent de reconnaître le mandat britannique sur la Palestine mais ils auraient voulu que la question des Lieux saints soit réservée. Paul Cambon déclara que ceux-ci « *avaient été sous la protection de la France depuis le* XV*e siècle. Le Vatican avait toujours reconnu cela... Si un mandat était accordé à la Grande-Bretagne sur la*

1. L. Stein, *op. cit.*, p. 655.

Palestine, la France serait obligée de faire certaines réserves en ce qui concerne les Lieux saints[1]. *Lloyd George répliqua tout de suite qu'il était impossible de créer un empire à l'intérieur d'un empire*[2] ».

En ce qui concerne la déclaration Balfour que les Anglais auraient voulu faire endosser par tous leurs partenaires, Berthelot esquiva le coup assez habilement. Il avait d'ailleurs déclaré quelques jours plus tôt que Les Français… «*feraient de leur mieux pour favoriser le développement du foyer national juif en Palestine pour autant que cela n'irait pas à l'encontre des habitants déjà là*[3] ». C'était une position de bon sens.

Ceci étant, aucune décision ne fut prise à la conférence de Londres, sauf que toutes les parties acceptèrent que le mandat sur la Palestine soit confié à la Grande-Bretagne et à elle seule. C'est ainsi que la conférence approuva le paragraphe suivant du traité de paix avec la Turquie :

1. *Ibid.*, p. 656.
2. *Ibid.*
3. *Ibid.*, p. 657.

« *La Palestine, dont les frontières doivent coïncider avec les anciennes limites de Dan à Beersheba doit être sous mandat britannique*[1] ».

Il n'y eut pas de référence directe à la déclaration Balfour mais indirectement cela revenait à s'y référer et à enterrer par conséquent les accords de 1916 sur ce point.

On peut déjà dire qu'après la conférence de Londres la France, pratiquement désarmée par l'accord Clemenceau-Lloyd-George, avait déjà, en bonne partie, perdu la guerre. En effet, lorsque les représentants des grandes puissances se réunirent à San Remo le 24 avril 1920 pour parler du Proche-Orient, il ne s'agissait plus de savoir si le mandat sur la Palestine serait international ou reviendrait à l'Angleterre – la question avait été malheureusement tranchée par Clemenceau et la conférence de Londres deux mois auparavant – mais d'en débattre les modalités. Deux questions restaient en suspens : celle des droits des non-Juifs en Palestine, c'est-à-dire de la majorité et celle du protectorat catholique de la France. Sur ces deux points très importants, la France subit deux échecs.

1. *Ibid.*, p. 658.

Première défaite de la France à San Remo au sujet des droits politiques des Palestiniens

Lorsqu'il ouvrit la séance à seize heures, Nitti, représentant de l'Italie et président de la conférence, informa ses collègues que, sur la question du mandat concernant la Palestine, il avait reçu deux projets : l'un avait été déposé par la délégation anglaise, l'autre, par la délégation française.

Le projet anglais était très habilement conçu. Il stipulait que « *le mandataire serait responsable de la mise en œuvre de la déclaration faite originellement le 8 novembre 1919* [sic][1] *par le gouvernement britannique et adoptée par les autres puissances alliées en faveur de l'établissement en Palestine d'un foyer national pour le peuple juif, étant clairement entendu que rien ne pourra être fait qui puisse porter préjudice aux droits civils et religieux des communautés non juives vivant en Palestine ou aux droits et au statut politique dont jouissent les Juifs dans les autres pays*[2] ».

Le projet français était plus sobre. « *La puissance mandataire, était-il écrit, assumera la responsabilité de*

1. Il faut lire évidemment 1917.

2. AE, Levant, 1918-1929, Palestine, vol. 8, Conférence de la Paix, réunion du 24 avril 1920 à San Remo. Les citations suivantes sont tirées du même compte rendu.

l'établissement en Palestine d'un "home national" pour le peuple juif, sous réserve du respect des droits politiques, civils et religieux des communautés non juives en Palestine, ainsi que des droits traditionnels existant, sans porter atteinte aux droits et au statut politique dont bénéficient les Juifs dans d'autres pays».

Les différences qui sautent aux yeux concernent la référence dans le projet anglais à la déclaration Balfour et le fait que celle-ci avait été adoptée «*par les autres puissances alliées*», et dans le projet français à la référence aux droits politiques des communautés non juives en Palestine.

D'entrée de jeu, Lord Curzon, secrétaire du Foreign Office, déclara que «*le gouvernement britannique, par l'entremise de M. Balfour, a publié une déclaration formelle faisant des promesses aux Juifs en ce qui concerne l'établissement de l'État futur de Palestine. Si les Juifs ne trouvaient pas dans le traité la répétition d'un engagement pris envers eux, ils resteraient grandement déçus.* [...]. *Je crois que ce qu'il y a de mieux c'est de répéter la déclaration faite par M. Balfour dans les termes mêmes dans lesquels elle avait été acceptée par les puissances*».

Philippe Berthelot, qui représentait le gouvernement français à côté de Millerand, rétorqua qu'il n'était pas «*tout à fait d'accord*» avec ce que venait de dire Lord Curzon.

Certes, la Grande-Bretagne, étant la puissance mandataire, était libre de faire ce qu'elle voulait, mais ce «*serait une erreur de mettre les Juifs dans une situation différente de celle des autres communautés qui se trouvent en Palestine. Cela équivaudrait à créer une sorte d'État juif dont l'établissement n'est pas dans la pensée du gouvernement français*» ici, Philippe Berthelot mettait le doigt sur la différence d'interprétation entre le gouvernement français et le gouvernement anglais. Paris n'admettait pas que les Juifs soient privilégiés par rapport aux Arabes au point de vouloir constituer un État alors que pour Londres c'était justement le but de la manœuvre. Philippe Berthelot sembla s'égarer en disant qu'il n'avait pas souvenir d'une déclaration faite par Balfour et que celle-ci ait été acceptée par la France. Lord Curzon n'eut pas de difficulté à lui répondre que cette déclaration avait été portée à la connaissance du gouvernement français par Sokolow et que Stephen Pichon en avait fait état dans un communiqué du 14 février 1918, qu'il lut, qu'elle avait été approuvée par les gouvernements des États-Unis, du Japon, de l'Italie, de la Grèce, du Siam, de la Chine et de la Serbie.

Formellement Lord Curzon avait raison. Stephen Pichon avait, effectivement à la suite des pressions de Sokolow, approuvé dans un communiqué la création d'un «foyer national» pour les Juifs en Palestine le 14 février 1918 mais dans son esprit, il ne s'agissait que de la poursuite de la colonisation comme le prouvait sa lettre à Tardieu du 15 février 1918 puisqu'il précisait que cela devait se faire «*dans le cadre de l'État international à fonder dans ce pays*», alors même que la déclaration Balfour à laquelle il s'était rallié sans enthousiasme excessif, semble-t-il, mais sans en saisir la portée véritable, ruinait précisément ce cadre. C'est cette contradiction qu'il aurait fallu dénoncer.

Ph. Berthelot préféra rappeler que, si le gouvernement français n'ignorait pas « stricto sensu » la déclaration Balfour, celle-ci aurait été faite sans concertation avec lui alors même qu'il aurait dû être consulté en vertu des accords Sykes-Picot qui avaient prévu l'internationalisation de ce pays, ce en quoi il avait raison. Ph. Berthelot soulignait, à juste titre, que la déclaration Balfour avait un caractère unilatéral, n'engageant pas les autres nations et qu'elle était même opposée à la conception de la France, ce qui était exact.

C'est pour échapper à ce reproche que les Anglais exigèrent à San Remo que la déclaration Balfour soit insérée dans le traité de Paix avec la Turquie, ce qui devait avoir une double conséquence : lui conférer un caractère officiel et engager la responsabilité des pays signataires.

Berthelot accepta lors d'une discussion de reconnaître la déclaration Balfour à condition que celle-ci ne soit pas insérée dans le traité avec la Turquie. Après cette première reculade vint la seconde : le 25 avril les puissances alliées acceptèrent qu'une référence à cette déclaration soit faite dans ledit traité de paix, précisant en outre qu'elles étaient en faveur de la création d'un foyer juif en Palestine. La capitulation de la France était complète.

Mais revenons en arrière. Après la passe d'armes qu'il avait eue avec Berthelot, Lord Curzon revint au sujet initial de la discussion, en précisant les deux points qui lui semblaient essentiels… « *nous devons absolument respecter les termes de la déclaration qui a déjà été publiée… et qui s'engageait à rétablir les juifs dans leurs droits historiques et dans un système d'administration. En second lieu, cette déclaration assure le droit des autres communautés des différentes religions. Cette seconde partie est très importante parce que je crois qu'il serait imprudent de ne pas assurer la protection des communautés non juives* ».

Philippe Berthelot eut beau jeu à lui rétorquer que « *dans le projet soumis par la délégation française on indiqu(ait) clairement que les droits des communautés non juives de la Palestine (devaient) être respectés* ». Et il lut le texte de la proposition française qui prouvait qu'il avait parfaitement raison sur ce point.

Apparemment tout le monde était d'accord. Alors seul Berthelot rappela à nouveau que le gouvernement français, n'ayant jamais été saisi officiellement de la déclaration Balfour, n'avait pu l'accepter et que par conséquent on ne pouvait pas «*se référer dans un traité à une déclaration qui en somme n'(était) pas officielle*». «*La France, dit-il, acceptait les termes de la déclaration, elle consentait à ce que soit établi un home national pour le peuple juif*», mais non pas un État juif en Palestine. Là on se trouvait au cœur du problème. Malheureusement Berthelot n'insista pas.

Il ajouta : «*Il y a encore une autre question. Dans le texte de la proposition française on parle de droits politiques, civils et religieux. La proposition britannique ne parle pas de droits politiques, or je voudrais que la formule française soit maintenue*».

Philippe Berthelot touchait un point capital. La déclaration Balfour ne parlait que de droits civils et religieux pour les non-Juifs. Elle ne parlait pas de droits politiques pour eux alors que, dans le membre de phrase suivant, il était stipulé que les Juifs des autres pays devaient jouir de ces droits. Il y avait là une bizarrerie apparente, pour ne pas dire une contradiction.

L'explication est simple : dans tous les pays, se sachant en minorité et destinés à le rester, les Juifs exigeaient d'avoir des droits politiques, mais en Palestine, dont ils espéraient faire un jour prochain leur État avec la complicité britannique, ils étaient à l'époque très minoritaires comme l'avait dit Zangwill. Il y avait 60 000 Juifs environ pour plus de 600 000 non-Juifs. Accorder des droits politiques à tous, accepter que les Palestiniens soient considérés comme des sujets de droit, c'eût été rendre impossible leur projet. On n'était plus en 1870 où Crémieux, par le décret du même nom, avait donné en Algérie la nationalité française à ses coreligionnaires sans la donner aux musulmans, même à ceux qui étaient venus combattre en France ! Heureuse époque où le racisme républicain s'étalait sans vergogne, mais époque révolue. Il fallait donc trouver une autre astuce : ce fut simple, les sionistes et les Anglais tombèrent d'accord pour escamoter les droits politiques de la majorité de la population palestinienne afin de donner le pouvoir à la minorité, c'est-à-dire aux Juifs. Devant cette injustice, Philippe Berthelot insista à nouveau, mais Lord Curzon fut inflexible. Alors Millerand intervint pour soutenir son collaborateur. « *Je demande instamment, dit-il, qu'on comprenne dans ces droits les droits politiques aussi bien que les droits civils et religieux*»... Lord Curzon répliqua qu'à son avis les droits politiques (étaient) compris dans «*les droits civils... Il ajouta qu'il s'était engagé vis-à-vis des sionistes*» à ne rien modifier de la déclaration à laquelle ils attach(aient) tant d'importance. Comme on les comprend! L'avenir du foyer national juif et donc de l'État d'Israël dépendait évidemment de la négation des droits des Palestiniens.

C'est ce qui expliquait la contradiction évidente du projet de résolution anglaise qui concédait à la majorité non juive en Palestine uniquement «*des droits civils et religieux*», mais réclamait pour les Juifs des autres pays des droits et un statut politique équivalents aux autres citoyens de ces pays. Dans ce cas-là, le mot «politique» était bien employé, il ne semblait pas incongru comme dans le cas des non-Juifs.

La délégation française avait très bien vu où se situait le nœud gordien de toute cette affaire. Les Juifs voulaient profiter de la démocratie dans tous les pays où ils pourraient régner en utilisant et en suscitant au besoin des divisions chez les autres, sauf en Palestine où ils savaient qu'ayant dévoilé leur plan la majorité se retournerait contre eux.

Un bon exemple en fut fourni un an plus tard, lorsque, à la suite d'émeutes qui se produisirent à la fin du mois d'avril et au début du mois de mai 1921, Herbert Samuel fut contraint de jeter du lest dans sa politique prosioniste et de limiter, provisoirement, l'immigration – Rais, consul général à Jérusalem, écrivit à Briand que « *plus encore que la réduction de l'immigration, l'annonce du rétablissement des élections pour les municipalités et celle de la mise à l'étude d'une nouvelle constitution qui assurerait à la population une part dans le gouvernement, semble aux israélites la ruine de leurs espérances*[1] ».

Le même diplomate écrivait à Poincaré que « *les sionistes les plus convaincus reconnaissent eux-mêmes que, pour quelques années encore, les canons et les mitrailleuses des Anglais leur sont indispensables pour s'imposer en Palestine*[2] ».

Dans ces conditions, on comprend que le bulletin de vote ait été mal venu et que la demande de la délégation française à San Remo en faveur des « non-Juifs » ait été repoussée sans ménagement.

---

1. *Ibid.*, vol. 15, Rais à Briand, 8 juin 1921.
2. *Ibid.*, vol. 16, Rais à Poincaré, 8 mai 1922.

Millerand eut beau insister en disant qu'en français les mots « droits civils et religieux » ne compren(aient) pas les « droits politiques[1] » et suggérer pour résoudre la difficulté qu'on parle seulement de droits sans autre indication, Lord Curzon fut inflexible. Il proposa seulement de renvoyer toutes les questions de détail à la Société des Nations, lorsqu'on débattrait des mandats : « *le gouvernement britannique aura le plus grand plaisir à consulter le gouvernement français avant de présenter un projet définitif* ».

Millerand insista à nouveau pour que fût inscrit au procès-verbal que la formule : « *droits civils et religieux des communautés non juives* » comprenait dans l'esprit du gouvernement britannique comme dans celui du gouvernement français les droits politiques. Lord Curzon lui répondit qu'il ne comprenait pas la différence « *entre les droits civils et les droits politiques. En anglais le mot « civil » se réfère aussi aux droits politiques* ». Ceci étant, il n'avait aucune objection à ce que la déclaration de Millerand fût inscrite au procès-verbal, ce qui se comprend dans la mesure où ce genre de texte est destiné à rester confidentiel. Le délégué italien, président de séance, Nitti, demanda alors quels étaient ces droits politiques. Millerand lui répondit

1. *Ibid.*, vol. 8, « Conférence de la Paix », réunion du 24 avril 1920 à San Remo. Les citations qui suivent sont extraites du même compte rendu.

en prenant l'exemple des droits électoraux. C'était bien cela dont ne voulaient à aucun prix les Anglais et les sionistes.

Cela faisait plus de deux heures qu'on discutait sur cette question, Millerand, jusqu'alors inflexible, décida d'accepter le texte proposé par la délégation britannique du moment qu'il était «*entendu que rien n'(était) changé à la situation actuelle des communautés non juives en Palestine*». «*Parfaitement*», répliqua Lord Curzon qui savait très bien que les communautés juives et non juives n'ayant eu pratiquement aucun droit politique dans le passé, cette formule ronflante permettait simplement de masquer le fait que les Palestiniens se verraient refuser tout droit politique dans l'avenir, en toute bonne conscience.

Dans la résolution qui fut adoptée, il fut décidé de se référer à la proposition anglaise, telle que formulée par ailleurs «*à la condition que soit inséré dans le procès-verbal cet engagement de la puissance mandataire que ceci ne comprend pas la renonciation aux droits dont les communautés non juives jouissaient dans le passé*». Ainsi le danger redouté par Zangwill était-il écarté.

C'est sur ce joli tour de passe-passe que la séance fut levée à 19 h 45. Et pourtant les incidents sanglants qui s'étaient déroulés à Jérusalem au début du mois d'avril à l'occasion des fêtes du Nabi Musa, où cinq Juifs et quatre Arabes furent tués, avaient révélé l'hostilité profonde qui existait entre les deux communautés. Les sionistes parlèrent tout de suite de pogrom. De leur côté les chrétiens et les musulmans de Jérusalem dénonçaient les provocations juives[1]. Inutile de chercher à connaître la vérité. Elle importe peu au demeurant. Ces graves incidents montraient simplement l'état d'extrême tension qui existait entre les sionistes et les Palestiniens. Ils auraient dû alerter les hommes politiques, spécialement les Anglais, en les incitant à ne pas prendre systématiquement parti en faveur des sionistes lors de la conférence de San Remo, mais on a vu qu'il n'en fut rien. Il faut dire que Weizmann et Sokolow étaient présents à San Remo, ce qui explique peut-être le parti pris inflexible de Lord Curzon et son refus de voir reconnaître tout droit politique réel aux Palestiniens. Victoire à court terme qui préparait des lendemains sanglants dont on n'est toujours pas sorti.

Quant à Millerand il s'imaginait avoir gagné. Il écrivit à Gouraud pour lui faire connaître le résultat de la conférence de San Remo : « *le gouvernement français et ses délégués n'ont jamais admis que la Palestine puisse devenir un "État*

1. *Ibid.*, vol. 14, Les chrétiens et les musulmans de Jérusalem au haut-commissaire français à Jérusalem, 20 avril 1920.

sioniste[1]*", ni qu'un "régime sioniste" puisse être installé en Palestine.*

Il n'a jamais été question d'autre chose que de l'installation d'un "Home national" juif, c'est-à-dire de faciliter l'établissement et le développement prospère de colonies juives, agricoles, industrielles, sur certains points du territoire palestinien, où les Juifs pourraient venir des différentes parties du monde trouver un foyer sur l'ancienne terre natale[2]. »

C'était la réaffirmation de la position traditionnelle de la France, position devenue sans grande valeur depuis que celle-ci, « *nolens volens* », avait reconnu la déclaration Balfour qui était à l'exact opposé de ce qu'écrivait Millerand.

Celui-ci ajoutait « *qu'il a toujours été spécifié de la manière la plus explicite que les groupements israélites ne jouiraient à aucun degré de droits politiques, civils ou religieux supérieurs à ceux des autres populations ou chrétiennes ou musulmanes, et ne seraient pas mis en mesure de contrarier le libre développement ou de diminuer les garanties données à toutes les communautés vivant en Palestine.*

---

1. Souligné dans le texte.
2. *Ibid.*, Millerand à Gouraud, 7 mai 1920. La citation suivante est extraite de la même lettre.

En dernier lieu, à la conférence de San Remo, les explications échangées entre Lord Curzon et moi n'ont laissé aucun doute sur ces points».

Nul doute que Millerand n'ait été de la plus entière bonne foi lorsqu'il envoya cette dépêche à Gouraud. Cependant l'annonce à San Remo du remplacement d'Allenby et de l'administration militaire anglaise par Sir Herbert Samuel, sioniste engagé, pour ne pas dire enragé, laissait mal augurer de l'avenir. Que vaudraient en effet ces belles paroles en face d'un pays mandataire qui était décidé à appliquer une politique inflexible parce qu'elle coïncidait avec ses intérêts du moment : la protection du canal de Suez, surtout à une époque où les émeutes qui s'étaient déroulées en Égypte, menaçant ainsi la route des Indes, incitaient plus que jamais les Britanniques à confier aux sionistes la garde indirecte de l'autre rive.

Lorsque le Premier ministre anglais et ses collaborateurs revinrent à Londres, leur entourage essaya de leur montrer les risques de la nomination de Sir Herbert Samuel. «*Lord Curzon eut alors le soupçon du péril qui menaçait les sionistes et il tenta, mais en vain, de faire revenir Lloyd George sur sa décision... (Celui-ci) qui (croyait) sincèrement à la possibilité de constituer un État sioniste prodigu(a) ses encouragements à l'homme de son choix sans se douter que dans cet Orient encombré déjà de tant de difficultés, il (venait) d'en créer une nouvelle et qu'il réserv(ait) peut-être aux sionistes de désagréables surprises*[1] ».

Paul Cambon, qui était un grand esprit, ne croyait pas si bien dire !

À défaut de clairvoyance, cela montrait de la part des Anglais une volonté inflexible : judaïser la Palestine coûte que coûte. Alors que valaient les assurances de Lord Curzon envers Millerand? Elles n'auraient pu engager les Anglais que dans la mesure où les Français auraient décidé de les faire respecter ; malheureusement à San Remo, ils perdirent tout, en particulier leur très ancien et très prestigieux protectorat catholique qui leur aurait permis d'avoir au moins un droit de regard sur ce qui allait se passer là-bas, en Terre sainte.

1. *Ibid.*, vol. 3, Paul Cambon à Millerand, 18 juin 1920.

Deuxième défaite de la France, la perte du protectorat catholique

C'est parce que le Saint-Siège était incapable d'assurer la protection des catholiques en Terre sainte, qu'il avait confié cette mission à la France. Le dernier acte confirmant ce privilège avait été une circulaire de la Propagation de la foi en 1888. Ainsi, en dehors des droits qui résultaient des capitulations, le protectorat de la France s'exerçait sur les ordres religieux en vertu d'une décision du Saint-Siège. Il faut cependant reconnaître que la rupture des relations avec le Vatican, la dénonciation unilatérale du Concordat et les mesures mesquines et vexatoires prises par les différents gouvernements contre la religion catholique l'avaient ébranlé, d'autant que l'Italie, profitant habilement de ces erreurs, s'était rapprochée du Saint-Siège. Elle avait essayé de faire échapper ses religieux à une protection qui blessait son amour-propre.

Cependant, lorsque la guerre de 1914 éclata, rien n'avait officiellement changé. Le Saint-Siège, en dépit de toutes les avanies dont il avait été l'objet, n'en avait apparemment pas tenu rigueur à la France. Mais la vengeance est un plat qui se mange froid et dans ce domaine, comme dans beaucoup d'autres, le Saint-Siège a une longue mémoire. On rappelle que lors de l'audience accordée par Benoît XV à Sir Mark

Sykes, celui-ci avait fait savoir qu'il ne lui déplairait pas de voir remplacer le protectorat français sur les Lieux saints par un protectorat britannique.

Il s'agissait là d'une véritable révolution copernicienne puisque, pour la première fois, le Vatican, refusant de s'appuyer désormais sur la France, héritière, qu'on le veuille ou non, du vieux protectorat catholique, songeait à transférer à l'Angleterre, puissance essentiellement protestante, et au sionisme, le soin des intérêts catholiques. Ce changement de politique était d'autant plus extraordinaire, qu'à l'époque, le tsarisme abhorré à Rome, en raison de sa défense sourcilleuse des intérêts orthodoxes, venait d'être aboli et que le gouvernement provisoire installé à Saint-Pétersbourg, largement dominé par les Juifs, n'avait aucune envie de revendiquer des droits pour des moines d'une religion que ceux-ci exécraient.

Cette novation dans la politique du Saint-Siège se traduisit quelques semaines plus tard lors du voyage de Sokolow à Rome. Ainsi qu'on l'a dit, il y rencontra Mgr Pacelli, le cardinal Gasparri et Benoît XV lui-même qui lui déclara que « *les efforts des Juifs pour se créer un siège international en Palestine étaient suivis par lui avec sympathie*[1] ». Il ne voyait

1. Souligné dans le texte.

pas qu'il n'y eut aucun obstacle du point de vue de ses intérêts religieux, sinon en ce qui concerne les Lieux saints, mais il avait confiance que ses intérêts seraient sauvegardés par des accords spéciaux[1]. On était loin de l'accueil que Pie X avait réservé à Herzl lorsqu'il lui avait dit lors de sa visite : « *Les Juifs n'ont pas reconnu Notre-Seigneur, nous ne pouvons donc reconnaître les aspirations nationales des Juifs*[2] ».

Comment expliquer ce renversement de politique ? Par le caractère des hommes, peut-être : Pie X était un pape spirituel, uniquement préoccupé du souci des âmes, tandis que Benoît XV, pontife « libéral », c'est-à-dire « de gauche », était plus tenté par la politique. Mais il ne faut pas oublier les circonstances. Lorsque Pie X reçut Herzl, la paix régnait. Benoît XV connut la guerre et sous son action le Vatican essaya d'encourager le pacifisme, que ce soit celui des giolittiens en Italie ou des Juifs aux États-Unis, dans l'espoir de jouer un rôle dans le concert des nations lors des conférences de paix.

Ainsi « *les trois internationales, la socialiste, la catholique et la juive suiv(aient) la même politique et tend(aient)*

1. AE, Guerre 1914-1918, Sionisme, vol. 1199, Le sionisme et le Saint-Siège, 19 juillet 1917.
2. J.P. Alem, *op. cit.*, p. 89.

par conséquent à oublier leurs querelles pour préparer la paix de concert[1] ».

Pour le Vatican tout à ses illusions, le protectorat catholique de la France apparaissait désormais comme une gêne. Pour expliquer le contraire et montrer le caractère funeste de la politique suivie, il eût fallu que la France eût un ambassadeur mais Paris avait rompu avec Rome depuis 1904.

Comme l'écrivait Charles Maurras à cette époque : « *Mais le pape ne nous fait pas justice – il aurait donc dû nous la faire ?... Ce serait un joli aveu. Sans trop le retenir ou sans abuser, notons que pour juger une cause, il faut la connaître, pour la connaître avoir entendu les plaideurs, pour les entendre qu'ils se soient rapprochés. Or, si les porte-parole de Berlin, de Vienne et de Constantinople assiègent les abords du prétoire pontifical, notre représentant brille par son absence*[2]. »

La France en était réduite pour faire ses commissions auprès du Vatican à passer par le cardinal Amette,

1. AE, Guerre 1914-1918, Sionisme, vol. 1198, Note de Canet sur le sionisme, jointe à la dépêche de Barrère du 9 avril 1917.

2. Ch. Maurras, *Le pape, la guerre et la paix*, Nouvelle librairie nationale, Paris, 1917, p. 55.

archevêque de Paris, ce qui, pour un régime qui professait une haine ouverte du catholicisme, était assez curieux, par le comte de Salis, ministre d'Angleterre ou par des voyageurs de passage à Rome, comme ce fut le cas de Denys Cochin, vague sous-secrétaire d'État.

C'est ainsi que dans une lettre à ce dernier, le cardinal Gasparri écrivait que le protectorat, tel qu'il s'était exercé dans le passé, ne pourrait être rétabli que si les Turcs redevenaient maîtres de Jérusalem[1]. Or, au moment où Mgr Baudrillart confirmait ces propos au *Petit Journal*, presque toute la Palestine était aux mains des Anglais. C'est dire que dans l'esprit des plus hautes autorités de l'Église, le protectorat de la France avait vécu.

Au début de février 1918, un religieux français, le P. Baudouy, vit le cardinal secrétaire d'État qui lui dit que le départ des Turcs et la place qu'occupaient les Anglais à Jérusalem «*avaient pour conséquence de créer un état de choses incertain pour le protectorat catholique français*[2]». À titre de consolation il ajoutait, de plus ou moins bonne foi, que «*le désir du Saint-Siège était de le maintenir actuellement et si possible dans l'avenir*». Mais en fait, comme

1. AE, Guerre 1914-1918, Turquie, vol. 881, Interview de Mgr Baudrillart au *Petit Journal*, 25 décembre 1917.

2. *Ibid.*, vol. 833, Barrère à Pichon, 7 février 1918.

l'écrivait Barrère… « *le St* sic] *Siège considère le protectorat français comme supprimé « ipso facto » par la disparition de la domination ottomane*[1] »…

D'ailleurs, un Français ayant vu Mgr Cerretti, substitut à la secrétairerie d'État, mit la conversation sur la situation nouvelle faite au protectorat de la France par l'occupation des Alliés en Palestine. Mgr Cerretti ne lui cacha pas que « *les conditions normales de ces privilèges lui paraissaient abolies à Jérusalem du fait nouveau de la conquête chrétienne. Il (laissa) entendre que telle était la thèse de nos Alliés et qu'il ne restait donc au Saint-Siège qu'à s'inspirer le plus possible du désir de concilier la tradition et les intérêts divergents*[2] ».

La position du Saint-Siège était très habile : il lui suffisait de mettre en avant les rivalités des autres nations, ardentes à dépouiller la France de ce qui contribuait naguère à son rayonnement et à son prestige, pour qu'il n'apparût pas en position partisane, mais en habile courtier, désolé d'avoir à subir ce qu'au fond de lui-même il souhaitait ardemment. La rupture avec la France avait été trop profonde et surtout elle s'était déroulée dans des conditions si scandaleuses

---

1. *Ibid.*, vol. 884, du même au même, 21 février 1918, membre de phrase souligné dans le texte.
2. *Ibid.*, du même au même, 28 février 1918.

que cela n'avait pas pu ne pas laisser de traces. « *On a cru, écrivait P. Cambon à Pichon, que nous pourrions conserver l'appui du Saint-Siège parce qu'à plusieurs reprises, il nous fit des politesses et déclara que rien n'était changé ; mais il n'est pas dans les habitudes de l'Église de brusquer les choses ; à notre rupture brutale, elle se garda d'opposer des représailles. Il était cependant certain que dès lors les jours du protectorat français étaient comptés*[1]. » Le Saint-Siège n'avait qu'à attendre l'occasion favorable. Mais, comme l'ajoutait Paul Cambon, la responsabilité de ce qui se passait était « *imputable au gouvernement qui, sans réflexion, sans précaution, sans souci des multiples intérêts qui devaient lui imposer certains ménagements, a rompu avec le Saint-Siège* ».

Qu'on l'ait voulu ou non, cette fois-ci c'était Rome qui était en position de force sur le plan juridique comme sur celui des faits : sur le plan juridique en énonçant que le protectorat était conditionné par la domination ottomane et par le maintien des capitulations, double condition qu'elle savait caduque ; sur le plan des faits, car les maîtres de la Palestine étaient les Anglais et non pas les Français, et chacun sait que le Vatican, maître en diplomatie, sait de tout temps reconnaître et traiter avec ceux qui détiennent le

1. *Ibid.*, P. Cambon à Pichon, 27 février 1918. La citation suivante est tirée du même texte.

pouvoir réel. C'est pourquoi « *dès la prise de Jérusalem, le pape (traita) l'Angleterre comme l'héritière des droits de la France en Terre sainte*[1] ».

De leur côté, les Britanniques n'hésitèrent pas à exploiter cette situation en retirant toute utilité de recours aux représentants de la France en faisant comprendre à la population que ceux-ci n'avaient aucun pouvoir. Le patriarche latin, lui-même, Mgr Barlissima, pourtant nommé sur recommandation du cardinal Dubois, désireux tout à la fois de s'affranchir de la tutelle de la France et de se faire bien voir des autorités britanniques, s'empressa de traiter directement avec les Anglais[2].

Il faut ajouter que lors de son entrée à Jérusalem, l'un des premiers gestes du général Allenby fut d'abolir les « Capitulations » sans que la France protestât[3]. Cela montrait le désintérêt total du gouvernement de l'époque pour les droits historiques du pays puisqu'il acceptait sans sourciller qu'un militaire sortant de son rôle traditionnel prît des décisions politiques. Il est vrai que c'était un général étranger. Il pouvait donc se permettre ce qu'aucun ministre de la IIIe République n'eût toléré d'un général français !

---

1. AE, Levant 1918-1929, Palestine, vol. 9, Note, 21 juillet 1920.
2. *Ibid.*, Raïs, consul général à Jérusalem à Leygues, 3 octobre 1920.
3. *Ibid.*, vol. 5, Raïs, consul général à Jérusalem à Briand, 13 janvier 1922.

La situation de la France en Palestine était donc des plus chancelantes. Il ne restait plus qu'à lui donner le coup de grâce. Ce fut l'Italie qui le porta à la conférence de San Remo.

Lors de la longue discussion qui s'était engagée entre Lord Curzon et Philippe Berthelot, à un moment donné Nitti intervint. Faisant semblant de ne pas comprendre sur quel point portait le différend entre ces deux diplomates, c'est-à-dire sur les droits politiques des Palestiniens, il déclara que le désaccord résidait dans la pérennisation des «*droits traditionnels existants*[1]» qui recouvraient en fait le protectorat des catholiques assuré jusqu'alors par la France et que la Grande-Bretagne et l'Italie rejetaient désormais. Derrière l'Italie, il n'est pas difficile de voir se profiler le Saint-Siège.

Nitti déclara en effet que «*partout où la domination turque (allait) finir, toute protection devait cesser*» ce qui était l'argument même avancé par la Curie. Puis il lut une lettre du cardinal Gasparri adressée le 29 juin 1917 à Denys Cochin où il était écrit que «*si la domination turque venait à disparaître ou que l'abrogation des*

1. AE, Levant, 1918-1929, Palestine, vol. 8, Conférence de la Paix, Réunion du 24 avril 1920 à San Remo. Les citations suivantes sont tirées du même compte rendu.

capitulations fût maintenue, le protectorat de la France sur les sujets des autres nations cesserait par la nature même des choses».

Lloyd George l'appuya et Millerand dut accepter, selon la proposition de Nitti, «*qu'une commission placée sous l'autorité de la Société des Nations soit chargée de résoudre des difficultés qui pourr(aient) s'élever en Palestine concernant les différentes communautés religieuses. Encore le représentant italien fit-il préciser que du côté politique, il ne (fallait) plus qu'aucune puissance ait des prérogatives vis-à-vis des communautés religieuses*», ce qui visait les droits historiques de la France.

Devant la coalition des volontés italiennes et anglaises, la délégation française s'inclina et la discussion sur l'étendue des droits des Palestiniens put reprendre.

Mais Nitti, qui tenait absolument à voir annuler le protectorat de la France sur les catholiques, revint sur cette question à la fin de la réunion.

Alors que la discussion s'éternisait entre Millerand et Lord Curzon à propos des droits politiques des Palestiniens, Nitti intervint à nouveau : «*Quels seront ces droits politiques ?*» demanda-t-il. «*Par exemple les droits électoraux*», répondit Millerand. «*Je crois qu'au fond nous sommes d'accord sur toutes les questions, répliqua le rusé délégué italien (car rien n'était plus faux), mais il reste opportun qu'il ne reste aucun malentendu. Il est bien entendu que la déclaration de M. Millerand – c'est-à-dire que le temps des privilèges est définitivement fini – doit être comprise dans le sens : il n'y aura plus aucune question de protection des catholiques en Orient de la part d'une nation ou d'une autre et que les communautés religieuses ne pourront plus réclamer que leurs droits soient protégés plutôt par les représentants d'une puissance que par ceux d'une autre*»... Alors Millerand eut l'imprudence de dire : «*Je suis d'accord. J'accepte pour ma part le texte proposé par la délégation britannique du moment qu'il est entendu que rien n'est changé à la situation actuelle des communautés non juives en Palestine.*»

L'accord portait-il sur l'abolition du protectorat catholique ou sur le texte proposé par la délégation britannique ou sur ces deux points ? Il semble que ce soit la deuxième hypothèse qui soit la bonne. Millerand était d'accord et acceptait le projet déposé par la délégation anglaise à condition qu'il ne fût pas touché aux droits des Palestiniens, mais sa réponse était trop elliptique pour être claire.

En fait, il semble qu'il y ait eu un accord tacite, ou réel, entre l'Italie et la Grande-Bretagne durant cette discussion pour amener la France à renoncer à ses droits ainsi qu'à toute protection des Palestiniens. Il faut savoir en effet que le roi d'Italie manifesta très tôt sa sympathie pour les sionistes, sympathie partagée par le gouvernement italien qui s'imaginait, tout comme celui de Madrid, qu'en agissant ainsi, il se concilierait les Juifs sépharades et pourrait exercer de ce fait une influence prépondérante au Proche-Orient. Nitti, représentant de l'Italie, ne voyait donc aucun inconvénient à appuyer le projet de texte anglais.

De leurs côtés, Lloyd George et Curzon ne voyaient qu'avantage à soutenir le vif désir des Italiens de voir supprimer le protectorat catholique de la France, sachant qu'avec les sionistes, ils deviendraient les seuls maîtres de la Palestine, ils n'avaient nulle envie de voir une autre grande puissance, surtout la France, intervenir, à un titre ou à un autre, dans l'administration de ce pays.

D'ailleurs Lloyd George déclara très clairement « *qu'avoir deux mandataires en Palestine rendrait quasi impossible pour la Grande-Bretagne d'administrer le pays et que cela augmenterait les difficultés dans les relations franco-britanniques. En tout cas, la tâche de gouverner la Palestine ne serait pas une tâche facile et que cela serait accru du fait que ce pays devait être un foyer national des Juifs qui étaient une race extraordinairement intelligente mais n'était pas facile à gouverner*[1] ». On retrouve ici l'opposition de fond existant entre Paris et Londres.

Finalement, on peut dire que l'Italie et la Grande-Bretagne, qui n'avaient pas beaucoup d'intérêts communs, avaient néanmoins le même adversaire : la France. En l'occurrence l'hostilité de l'Italie à notre égard servait l'Angleterre.

On n'aura pas été sans remarquer que Nitti avait lu la lettre du cardinal Gasparri à Denys Cochin, ce qui ne pouvait que mettre dans l'embarras Millerand et Berthelot. Comment envisager, en effet, que le protectorat catholique de la France puisse se maintenir sans l'accord du Saint-Siège ? Or, qui avait fourni le double de cette lettre à caractère semi-privé à Nitti ? Certainement pas son destinataire qui n'avait nul intérêt à en voir le contenu s'ébruiter ; ce ne pouvait donc venir que du Vatican, ce qui laissait à penser qu'un certain nombre de ses responsables n'était pas étranger à la position très dure adoptée par le délégué italien contre la France dans cette affaire.

Certes, la position d'un homme comme le cardinal Gasparri semble avoir évolué peu de temps après,

1. L. Stein, *op. cit.*, p. 660.

probablement à la suite de la nomination de Sir Herbert Samuel comme haut-commissaire en Palestine. En voyant arriver ce sioniste convaincu à la tête de l'administration de ce pays, le Vatican, naguère si favorable à la cause juive, comprit, mais un peu tard, qu'il avait fait fausse route.

Avant de rejoindre son poste, Herbert Samuel s'arrêta en effet à Rome où il fut reçu par le pape et par le secrétaire d'État. Ceux-ci le trouvèrent très intelligent « *mais dominé par une idée mystique et presque messianique. Il a laissé clairement voir qu'il n'allait en Palestine que pour soutenir et faire triompher le sionisme ; sa nomination n'était d'ailleurs, a-t-il dit, que* « *l'accomplissement de la promesse qui nous avait été faite par M. Balfour* ».

Il a déploré que l'immigration juive en Palestine fût encore si faible[1] ».

Puis il exposa son programme « *basé sur l'égalité des confessions, le libre accès de tous aux charges publiques… Le cardinal Gasparri… lui (rétorqua) que, si c'était là la théorie, en pratique les choses se passaient tout différemment, et que les Juifs accaparaient les emplois… M. Samuel*

1. AE, Levant, 1918-1929, Palestine, vol. 8, Doulcet, chargé d'Affaires de France auprès du Saint-Siège à Millerand, 27 juin 1920. La citation suivante est tirée de la même dépêche.

(protesta) que tout cela changerait». Il est à penser que le cardinal ne fut pas dupe de cette déclaration de bonnes intentions d'autant qu'il avait fait paraître un article dans l'*Osservatore Romano* signalant tous les dangers que présent(ait) le sionisme pour les intérêts catholiques en Palestine[1].

Comme Doulcet, chargé d'Affaires de France auprès du Vatican, lui faisait observer que «*le texte du projet de traité élaboré par les grandes puissances stipulait que rien dans l'établissement d'un foyer national pour le peuple juif ne pourrait porter aucun préjudice aux droits civils ou religieux des communautés non juives*», le cardinal lui répondit avec un grand bon sens que «*le caractère essentiel d'une politique se révélait dans les façons de procéder. Or, dès à présent, le gouvernement britannique mettait toutes les fonctions administratives entre les mains des Juifs. Théoriquement, l'accès à ces fonctions (était) ouvert à toutes les confessions; pratiquement, le traitement dérisoire que les Anglais y affect(aient), les (faisait) déserter par tous, sauf par les Juifs qui (recevaient) de fortes subventions supplémentaires sur les fonds du sionisme*». C'est ainsi que la petite minorité juive pouvait d'ores et déjà tenir en tutelle les six cent mille Palestiniens.

1. *Ibid.*, vol. 14, du même au même, 15 juin 1920. Les citations suivantes sont extraites de la même note.

Le secrétaire d'État aborda ensuite la question des Lieux saints et des litiges qui y ont trait. Il expliqua que, « *de temps immémorial, les représentants de la France intervenaient pour la défense des sanctuaires catholiques*[1] ».

M. Samuel objecta qu'il n'y avait plus de protectorat français, que « *la France y avait renoncé à San Remo* »… Ce à quoi le cardinal Gasparri répondit que « *si les Latins n'avaient pas besoin de protecteurs, ils avaient toujours besoin de défenseurs dans le sens que l'on donne à ce terme en droit, c'est-à-dire d'avocats* ».

Le haut-commissaire répondit que les litiges seraient désormais soumis à une commission « *qui serait composée non pas de représentants politiques des États, mais des délégués des diverses confessions. Le cardinal ne cacha pas que cette commission ne lui souriait pas beaucoup* »…

Ainsi le Vatican s'apercevait-il qu'il s'était fait piéger dans toute cette affaire. Mieux eût valu pour lui soutenir le vieux protectorat français, surtout dans une période si incertaine, même si c'était difficile car les Anglais étaient décidés « *à retirer toute utilité à ce recours à la France, sinon même à le*

1. *Ibid.*, vol. 8, du même au même, 27 juin 1920. Les citations suivantes sont extraites de la même note.

rendre nuisible[1] »... Il faut dire qu'ils étaient aidés en ce sens par le patriarche latin, ce qui prouvait un manque d'unité de vue ou une certaine mauvaise foi de la part du Vatican.

●●●●●

À Londres d'abord puis à la conférence de San Remo ensuite, on assista à la défaite complète de la France : elle ne put sauver les droits des Palestiniens, en particulier leurs droits politiques, et elle fut dépouillée en même temps de ses droits historiques ancestraux à cause de la jalousie de ses « *alliés* » d'hier et de la rancune excusable mais bien peu prévoyante du Saint-Siège. Cette défaite était inéluctable. Elle fut la conséquence de la légèreté des représentants français qui négligèrent de faire préciser par les Anglais ce qu'ils entendaient par « foyer national juif » car toute l'ambiguïté était là. Ph. Berthelot l'a compris mais il n'a pas poussé son avantage. Il est passé tout de suite après à la question des droits politiques qui était importante mais qui était conditionnée, comme toutes les autres, à la réponse précédente : le foyer national juif ouvrait-il la voie à une colonisation limitée comme l'entendait la France ou à la création d'un nouvel État comme le voulaient les Anglais et les sionistes ?

---

1. *Ibid.*, vol. 3, Gouraud à Millerand. Rapport de Caix, 3 novembre 1920.

Tout le problème était là. Faute de l'avoir clarifié, la France allait connaître d'autres déboires.

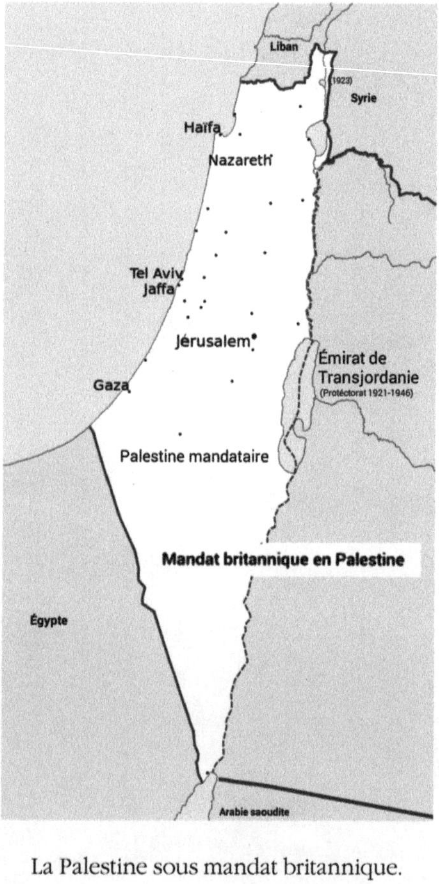

La Palestine sous mandat britannique.

Chapitre XIV

Les suites des conférences de Londres et de San Remo : la question des frontières et l'échec de la création de la commission des Lieux saints

À la conférence de San Remo, le Conseil des Quatre, en présence du représentant des États-Unis, n'avait pris que des décisions de principe. Il restait d'une part à s'entendre sur les frontières qui sépareraient la Syrie et la Palestine et d'autre part à mettre en place la commission dont Herbert Samuel avait touché un mot au cardinal Gasparri, commission dans laquelle la France espérait jouer un rôle non négligeable, ce qui la dédommagerait de tous les déboires qu'elle venait de connaître.

La question des frontières de la Palestine

Lorsque F. Georges-Picot avait été désigné pour discuter à Londres avec les Anglais des problèmes se posant au Proche-Orient, il avait reçu de Briand pour instruction d'exiger que la Syrie soit dévolue à la France. «*Mais il convient, écrivait le président du Conseil, ministre des Affaires étrangères, que cette Syrie ne soit pas un pays étriqué... Il lui faut de larges frontières faisant d'elle une dépendance pouvant se suffire à elle-même, susceptible d'un développement normal... Faute d'avoir les limites qui lui sont nécessaires, la Syrie nouvelle risquerait d'être une déception non seulement pour la France mais encore pour les Syriens eux-mêmes*[1] ».

Briand ajoutait d'ailleurs que de tout temps, l'appellation Syrie a été entendue en France dans un sens large, et le traité de 1840 ne faisait que reproduire l'opinion générale, en donnant le nom de Syrie méridionale à la Palestine. On ne comprendrait donc pas que nous abandonnions une partie quelconque de la côte syrienne, et vous devrez insister pour que notre possession ne s'arrête qu'à la frontière égyptienne.

«*Il suffit d'ailleurs de considérer une carte pour reconnaître que la nature même des lieux impose cette solution. Entre la Syrie du Nord et celle du Sud, aucune démarcation*

1. AE, A Paix, Partage de l'Empire ottoman, vol. 177, «Instructions données à F. Georges-Picot au sujet des pourparlers avec les Anglais concernant les limites de la Syrie», 1er novembre 1915. La citation suivante est extraite de la même note.

naturelle pouvant servir de frontière et marquer les limites. Entre l'Égypte et la Palestine au contraire, une vaste région désertique, séparant les deux pays mieux qu'un fleuve ou qu'une chaîne de montagnes, évitant ainsi toutes les difficultés ultérieures entre voisins sic].

Sans doute sera-t-il objecté que l'Angleterre ne peut accepter que les Lieux saints du christianisme appartiennent sans contrôle à une seule puissance ; mais il vous sera facile de répondre que, valable contre la France, l'objection le serait également contre tout possesseur éventuel de la Syrie méridionale, et, qu'à tout prendre, entre tous les pays qui auraient des droits à faire valoir, ceux de la protectrice traditionnelle» étaient encore les meilleurs.

On sait que, malheureusement, F. Georges-Picot ne put obtenir gain de cause sur ce point. Il fut obligé d'accepter l'internationalisation d'une Palestine, mais celle-ci était relativement limitée comme il est facile de s'en rendre compte sur la carte reproduite dans le chapitre concernant les accords dits «Sykes-Picot» de 1916. L'essentiel, c'est-à-dire les Lieux saints, avait été préservé.

L'abandon de la région de Mossoul et de l'internationalisation de la Palestine par Clemenceau le 1er décembre 1918 remit en cause non pas de jure mais de facto les frontières définies depuis 1916 par les accords Grey-Cambon. Lorsque les autres parties virent avec quelle facilité le gouvernement français avait abandonné des avantages et des droits séculaires, ils considérèrent, à juste titre, qu'il n'existait plus de limites à leurs revendications. Les premiers à se manifester furent évidemment les Anglais.

En octobre 1918, le général Allenby avait refusé de reconnaître la ligne Sykes-Picot. Il traça une ligne partant de Ras el Nakoura qui, à travers le plateau, gagnait le Jourdain. Le 10 décembre 1918 il décida de rattacher le caza de Safed où se trouvaient les colonies fondées par le baron de Rothschild à la Palestine[1] pour faire plaisir aux sionistes. Clemenceau accepta.

Assurés, après le retrait de la France, d'avoir la Palestine pratiquement à eux, les Juifs présentèrent à leur tour leurs revendications.

Dans les entretiens qu'ils avaient eus, dans les lettres qu'ils avaient reçues, et spécialement dans celle du 2 novembre 1917, le principe d'un « foyer national juif » avait été reconnu, mais la puissance protectrice et les formes de cet établissement n'avaient pas été précisées.

1. *Ibid.*, vol. 175, « Note au sujet d'une entente franco-anglaise sur la question de la Syrie ».

Le 3 février 1919 parut « un mémoire de l'organisation sioniste concernant la Palestine[1] ». Ce mémoire était destiné à être remis à la conférence de la Paix. Il demandait, comme prévu, que l'Angleterre fût nommée puissance mandataire. Il exigeait surtout que les frontières de la Palestine suivent les lignes générales ci-dessous indiquées :

« "*Au Nord, à partir d'un point de la Méditerranée dans le voisinage Sud de Sidon, suivre les versants des contreforts du Liban jusqu'à Jisr el Karaon ; de là à El Bire, suivre la ligne de partage des eaux entre les bassins du Wadi el Korn et du Wadi et Teim ; puis dans la direction du Sud, suivre la ligne de partage des eaux entre les versants occidental et oriental du Hermon, jusqu'à l'Ouest de Beit Jenn, puis, dans la direction Est, suivre les pentes Nord du Nahr Mughaniye, et longer le côté Ouest du Chemin de Fer du Hedjaz.*

À l'Est, une ligne suivant de près le côté Ouest du Chemin de Fer du Hedjaz, et se terminant dans le golfe d'Akaba.

Au Sud une frontière à fixer d'accord avec le gouvernement égyptien.

À l'Ouest, la Méditerranée.

1. AE, Papiers Tardieu, Sionisme, vol. 407, « Mémoire de l'organisation sioniste concernant la Palestine », 3 février 1919. Les citations suivantes sont extraites de ce texte.

Le détail des délimitations, ou les redressements de détail qui pourraient être nécessaires seront fixés par une Commission comprenant des représentants juifs."

Curieusement le texte revenait à nouveau sur les frontières pour souligner d'abord que dans l'intérêt d'une administration économe, il (était) éminemment désirable que la superficie de la Palestine soit aussi étendue que possible et ensuite que la vie économique y dépendait comme dans tout pays semi-aride des ressources en eaux disponibles. Les sionistes revendiquaient donc non seulement toutes les ressources en eaux nécessaires mais le contrôle des sources.

Le Hermon est le véritable "Père des eaux" de la Palestine, et ne peut en être séparé sans que soient sapées les bases mêmes de la vie économique. Le Hermon, pour pouvoir servir encore plus efficacement qu'aujourd'hui de réservoir au pays, a besoin, non seulement de reboisement, mais aussi d'autres travaux d'aménagement. Par conséquent, le contrôle doit en appartenir entièrement à ceux qui veulent le plus, et sauront le mieux entreprendre la restauration. Une convention internationale devra être conclue pour sauvegarder entièrement les droits riverains des habitants du bassin sud du Litany. Bien aménagées, ses eaux pourront servir aussi bien au développement du Liban qu'à celui de la Palestine».

Puis le mémoire revendiquait les plateaux fertiles situés à l'est du Jourdain, le libre accès au chemin de fer du Hedjaz ainsi qu'au golfe d'Akaba.

On était loin, comme on le voit, de la Palestine prévue par les accords Grey-Cambon et les Français regimbèrent un peu, mais Weizmann, lors d'une conversation avec Robert de Caix, secrétaire général de « l'Asie française », lui fit comprendre que la France devait se prêter à une « solution généreuse » de la question sioniste et que c'était particulièrement en matière territoriale que l'on désirait cette générosité[1]. Il voulait avoir le district de Safed au nord du lac de Tibériade et la haute vallée du Jourdain. Robert de Caix conseilla de donner satisfaction sur le premier point afin de se concilier les Juifs qui avaient une grosse influence sur la politique anglaise et plus encore sur la politique américaine.

Peu avant la conférence qui se tint à Londres en février et en mars 1920, conférence où devaient se discuter les frontières de la Palestine, Sokolow écrivit à Millerand pour lui faire part de la profonde anxiété de ses amis et de lui-même : « *Dans leur demande à la conférence de la Paix, en ce qui concerne les frontières de la Palestine, les sionistes*

---

1. AE, Levant 1918-1929, Palestine, vol. 14, R. de Caix, probablement au directeur Asie, 11 septembre 1919.

ont posé le minimum des conditions essentielles à la réalisation d'un foyer national juif. [...] *Il va sans dire qu'en aucune circonstance la ligne Sykes-Picot ne pourrait être acceptée par les sionistes, même comme base de négociation*[1] ». Cela empêcherait l'accès aux eaux du Litani et du Jourdain qui sont indispensables à l'irrigation des cultures et à la production d'électricité et priverait le foyer juif des colonies installées dans le Jaulan et dans le Hauran.

La séparation des régions du nord de la Palestine « *ferait naître un sentiment de profonde et durable amertume dans le cœur des Juifs, non seulement en Palestine, mais dans le monde entier*[2] ».

Millerand répondit le 10 février 1920 par une lettre aimable mais qui n'engageait à rien[3]. Alors les menaces devinrent plus précises. Le « British Palestine Committee » publia un article rappelant que la ligne Sykes-Picot « *viol(ait) les droits sacrés du peuple juif* »... La France s'était ralliée au foyer national juif, mais ce foyer ne pouvait être « *une Palestine dépouillée de son territoire*

1. *Ibid.*, Sokolow à Millerand, 7 février 1920.
2. *Ibid.*
3. *Ibid.*, Millerand à Sokolow, 10 février 1920.

légitime, privée de ses propres richesses et condamnée à une lutte éternelle[1] ».

Ensuite venaient les menaces : la France courait, en annexant ce petit territoire de la Palestine juive, des risques bien plus grands que tous les avantages que lui procuraient ses vastes possessions d'Afrique.

Lors de la conférence de Londres, Berthelot qui représentait la France écrivit à Millerand pour lui indiquer la frontière qui lui semblait acceptable à son avis. Cette frontière partirait de 5 km au sud de Tyr jusqu'à Ras el Aïn. Elle se dirigerait sur Kanah, traverserait le Wadi Ashur au point Mezrah, puis longerait le Wadi el Mar, laissant Toron au sud. Elle traverserait le Wadi Selukieh au nord de la Shakra puis gagnerait, au sud de Beth Reheb, la ligne de partage des eaux du Jourdain et du bassin du Litani qui resterait en entier en Syrie. La frontière suivrait alors la crête vers le Nord jusqu'à la hauteur du coude du Litani et se dirigerait ensuite en ligne droite vers la pointe extrême méridionale du mont Hermon, dont le massif resterait en entier en Syrie. Cette ligne passerait environ à six kilomètres au nord du point biblique de Dan. « *Nous resterons ainsi dans les termes toujours employés par M. Lloyd George à l'égard*

1. *Ibid.*, vol. 2, le consul général de France à Anvers à Millerand, 11 mars 1920, article de l'Office de presse juive, joint à cette dépêche.

des sionistes et à la Chambre des Communes, c'est-à-dire la Palestine dans ses limites historiques du Dan à Beersheba. Ce sont, en effet, les frontières historiques constantes de la Palestine à travers les siècles. Cela répond à ce qu'il peut y avoir de légitime dans les revendications sionistes et c'est nettement en dehors de la Syrie proprement dite. [...] *M. Robert de Caix est en faveur de cette frontière depuis le début. Il estime qu'elle répond à la réalité. M. Lloyd George m'a dit que s'il l'obtenait, il ne soutiendrait pas au-delà les revendications juives. Rien ne peut être cédé au-delà*[1]*...* »

Aussitôt les sionistes poussèrent les hauts cris. Ils voulaient le contrôle du haut Jourdain, du Yarmouk et du Litani ainsi que la voie ferrée qui partait de Deraa, traversait le Hauran et pénétrait en Palestine à Semakh. Reniant leur promesse, les Anglais épousèrent cette thèse. Ils exigeaient que la frontière fût reportée au-delà de Tyr, au nord de l'embouchure du Litani, allât jusqu'aux cimes du Liban, les suivît du sud au nord jusqu'à la hauteur des sources du Jourdain, puis «*par la vallée du Litani et le seuil terminal du val des Muriers, gagnant les crêtes de l'Hermon, d'où, à travers les plateaux transjordaniens, par Nawa El Mezerib,*

1. AE, Arabie 1918-1929, vol. 9, Berthelot (à Londres) à Millerand, 13 mars 1920.

dans le Haouran, elle atteindrait la ligne Sykes-Picot entre Irbid et le chemin de fer du Hedjaz au sud de Deraa[1] ».

Les Syriens, les Libanais et les Français protestèrent aussitôt. À la conférence de San Remo, les Français restèrent fermes « *sur leur proposition de définir la frontière libanaise en fonction de l'étendue du bassin hydrographique du Litani. En juin 1920, Millerand avait durci la position française en désavouant le tracé de Berthelot et en le décalant plus au sud à partir de Ras Nakoura*[2]. *Ce fut ce tracé qui fut retenu lors de l'envoi à Londres du projet français de charte du mandat sur la Syrie et la Palestine*[3] ».

Les Anglais, totalement inféodés aux sionistes, essayèrent de grignoter sur la frontière syrienne afin de s'assurer des sources du Jourdain et du Yarmouk. Mais les Français furent « *totalement insensibles aux sirènes du sionisme, ils avaient accepté un foyer national, mais non un État juif et ne voulaient rien entendre à ce sujet*[4] ». Les Juifs ne se découragèrent pas. Devenu adjoint du général Gouraud, haut-commissaire en Syrie et au Liban, Robert de Caix fit

1. *L'Asie française*, mars 1921, « La nouvelle frontière syro-palestinienne ».
2. H. Laurens, *La question de Palestine, l'invention de la Terre sainte*, *op. cit.*, p. 539.
3. *Ibid.*
4. *Ibid.*, p. 540.

un voyage en Palestine en octobre 1920. Il rencontra Sir Herbert Samuel qui plaida à nouveau pour un report vers le nord de la frontière de la Palestine. Mais R. de Caix répondit qu'avec Millerand à la présidence de la République et Leygues aux Affaires étrangères, tous deux partisans de l'influence de la France en Orient, les sionistes avaient peu de chances d'avoir gain de cause[1].

R. de Caix ajoutait que « *même lorsque la question de la frontière aura été réglée, il faudra veiller à déjouer les tentatives qui se produiront certainement pour acheter des terres dans le sud de la Syrie et y installer des colons juifs, pour prolonger au nord la colonisation palestinienne. Je me rappelle avoir été saisi au début de l'année de la demande d'un Juif se disant non sioniste, mais qui sollicitait des facilités pour acheter dans le sud de la Coeli-Syrie assez de terres pour y fonder une cité juive*[2] ».

Pour lutter contre cette menace, de Caix conseillait de développer l'enseignement technique mais… « *surtout pour éviter la colonisation, le meilleur remède (était) de constituer aussi fortement que possible la propriété dans le sud*

1. AE, Levant 1918-1929, Palestine, vol. 3, Gouraud à Leygues, 3 novembre 1920, « Rapport de mission en Palestine » de R. Caix du 28 octobre 1920 joint à la lettre précédente.

2. *Ibid.*

de notre zone[1] ». Pour cela il préconisait de s'emparer des latifundia, de les diviser en petites et moyennes propriétés. « *Ce serait, écrivait-il, le meilleur moyen pour empêcher la vente des terres aux Juifs*[2] ».

Jusqu'à la dernière minute, les Anglais, poussés par les sionistes, essayèrent d'obtenir de Paris des dispositions pour les eaux du Litani et du Yarmouk, mais Leygues demanda à l'ambassadeur de France à Londres, « *de faire savoir au Foreign Office que le gouvernement français (était) décidé à ne plus faire aucune concession dans la question des frontières de Palestine, pas plus que dans celle de l'utilisation des eaux du Litani et du Yarmouk, où les prétentions sionistes sont tout à fait exagérées. M. Lloyd George a formellement déclaré qu'il se contenterait de la délimitation Dan à Ben Sheba* sic] *et qu'il ne soutiendrait pas au-delà les revendications sionistes. Il n'y a donc pas à revenir sur ce point. Le gouvernement français a cédé Mossoul, abandonné l'internationalisation de la Palestine au profit des Anglais et amélioré fortement la frontière palestinienne au-delà de la ligne Sykes-Picot. Il n'ira pas au-delà*[3] ».

1. *Ibid.*
2. *Ibid.*
3. *Ibid.*, Leygues à Picot, 14 novembre 1920.

À la conférence de Paris qui se tint le 4 décembre 1920 Lloyd George confirma que la frontière de la Palestine devait être celle indiquée dans la Bible : de Dan à Bersheba. En échange, la France accepta qu'une partie des eaux du haut Jourdain et du Yarmouk fût utilisée par les Juifs. Tel est le sens de la lettre de Berthelot à diverses ambassades. Lloyd George, écrivait-il, avait « *renoncé à appuyer les revendications des sionistes qui réclamaient une nouvelle extension des frontières de la Palestine et la cession par la zone française au profit de la zone britannique de ses droits sur les eaux du Litani et sur les neiges de l'Hermon. En ce qui concerne les eaux du haut Jourdain et du Yarmouk, il a été entendu que les sionistes ne pourraient revendiquer que la portion des eaux que les ingénieurs français jugeraient inutile pour la satisfaction des besoins de la zone française ; tous les travaux seront exécutés aux frais des sionistes*[1] ».

Ces dispositions furent ratifiées par la convention franco-britannique du 23 décembre 1920[2]. Elle avait pour base l'entente entre Clemenceau et Lloyd George le 1er décembre 1918. Le 18 janvier 1921, Raïs, consul général à Jérusalem, faisait savoir à Briand que lors de la 3e session du conseil

1. *Ibid.*, vol. 14, Berthelot, secrétaire général du ministère à diverses ambassades, 7 décembre 1920.

2. On trouvera le texte de cette convention dans Hoyakem et Bittar, *op. cit.*, p. 368 et suiv.

administratif il avait été décidé de transformer le nom de Palestine en celui de «Palestine-Pays d'Israël[1]». Il lui envoyait aussi un extrait du *Haaretz* de la veille qui relatait ce que Weizmann avait dit à ce journal. Au sujet des frontières le chef sioniste déclarait que rien n'était encore définitif et qu'il espérait les voir modifier «en notre faveur». «*L'organisation sioniste, ajoutait-il, travaill(ait) activement dans ce sens*[2]». Le même journal, le 6 février 1921, conseillait aux Juifs de s'installer à l'ouest du Jourdain en zone française, ce qui permettrait de repousser ensuite les frontières de la Palestine, ce qui justifiait la prudence de Robert de Caix et les mesures qu'il préconisait pour essayer de lutter contre l'impérialisme sioniste. Le surlendemain, dans un autre article, un journaliste écrivait: «*Que nous le voulions ou non, la question d'une armée sera à l'avenir l'un des problèmes principaux de notre programme politique et financier*[3]». Il ne croyait pas si bien dire puisque depuis plus de cent ans le droit du sionisme repose en grande partie sur la force.

L'échec de la création de la commission des Lieux saints

On a vu que le maintien du *statu quo ante bellum*, c'est-à-dire du protectorat catholique de la France sur les

---

1. AE, 1918-1929, Palestine, vol. 15, Raïs à Briand, 18 janvier 1921.
2. *Ibid.*
3. *Ibid.*, Haaretz, 6 février 1921.

Lieux saints, avait été traité avec tant de légèreté par le gouvernement français depuis le début du XXe siècle, que l'on avait été obligé d'y renoncer. La dernière occasion sérieuse où il aurait pu être défendu se situa le 1er décembre 1918 lors de la fameuse conversation entre Lloyd George et Clemenceau, conversation confirmée par ce dernier le 22 mai 1919 devant le Conseil des Quatre. Le président du Conseil français déclara qu'il avait simplement accepté que les Lieux saints fussent protégés[1]. «*Par qui? Comment? Rien n'avait été précisé. Or, c'est à ce moment-là que la France, en vertu de ses droits historiques et de sa position privilégiée antérieure en Palestine, eût pu obtenir des garanties. Faute de l'avoir fait, elle fut considérée au Vatican comme (à peu près) évincée de l'Orient par l'Angleterre*[2]».

À San Remo, Millerand, lié par cet abandon de facto, renonça formellement au protectorat, protectorat battu en brèche dans les faits par les Anglais qui faisaient tout ce qu'ils pouvaient, avec la complicité de certaines autorités religieuses locales, pour en effacer les dernières traces.

On se trouvait donc devant une véritable table rase après la conférence de San Remo. Certes, l'article 95 du traité

---

1. AE, SDN, mandats, Palestine, vol. 616, Poincaré à Saint-Aulaire, ambassadeur à Londres, 10 juillet 1922.
2. AE, Turquie-Arabie, 1918-1929, Charles Roux à Pichon, 18 avril 1919.

de Sèvres avait prévu qu'une commission serait nommée pour étudier ces questions et régler les querelles concernant les communautés religieuses en Palestine. Mais, à la suite de la décision officielle prise lors de cette conférence de confier le mandat de la Palestine à la Grande-Bretagne, le gouvernement anglais hérita « *à la fois des prérogatives du gouvernement turc et du gouvernement français : il (était) donc, à parler strictement, libre de choisir telle solution qui lui conviend(rai)t.*

Mais à la suite de conversations poursuivies par MM. Fromageot et Canet avec Sir Cecil Hurst, M. Balfour a accepté à Genève, en septembre 1921… qu'il y eût une commission des Lieux saints… que cette commission fût présidée par un Français[1] ».

C'est ainsi que le projet de mandat sur la Palestine déposé par l'Angleterre prévoyait dans son article 14 la création de cette commission chargée du règlement de la question. C'est à ce moment-là qu'éclatèrent les différends.

Le Vatican, qui avait imprudemment encouragé les sionistes durant la guerre – Benoît XV ne déclarait-il pas à Sokolow en 1917 « *que les efforts des Juifs pour se créer un*

1. AE, SDN, mandats, Palestine, vol. 618, Note pour M. Clauzel, 2 septembre 1924.

siège national en Palestine étaient suivis par lui avec sympathie[1] ? » – comprit rapidement son erreur. Il protesta en particulier lors de la publication du projet de mandat.

Le cardinal Gasparri écrivit au secrétaire général de la Société des Nations que le Saint-Siège ne s'opposait pas « *à ce que les Juifs aient, en Palestine, des droits civils égaux à ceux dont jouissent les autres nationalités et confessions, mais il ne (pouvait) consentir :*

1. qu'aux Juifs soit faite une position privilégiée et prépondérante sur les autres nationalités et confessions ;

2. que les droits des confessions chrétiennes ne soient pas suffisamment sauvegardés[2] »... Il critiquait, entre autres, l'article 14 prévoyant une commission des Lieux saints.

En fait, l'Angleterre essaya de limiter au maximum le rôle de cette commission. Elle voulait une commission temporaire, composée de juristes ayant pour mission de fixer un cadre général, la puissance mandataire étant chargée ensuite exclusivement de faire respecter le statut des Lieux

---

1. AE, Guerre 1914-1918, Sionisme, vol. 1199, « Le sionisme et le Saint-Siège », 19 juillet 1917. Souligné dans le texte.

2. AE, SDN, mandats, Palestine, vol. 616, cardinal Gasparri au secrétaire général de la SDN, 15 mai 1922.

saints préalablement défini par cette commission. Cette formule lui aurait laissé ainsi les mains libres.

Bien qu'ayant abandonné son protectorat traditionnel à San Remo, la France, essayant malgré tout d'en sauver quelques bribes, aurait désiré que la commission en question eût un caractère international et permanent[1]. Elle aurait été constituée d'un président nommé par le Conseil de la SDN sur présentation du gouvernement français et de six membres nommés par la puissance mandataire : quatre sur présentation de l'Espagne, de l'Italie, de la Grèce et de l'Abyssinie et deux par l'Angleterre. Ce dernier projet n'alla pas très loin, car le cardinal Gasparri confia à Jonnart, ambassadeur de France auprès du Saint-Siège, que le Conseil de la Société des Nations ne délibérerait que sur le projet britannique, dont était partisan le cardinal Bourne, primat d'Angleterre, qui était sûr, à la suite des conversations qu'il avait eues « *avec les représentants des puissances catholiques au Conseil de la Société des Nations qu'une majorité de juristes catholiques (aurait) la chance d'être choisie*[2] », alors que, ce qui déplaisait souverainement au Vatican dans le projet français, c'était que la majorité de la commission eût peu de chances d'être catholique, ce

1. *Ibid.*, vol. 617, « Note au sujet du mandat de Palestine », 18 juillet 1922.

2. AE, Levant 1918-1929, Palestine, vol. 9, Jonnart à Poincaré, 13 juillet 1922. La citation suivante est extraite de la même dépêche.

qui ruinait le *statu quo* que la France prétendait défendre. Mgr Cerretti, nonce en France, avait fait observer en effet que le *statu quo* consistait en ceci que les Lieux saints étaient en possession des catholiques, sous réserve de certains droits reconnus aux orthodoxes, aux Arméniens, aux Coptes et aux Abyssins. Et le rôle traditionnel de la France était de défendre les catholiques contre les empiétements des non-catholiques.

« *Si la commission se compos(ait) de quatre non-catholiques (deux Anglais, un Grec et un Éthiopien) contre trois catholiques (un Français, un Italien et un Espagnol), il (était) évident que le* statu quo *ne pourra(it) pas être maintenu* ».

Ayant compris les raisons de l'opposition du Saint-Siège au projet français, Poincaré avait écrit à Saint-Aulaire, ambassadeur de France à Londres, le 14 juillet, de se rapprocher du cardinal Bourne afin de lui rappeler les trois points qui étaient essentiels pour la France. « *La commission (devait) être permanente et conciliatrice. Le « statu quo » devait être la base de ses décisions. La présidence (devait) être assurée à un Français*[1] ». Mais il était déjà trop tard et les Français furent obligés d'accepter, comme le

1. AE, Levant 1918-1929, Palestine, vol. 9, Poincaré à Saint-Aulaire, 14 juillet 1922.

désiraient les Anglais et le Saint-Siège, la disjonction de l'article 14 de l'adoption des mandats syrien et palestinien, ce qui les laissa encore un peu plus désarmés, car ils perdirent ainsi leur dernier moyen de pression vis-à-vis de la Grande-Bretagne.

En fait, l'opposition obvie mais tenace ne venait pas tant des Britanniques que du Saint-Siège. La Grande-Bretagne était prête à accepter le compromis proposé par la France, mais le Vatican fit savoir qu'il tenait à la rédaction de l'article 14 telle qu'elle avait été proposée par les Anglais. Viviani fit alors observer qu'il lui était difficile « *de plaider la cause traditionnelle si elle (était) abandonnée par l'autorité souveraine chargée de la soutenir*[1] ».

De toute façon, le 22 juillet 1922, les mandats sur la Palestine et sur la Syrie furent adoptés. L'article 14 avait été disjoint. Le mandataire fut chargé de présenter un nouveau projet concernant la composition et la fonction de la commission[2].

Le 31 août, Balfour, représentant anglais à la SDN, remit le projet préparé par le Foreign Office. La nouvelle

---

1. AE, SDN, mandats, Palestine, vol. 617, Viviani (représentant de la France à la SDN) à Poincaré, 18 juillet 1922.
2. *Ibid.*, du même au même, 22 juillet 1922.

commission était composée de trois sous-commissions, une chrétienne composée de sept membres, une musulmane de trois membres et une juive de trois membres. Deux dispositions heurtèrent particulièrement le Vatican : dans la sous-commission chrétienne, la majorité n'était pas catholique et c'était là un point que le Saint-Siège ne pouvait accepter, comme le dit le nonce Cerretti au directeur des Affaires politiques[1]. En outre, les discussions qui ne seraient pas adoptées à l'unanimité dans chaque sous-commission, ce qui serait le cas dans la sous-commission chrétienne en raison de l'opposition traditionnelle entre catholiques et orthodoxes, seraient soumises à une commission plénière présidée par un Américain, donc probablement par un protestant. À cela s'ajouta le fait que, lorsqu'il fut question de confier à un Français la présidence de la sous-commission chrétienne, l'Italie s'y opposa formellement[2]. Cette hostilité ne venait pas tant du gouvernement que du parti populaire et de la droite, partis sur lesquels le Saint-Siège « *exerçait une pression très forte*[3] »... comme l'avouait le marquis Imperiali à Gabriel Hanotaux.

Ces critiques et l'attitude du Vatican conduisirent Lord Balfour à retirer son projet le 4 octobre. Les représentants

1. *Ibid.*, « Visite du nonce à M. de Peretti », 3 septembre 1922.
2. *Ibid.*, « Visite du chargé d'affaires d'Italie », 11 septembre 1922.
3. *Ibid.*, Hanotaux à Poincaré, 2 octobre 1922.

français, italien et espagnol s'associèrent à ce retrait. Par la suite, Lord Curzon fit savoir à Saint-Aulaire qu'après l'accueil réservé par les pays catholiques au projet Balfour, « *le gouvernement de Sa Majesté n'(avait) pas l'intention, pour le moment, de présenter un contre-projet. Il préfér(ait) laisser les puissances catholiques élaborer entre elles une solution que le gouvernement royal examinerait dans l'esprit le plus bienveillant*[1] ».

En fait, le gouvernement anglais jouait sur du velours, car il savait pertinemment que le Vatican, seule puissance qui aurait pu jouer un rôle d'arbitre et un rôle moteur parmi les nations catholiques, ne le ferait jamais, car il préférait laisser « *à la puissance mandataire protestante la juridiction qui devait être attribuée à une commission composée de représentants des États chrétiens, et, en majorité, catholiques*[2] ».

Le Saint-Siège escomptait que l'inexpérience des magistrats anglais dans ce genre d'affaires les conduirait à faire appel à son représentant en Terre sainte, ce qui servirait les intérêts romains et assouvirait sa volonté de puissance. Le 2 septembre 1924, le « Journal des Débats » annonçait « *qu'au terme d'un décret publié par le « Journal Officiel »*

1. *Ibid.*, vol. 618, Saint-Aulaire à Poincaré, 19 janvier 1923.
2. *Ibid.*, Poincaré à Barrère, 7 décembre 1922.

du gouvernement anglais, tous les conflits concernant les Lieux saints (étaient) de la compétence des tribunaux locaux de l'État, l'instance suprême étant le haut-commissariat lui-même. Celui-ci décider(ait) en dernier ressort, selon les instructions du secrétariat d'État[1] ».

Ainsi, à la suite des palinodies du Saint-Siège, le règlement des différends entre chrétiens à propos des Lieux saints et la défense des intérêts catholiques allaient donc échoir à un haut-commissaire juif ou protestant et après à l'État d'Israël.

Cette situation aberrante est due à l'oubli par Benoît XV, par Pie XI, son successeur, et par le cardinal Gasparri, leur secrétaire d'État, de cette vérité première qu'un droit non appuyé sur la force ne vaut rien. C'est pour cette raison très simple que, même du temps où la papauté disposait d'un État, celui-ci n'ayant qu'une armée d'opérette, elle avait préféré confier la garde des Lieux saints à un pays catholique capable de faire respecter l'ensemble des droits et des devoirs des différentes parties prenantes, catholiques et orthodoxes, appelé *statu quo*.

1. *Ibid.*, « Note pour M. Clauzel », 25 octobre 1924.

Ayant perdu toute puissance temporelle en 1870, la Congrégation de la Propagande décida de conforter sagement quelques années plus tard cet état de choses. Même après la rupture brutale des relations entre la France et le Vatican, Pie X se garda bien d'y toucher, faute de trouver un autre pays capable de recueillir cette charge et cet honneur. Il conserva l'espoir que, les régimes changeant, la France reviendrait à de meilleurs sentiments. Or, c'est précisément ce qui se passa pendant et après la guerre de 1914. Dès la fin de la guerre, des conversations furent engagées en vue du rétablissement des relations diplomatiques entre les deux puissances. Or, c'est à ce moment-là que le Saint-Siège retira son appui à la France, lourde erreur dont on n'a pas fini de payer les conséquences comme on l'a vu récemment en 2002 lors du siège et de l'incendie de la basilique de la Nativité à Bethléem. Le désintérêt total des pays dits catholiques a laissé seul le Vatican désarmé en face de l'armée israélienne qui n'en fit qu'à sa guise. Triste spectacle, conséquence d'une politique lamentable.

Il est vrai que le Vatican a eu quelques excuses dans le déroulement de cette malheureuse affaire, à commencer par l'attitude de la France elle-même. Même au pire moment des luttes contre la religion catholique, que ce soit sous la Révolution ou au début du XXe siècle, le gouvernement français avait toujours revendiqué la défense des droits hérités en Orient de la monarchie. Leur abandon en quelques secondes par Clemenceau, lors de sa conversation en tête à tête avec Lloyd George le 1er décembre 1918, était apparemment si stupéfiant que l'on comprend que ce geste ait conforté le Vatican dans son désir de ne plus faire confiance à la France. On peut en effet toujours espérer que le pire des adversaires vienne un jour à résipiscence, mais qu'attendre d'un individu ou d'un pays qui n'a que mépris pour la défense de ses propres droits et qui subordonne ses intérêts à ceux d'autrui?

•••••

Ainsi victime de ses propres erreurs, la France, qui était la puissance européenne la plus présente en Palestine avant 1914, celle dont la langue était la plus couramment parlée, celle qui avait dans cette région les intérêts économiques, moraux et spirituels de loin les plus importants, vit brutalement cette influence disparaître dans tous les domaines. L'article 22 du mandat stipulant que : l'anglais, l'arabe et l'hébreu seront les langues officielles de la Palestine, résume mieux que tout cette éviction de la France d'une terre où elle était présente depuis des siècles.

Cette éviction est le fruit d'une certaine logique. À partir du moment où la France avait fini par accepter de rentrer dans le cadre de la déclaration Balfour qui, au mépris de l'histoire et de la justice, donnait tous les pouvoirs aux sionistes et à l'Angleterre, elle ne pouvait plus espérer sauver grand-chose de ses privilèges ni même de la part de la Syrie qui lui revenait. Un axiome stipule qu'en droit l'accessoire suit le principal. La France, en abandonnant le principal, devait se douter que les questions subsidiaires suivraient, d'autant plus que cet abandon fut considéré comme il devait l'être par nos alliés et surtout par le Vatican : comme une capitulation en rase campagne. On ne peut même pas dire *Vae victis*, la France n'avait pas été battue. Clemenceau ayant jeté aux orties tous nos droits. Dans ces conditions que pouvait-on attendre d'un pays qui refusait de se défendre ?

Chapitre XV

Un peuple humilié se bat pour en humilier un autre

À la fin de la guerre de 1914 et après celle-ci, lors de la conférence de la Paix, les dirigeants français ont commis, comme beaucoup d'autres, beaucoup d'erreurs : démembrement de l'Empire d'Autriche-Hongrie, volonté d'humilier l'Allemagne tout en la renforçant, prétention de juger le Kaiser en qualité de responsable principal de la guerre, ce qui était faux et absurde, etc. Mais il y a un point sur lequel la plupart de ces dirigeants ont vu clair, c'est sur la question du Proche-Orient en général et sur la question palestinienne en particulier : Ils ont eu conscience qu'ils avaient affaire à deux peuples humiliés et qu'il serait dangereux de les opposer car cela conduirait nécessairement à une guerre sans fin. Leur position modérée n'a pas été suivie. Ils n'ont pas été écoutés. Il était pourtant facile de prévoir ce qui allait suivre.

Deux peuples humiliés

Dans son discours inaugural de l'Alliance israélite universelle, prononcée le 17 mars 1860, Adolphe Crémieux déclarait : « *D'autres peuples et races sont divisés en nationalités, nous seuls n'avons pas de concitoyens, mais exclusivement des coreligionnaires. En aucune circonstance un Juif ne deviendra l'ami d'un chrétien ou d'un musulman avant qu'arrive le moment où la lumière de la foi juive, la religion de raison, brillera sur le monde entier.*

Dispersés parmi les autres nations, qui depuis un temps immémorial furent hostiles à nos droits et à nos intérêts, nous désirons premièrement être et rester immuablement Juifs. Notre nationalité, c'est la religion de nos pères et nous ne reconnaissons aucune autre nationalité. Nous habitons des pays étrangers[1] »...

Adolphe Crémieux ajoutait que : « *Quelque part que le destin vous conduise, dispersés comme vous l'êtes sur toute la terre, vous devez toujours vous regarder comme faisant partie du Peuple Élu*[2] ».

---

1. https:/www. facebook. com/clyattionimohamedbadine/photos/ph: 17.

2. *Ibid.*

Enfin, disait-il : « *Le catholicisme ; notre ennemi de tout temps, gît dans la poussière, mortellement frappé à la tête... Le temps est proche où Jérusalem va devenir la maison de prière pour toutes les nations et tous les peuples*[1] ».

On devine ces mêmes sentiments de frustration de haine lors du fameux décret qui porte son nom destiné à donner aux Juifs d'Algérie tous les droits de citoyen en excluant sciemment les Arabes dont beaucoup étaient pourtant venus se battre courageusement contre les Prussiens.

On constate le même complexe dans le livre du Dr Léon Pinsker dont le titre *Autoémancipation* est à lui seul un programme, un appel à sortir de la condition humiliante et précaire dans laquelle vivaient beaucoup de Juifs d'Europe centrale. C'est pourquoi ce livre eut un très grand succès.

Mais celui qui sut le mieux exprimer et surtout canaliser les aspirations de ses coreligionnaires fut, sans conteste, Théodore Herzl. Que ce soit dans son livre *L'État juif*, dans les congrès sionistes réuni d'abord à Bâle ou dans les multiples voyages au cours desquels il rencontra, on peut le dire, tous les grands de ce monde, Herzl ne cessa de plaider pour que ses coreligionnaires aient une terre à eux. Dès

---

1. *Ibid.*

le premier congrès de 1897, conçu par Herzl comme un parlement du peuple juif, celui-ci exigea que ce pays soit la Palestine.

Au congrès de 1901, Israël Zangwill lança la phrase fameuse : « *À un peuple sans terre, il faut une terre sans peuple* », ce qui était parfaitement erroné à tel point qu'il prétendit par la suite que cette énormité n'était pas de lui mais de Lord Shaftesbury. Toujours est-il que cela avait l'avantage de dénier aux Palestiniens le qualificatif de peuple en les humiliant et de justifier la création d'un foyer national juif puisqu'il était créé sur une *terra nullius*.

Le même écrivit après la Première Guerre mondiale que « *les Arabes devraient reconnaître que la renaissance de leur gloire nationale doit suivre la route de Bagdad, de Damas, de La Mecque et de tout ce vaste territoire évacué par les Turcs ; et ils devraient, en ce qui concerne la Palestine, être satisfaits d'être politiquement submergés. Les puissances qui ont libéré la Palestine et l'Arabie ont certainement le droit de demander aux Arabes de ne pas convoiter ce petit coin nécessaire à la renaissance d'un peuple encore plus opprimé*[1] ».

1. Israël Zangwill, *op. cit.*, p. 242.

Mais pourquoi les Palestiniens, qui sortaient eux aussi humiliés de quatre siècles de colonisation turque dont Negib Azoury a décrit la mesquinerie, la barbarie, la grossièreté et l'inefficacité dans son livre *Le Réveil de la nation arabe dans l'Asie turque* en 1905 auraient-ils dû accepter une autre forme de sujétion, la pire de toutes puisqu'il ne s'agissait pas de les coloniser mais de les chasser et de les remplacer. À une époque où tout commençait à bouger et à craquer, où les peuples assujettis par les Européens commençaient à revendiquer leur indépendance, comment imaginer que les Palestiniens, seuls de leur espèce, auraient accepté ce déni de droits?

N'oublions pas ce que Lyautey écrivait en 1920 dans la fameuse circulaire dite du «Coup de barre»?

« *Voici le moment de donner un sérieux coup de barre au point de vue de la politique indigène et de la participation de l'élément musulman aux affaires publiques. Il faut bien regarder en face la situation du monde en général, et spécialement la situation du monde musulman, et ne pas se laisser devancer par les événements. Ce n'est pas impunément qu'ont été lancées à travers le monde les formules du droit des peuples à disposer d'eux-mêmes et les idées d'émancipation et d'évolution dans le sens révolutionnaire. Il faut bien se garder de croire que les Marocains échappent ou échapperont longtemps à ce mouvement général. Si, pendant des siècles, la xénophobie du Maghreb, son esprit d'indépendance jalouse ont établi une cloison étanche entre lui et le reste du monde et l'ont maintenu figé dans une forme théocratique immuable, ces temps sont passés* [...] *Mais ce dont il faut être persuadé, c'est que des temps nouveaux se lèvent et menacent.*

Le succès des bolcheviks en Crimée, leur approche de Constantinople, du Levant, le contrecoup qui va s'en produire en Islam, les proclamations d'indépendance en Égypte, en Tripolitaine sont des événements mondiaux qui vont créer demain une situation nouvelle. Il ne faut pas se laisser surprendre. La Tunisie et l'Algérie sont déjà profondément remuées; il serait inexcusable de s'endormir au Maroc et d'imaginer qu'on pourra longtemps éviter le contrecoup de tels événements[1] ».

Il suffit de remplacer Marocains, Algériens ou Tunisiens, par Palestiniens et l'on verra que la situation au Levant était semblable à celle de l'Afrique du Nord. Elle était même probablement plus délicate encore en raison du double jeu mené par les grandes puissances durant la guerre, spécialement par l'Angleterre.

1. H. Lyautey, Rapport du 18 novembre 1920, « Lyautey, Textes et lettres », Plon 1954; t IV.

L'utilisation des humiliés

Pendant la guerre de 1914, les Alliés eurent besoin des deux parties : des Arabes et des Juifs : des Arabes dirigés par le Chérif Hussein de La Mecque afin de prendre à revers les Turcs qui menaçaient le canal de Suez et le pétrole de Mossoul et des Juifs afin d'amener les États-Unis à abandonner leur neutralité et d'entrer en guerre à leurs côtés et surtout de financer l'effort de guerre des Alliés qui, à court terme, menaçait la convertibilité-or de la livre sterling. Pour atteindre ces divers buts, il fallut les flatter et donc faire des promesses parfaitement contradictoires.

À Hussein, avide de prendre sa revanche contre les Turcs, les Anglais promirent, comme on l'a vu, la presqu'île arabique et une bonne partie de la Syrie nonobstant la région de Mossoul et la côte dite levantine, terme qui n'avait pas grand sens dans l'esprit du Chérif de La Mecque qui ne faisait aucune différence entre les Levantins et les Arabes, contrairement aux Européens de l'époque. On lui cacha ainsi soigneusement les accords Sykes-Picot qui partageaient la Grande Syrie à son détriment.

Mais surtout, c'est ce qu'il y a de plus grave, ce furent les populations arabes qui furent grugées. En effet, les Arabes qu'ils soient chrétiens ou musulmans s'ouvraient progressivement à la modernité et par-delà au nationalisme. L'entrée en guerre de la Turquie fut un formidable accélérateur. La levée des troupes et l'augmentation des impôts accrurent l'irritation. Le nationalisme sous-jacent entra dans une nouvelle phase, transformant ses demandes de réforme en exigence de liberté[1].

Bien imprudemment la France et l'Angleterre firent durant la guerre des déclarations dans lesquelles elles prétendaient lutter pour le droit contre la force, pour les petites nations contre les pays qui les écrasaient.

Un diplomate, ayant travaillé sous les ordres de Jean Gout, durant la guerre de 1914, raconte dans ses Mémoires le petit fait suivant :

« *La France et l'Angleterre ayant pris en Orient le rôle d'émancipatrices des populations arabes opprimées par le sultan de Constantinople, il était évident que l'effort de l'armée anglaise de la Mésopotamie (qui venait de venger, en prenant Bagdad, l'échec subi l'année d'avant par le général Townshend) et de celle de la Palestine (dont la grande avance n'avait pas encore commencé à ce moment-là) devait être doublé d'une activité politique intense destinée*

1. J.P. Alem, *op. cit.*, p. 23.

à faire éclater et à développer le plus rapidement possible dans ces régions une agitation à forme antiturque[1] ».

Ce préambule est important car il situe, approximativement, la conversation qu'on va lire. C'était après le 11 mars, date de la prise de Bagdad par le général Maud, probablement après le départ de F. Georges-Picot pour l'Égypte, puisqu'on ne parle pas de lui dans les lignes qui vont suivre et après le retour de Sir Mark Sykes en Angleterre. On peut donc dire que celle-ci se déroula probablement à la fin de l'été 1917.

Jean Gout invita son collaborateur, Jean-Baptiste Barbier, à un déjeuner avec Sir Mark Sykes… «*Mon chef se vit forcé d'agir auprès de ce dernier afin de l'amener à rendre moins précis et plus mesurés les termes d'un projet de déclaration commune des deux gouvernements concernant le statut futur des populations arabes de l'Empire turc, qui avait été rédigé à Londres et auquel cette personnalité britannique avait contribué. Avec une insouciance du lendemain qui n'est pas rare chez eux, les Anglais, ne songeant qu'à précipiter le plus possible le soulèvement des populations intéressées, se montraient disposés à leur permettre n'importe quoi pour plus tard et je me souviens très bien que M. Gout fit remarquer à son hôte que, si la déclaration*

1. J. B. Barbier, *Un frac de Nessus*, Rome, 1951, p. 112.

en question prenait une apparence trop incendiaire, elle risquerait de susciter des espérances déraisonnables ou prématurées, et par conséquent de l'agitation, non point seulement parmi les Arabes de la Turquie, mais parmi ceux des colonies, protectorats et dépendances de la France et du Royaume-Uni, ce qui, sans doute, ne répondrait pas plus au vœu profond de l'une que de l'autre des deux puissances. Sir Mark Sykes [...] *se rendit* [...] *volontiers au bien-fondé de ces observations de M. Gout et le texte que nous avions en main fut très heureusement amendé en conséquence*[1] ».

Ainsi, au moment même où le gouvernement anglais et spécialement Sir Mark Sykes travaillait sournoisement à livrer la Palestine aux sionistes, ils n'hésitaient pas à pousser les Arabes à la révolte en leur faisant les promesses les plus folles et les plus démagogiques. Il fallut que Jean Gout, qui n'était peut-être pas totalement au courant des conversations secrètes entre Sir Mark, F. Georges-Picot et Sokolow, l'arrêtât pour éviter une véritable catastrophe. Le communiqué commun fut amendé et J.B. Barbier d'ajouter : « *sa publication ultérieure fit, je crois, le meilleur effet*[2] »... On laissera à ce diplomate la responsabilité de cette affirmation après avoir souligné, quand même ! la duplicité de

1. *Ibid.*
2. *Ibid.*

Sir Mark Sykes et des gouvernants anglais qui n'hésitaient pas à faire des déclarations incendiaires à une époque où ils traitaient en sous-main avec le gouvernement américain d'un côté et avec les sionistes de l'autre, Sir Mark Sykes était mieux placé que personne pour le savoir, afin de livrer à ces derniers la Palestine.

On s'imaginera, peut-être, qu'on ne fait guère mieux en matière de double jeu : erreur !

Dans un discours du 5 janvier 1918 prononcé au congrès des Trade Unions, Lloyd George déclara :… « *Nous estimons que l'Arabie, la Syrie et la Palestine ont droit à une reconnaissance de leurs titres nationaux respectifs*[1] », ce qui signifie en clair à leur indépendance. Clemenceau s'associa à cette déclaration. La France et l'Angleterre publièrent le 7 novembre 1918, alors que la guerre était virtuellement terminée, un communiqué commun faisant savoir que leur but de guerre en Orient était « *de libérer définitivement les peuples qui (avaient) tant souffert de la tyrannie turque et de créer des gouvernements et États nationaux que les populations (auraient) le choix de nommer* ».

1. AE, A. Paix, vol. 170, P. Cambon à Pichon, 31 mai 1918.

Comme le faisait observer une motion envoyée par le Comité islamo-chrétien à Durieux, délégué du Haut-Commissaire en Palestine, les Palestiniens de Naplouse ayant appris par les journaux égyptiens que la Judée, la Galilée et la Samarie seraient données aux Juifs, ont protesté dans un tract disant qu'en vertu du droit des peuples à disposer d'eux-mêmes proclamé par les Alliés, ils faisaient savoir leur « *refus absolu de céder (leur) pays à n'importe quel peuple par voie d'immigration.*

Nous avons dit aussi que, comme nation arabe, nous désirions notre annexion à la Syrie pour faire de ces deux fractions un seul gouvernement syrien, arabe, indépendant de toute influence ou de toute domination étrangère[1] ».

D'un autre côté la guerre éveilla d'immenses espérances chez les sionistes dont le nationalisme était né aussi au XIXe siècle. Cette guerre, disaient-ils, était une conséquence du réveil général de la conscience des nationalités, l'heure était donc venue d'obtenir la reconnaissance officielle de la nationalité juive et de réaliser leur idéal. C'est dans ce but que la majorité d'entre eux prit d'abord le parti des empires centraux, persuadés qu'ils étaient de la victoire de l'Allemagne, puis, lorsque la victoire anglaise se dessina

1. AE, Levant, 1918-1919, Palestine, vol. 13, tract joint à la lettre de Durieux à F. Georges Picot, 12 mars 1919.

au Proche-Orient et que la révolution russe eut chassé le gouvernement tsariste, ils se retournèrent vers les pays de l'Entente et exigèrent pour prix de leur ralliement et de leurs services, surtout financiers, la reconnaissance d'un foyer national, d'où les conversations secrètes entre Sokolow, Weizmann et Sir Mark Sykes à Londres et les conversations entre Lord Balfour, le président Wilson et le juge Brandeis aux États-Unis.

Avec la déclaration Balfour, l'Angleterre promit aux sionistes un quasi-État en Palestine. Cette déclaration, volontairement ambiguë, ratifiée par l'Italie, par la Grèce, par les États-Unis et par la France en désespoir de cause, reconnue dans le traité de Sèvres, à la conférence de San Remo et enfin officialisée par le texte du mandat donné par la SDN à l'Angleterre en juillet 1922, était rigoureusement contradictoire avec les espoirs suscités lors de la révolte de Hussein, avec les promesses qui avaient été faites aux Arabes et surtout avec les déclarations des 5 janvier et 7 novembre 1918. C'était ouvrir la porte à d'immenses déceptions.

Plus grave encore, cette politique en faveur des sionistes s'appuyait sur des données qui lui étaient défavorables.

Raïs, consul général de France à Jérusalem, signalait à Poincaré qu'au 1er janvier 1922, donc à une époque où l'immigration juive avait déjà commencé, il y avait en Palestine, qui était un territoire équivalent à deux ou trois départements français semi-désertiques :

585 271 musulmans89 049 chrétiens

81 263 juifs7 213 divers

soit au total 761 796 habitants. Pour une terre prétendument sans peuple cela faisait beaucoup de monde !

On remarquera que les Juifs ne composaient que 10 % de la population. En bonne logique « démocratique » cela aurait dû rendre impossible la création d'un foyer national juif, Au droit se substitua donc la violence.

Comme l'avouait Lord Curzon devant la chambre haute *« un foyer national sioniste » implique sans aucun doute un gouvernement sioniste du territoire sur lequel il sera établi, mais comme 93 % de la Palestine est arabe, je ne vois pas comment vous pourrez établir un gouvernement autre que celui des Arabes, sans porter préjudice aux droits de ceux-ci*[1].

1. J.P. Alem, *op. cit.*, p. 87.

Cette rude franchise était l'aveu de la contradiction profonde que portait la déclaration Balfour. Pour satisfaire son peuple, il fallait en humilier un autre. De là allait naître une guerre sans fin.

La déclaration Balfour, une fabrique de parias

Comme l'a dit Hannah Arendt : le paria en politique c'est celui qui n'a aucun droit. C'est exactement le cas des Palestiniens depuis un siècle. Cela a commencé très tôt.

Sir Herbert Samuel déclara à Londres lors du deuxième anniversaire de la déclaration Balfour : « *Notre objectif était que, dans un minimum de temps, la Palestine devienne un Commonwealth se gouvernant entièrement lui-même sous les auspices d'une majorité juive établie*[1]. » L'objectif était clair : substituer à la majorité arabe une majorité juive.

Mais en attendant que faire ? La déclaration Balfour l'indiquait. Si elle garantissait les droits civils et religieux de la majorité arabe, elle ne soufflait mot de ses droits politiques. La délégation française à San Remo avait bien vu le problème, mais Lord Curzon, surveillé de près par Weizmann et Sokolow, présents dans cette petite ville au moment

1. *Ibid.*

de la conférence, avait été inflexible : tant que les Juifs ne seraient pas majoritaires en Palestine, les Arabes n'auraient aucun droit politique. Ainsi, une infime minorité put-elle s'imposer à la majorité et cela en toute bonne conscience puisqu'elle justifia cette injustice sur le plan philosophique.

En décembre 1918 Durieux, délégué du Haut-Commissaire de France en Palestine, écrivait à F. Georges-Picot que les sionistes ne manquaient pas « *une occasion de déclarer que la Palestine (était) désormais leur pays, et qu'avec le plein consentement des Alliés, ils y fonderont derechef leur patrie. Ils laiss(aient) entendre à la population que, de gré ou de force, musulmans et chrétiens ser(aient) contraints de reconnaître la situation acquise et que s'ils persist(aient) dans leurs idées antisionistes, ils ser(aient) totalement évincés de tous leurs droits, alors qu'en acceptant au contraire le principe d'une franche collaboration israélite, ils bénéficieraient de tous les avantages économiques et financiers que les comités sionistes (étaient) en mesure de leur accorder*[1] ».

Ces lignes résumaient en fait la lettre ouverte adressée par un sioniste français, avocat à la cour d'appel de Paris, aux Arabes, lettre qui circulait en Palestine. Maître Éberlin

1. AE – Papiers Tardieu, Sionisme, vol. 406, Durieux à Fr. Georges-Picot, 4 décembre 1918.

écrivait en effet « *qu'un droit nouveau des nationalités et des minorités nationales s'élabor(ait) selon les lois de l'équité, de la justice et de l'expérience. C'est conformément à ce droit que nous réglerons nos rapports avec vous*[1] ».

Ce droit, était-il dit, comportait la liberté d'immigration. « *Une loi internationale sanctionnera ce droit. Nul peuple ne saurait s'y opposer ni s'y soustraire. Du reste, peut-on contester aux Juifs un droit historique sur la Palestine ?* [...] *Il n'y a pas de prescription pour les droits historiques.*

Il ajoutait que les Arabes aur(aient) les mêmes droits que les Juifs en Palestine. Alors à quoi ces sournoises intrigues et ces hypocrites attaques ? [sic]

Au lieu de montrer une résistance ouverte ou sournoise, résistance qui sera brisée, à l'immigration juive, vous n'avez qu'à l'accueillir avec sincérité et sans rechigner. Vous vous en trouverez mieux...

Il faut que vous sachiez, ajoutait-il, que ceux des Européens qui vous excitent contre nous, le font à l'insu des démocraties de leurs pays. Or, là-bas, les démocraties

---

1. *Ibid.*, Aux Arabes, lettre ouverte d'un sioniste de Me Erbelin, lettre jointe à la dépêche précédente. Les citations suivantes sont extraites du même texte.

sont toutes-puissantes. Vous avez tort de croire que les agissements de quelques cléricaux et antisémites puissent trouver un appui ou un concours auprès des démocraties occidentales».

Ainsi, ce juriste juif invoquait-il la démocratie, c'est-à-dire la loi du nombre, pour condamner les vœux de plus des neuf dixièmes des Palestiniens ! Il le faisait, à vrai dire, très habilement : il n'était plus question d'appliquer aux Arabes les droits des petites nations, c'est-à-dire la fameuse théorie du droit des peuples à disposer d'eux-mêmes. Celle-ci était escamotée au profit d'un droit universel décrété par des démocraties toutes-puissantes. À la fin, sentant sans doute la faiblesse de son argumentation, ce curieux juriste avait recours à la menace qui est à l'argument ce que la colère est au raisonnement... «*Ne vous avisez pas de nous contrecarrer par ruse ou par violence dans notre tâche. Car si nous sommes loin d'exagérer la force du judaïsme mondial, nous l'apprécions à sa valeur qui est considérable. Le judaïsme est en ascension dans tous les pays du monde.* [...] *Naguère parias, les Juifs ont été portés au faîte du pouvoir. L'esprit juif, la morale juive tendant, à titre définitif, (à) prédominer dans le monde*». Naguère parias, les Juifs faisaient maintenant des Arabes des parias.

C'est ce qu'exprime fort bien un article de la revue *Le Peuple juif*, du 8 août 1919 :

« *Il est certain qu'en Palestine les peuples ne sauraient être ni conseillés ni appelés à disposer d'eux-mêmes et c'est ce qui est apparu clairement dans les clauses du traité relatives aux zones coloniales et aux mandats. Quand on considère la Palestine et son futur développement, on doit toujours choisir, le problème est infiniment simple, entre l'incurie de 600 000 Arabes et la patience mystico-nationale des 100 000 Juifs établis dans le pays ; et l'ardeur de ceux infiniment plus nombreux qui les y rejoindront*[1] ».

La philosophie juive était donc claire : les cent mille juifs, qui n'étaient en fait que 60 000 à peu près lorsque ces lignes furent écrites, valaient infiniment mieux que 600 000 Arabes puisqu'à la patience des uns on opposait l'incurie, congénitale sans doute, des autres.

Mais, comment les pays occidentaux pouvaient-ils accepter de telles théories ? Rien de plus simple comme l'explique le même article : « L'appui que le président Wilson a toujours donné aux revendications sionistes ne s'oppose [...] pas [...] aux quatorze points qu'il proclama ». Pendant

1. *Ibid.*, vol. 407, Le peuple juif, 8 août 1919.

les six mois que Wilson passa à Paris pour la conférence de la Paix, il fut obligé d'assouplir sa politique que n'encadraient pas toujours ses dix commandements, nous voulons dire ses 14 articles[1].

Autrement dit, les quatorze articles, les grands principes, les droits de l'homme, etc. étant destinés à berner les peuples, les races inférieures, il fallait donc bien les oublier de temps à autre lorsque l'on se trouvait en face d'une race supérieure, la race juive.

De son côté le gouvernement anglais, par la voix de W. Churchill, secrétaire d'État aux Colonies, avait une autre théorie qu'il exposa dans le *Times* du 2 mars 1922. Faisant allusion à l'article 22 du pacte fondateur de la Société des Nations il allégua «*que la Syrie et l'Irak avaient été dans le traité de Sèvres reconnues expressément comme des États indépendants «mais qu'il n'en était pas de même pour la Palestine». La raison en (était) selon lui que, aux termes du traité, la puissance mandataire (devait) réaliser la déclaration faite le 2 novembre 1917 par le gouvernement britannique et adoptée par les autres puissances alliées en faveur de l'établissement en Palestine d'un foyer national pour le peuple juif et le «gouvernement de Sa Majesté lié*

1. *Ibid.*

par un engagement antérieur au pacte de la Société des Nations ne pouvait permettre de développer une thèse susceptible de rendre impossible l'exécution d'une entreprise solennellement assumée par le gouvernement britannique et ses alliés[1] ».

Faut-il rappeler que cet engagement, apparemment solennel, n'avait été soumis à aucun Parlement ni à aucun peuple, et encore moins au gouvernement français qui avait été trompé comme tout le monde, ce qui n'empêchait pas Churchill de prétendre qu'il était incompatible avec toute thèse susceptible de rendre impossible son exécution autrement dit avec les droits des Arabes. Mais alors sur quoi reposait juridiquement ce fameux droit des sionistes? Le maréchal Wilson l'avoua sans ambages en réponse à des questions que lui posait le *Daily Mail*. « *Nos soldats sont là-bas pour protéger les Juifs contre les Arabes et les Juifs y sont parce que nos soldats les protègent. Si nous quittions le pays, les Juifs ne tarderaient pas à nous suivre*[2] ».

1. AE, Levant 1918-1929, Palestine, vol. 16, de Monzie à Poincaré, 16 mars 1922.

2. *Ibid.*, vol. 5, article du *Daily Mail* du 3 mai 1922, jointe à la dépêche du général de La Panouse au ministre de la Guerre, dépêche non datée.

Ce rude aveu avait le mérite d'être clair : aux droits des Arabes, les Juifs et les Anglais opposèrent la force, à la réclamation de leurs droits, le mépris.

À la suite d'un congrès tenu par les Arabes à Caïffa, le *Haaretz* du 30 janvier 1921 reprochait au gouvernement militaire d'être trop conciliant. Avec des gens qui refusaient la réalité, il fallait « *employer, disait-il, la manière forte et non des gants de soie*[1] ». De son côté, Raïs, consul général à Jérusalem, écrivait à Poincaré que le principal écueil du sionisme était « *dans l'opposition latente irréductible des 90 % de la population palestinienne. Les sionistes les plus convaincus reconnaiss(aient) eux-mêmes que pour quelques années encore, les canons et les mitrailleuses des Anglais leur (étaient) indispensables pour s'imposer en Palestine*[2] ».

Les Anglais leur donnaient toute facilité dans ce domaine. Ainsi le drogman chargé de la Chancellerie à Jaffa décrivait comme les choses se passaient :... « *Tout israélite qui en (faisait) la demande (recevait) une arme, des munitions, un permis de port d'arme et un brassard.*

1. *Ibid.*, vol. 15, Haaretz, 30 janvier 1921.
2. AE, SDN, Mandats, Palestine, vol. 616, Raïs à Poincaré, 8 mai 1922.

Ce troupeau de gens armés constitu(ait) la «special force» qui en cas d'émeute (devait) prêter main-forte à l'autorité.

C'est dire que tout Juif muni d'un brassard (pouvait) tirer sur un islamo-chrétien sans être passible de poursuites du seul fait qu'il (appartenait) à la «special force».

[...]

Les armes distribuées (étaient) des pistolets automatiques et des Mausers[1] ». Cela ne rappelle-t-il pas ce qui se passe encore aujourd'hui?

Il faut préciser qu'à cela s'ajoutait une armée secrète, la Hagana[2], fondée par le sinistre Jabotinsky, véritable police parallèle, chargée de supprimer les opposants à la politique sioniste.

Inutile de dire que les Arabes n'avaient pas le droit, eux, de porter d'armes. Pouvaient-ils au moins se plaindre avec quelques chances d'être écoutés? C'est douteux. En effet, comme l'avouait J.H. Kahn dans une interview de la Correspondance juive de La Haye: «*Des 5 juges supérieurs*

---

1. AE, Levant 1918-1929, Palestine, vol. 5, le drogman chargé de la chancellerie à Jaffa à Raïs, 13 mars 1922.

2. *Ibid.*, du même au même, 24 avril 1922, rapporte ce qui a été écrit dans un article du Daily Mail le 27 mars 1922.

en Palestine, 3 (étaient) juifs[1] ». Quant à l'administration, elle était, elle aussi, entre les mains des sionistes. Voici comment les Anglais procédèrent pour la leur livrer.

Beaucoup d'officiers et d'administrateurs britanniques dégoûtés par la partialité de leur gouvernement démissionnèrent « *pour ne pas collaborer à la charge assumée par l'Angleterre. Il n'est guère resté dans les postes officiels que les Anglais sionistes par leurs origines, leurs tendances ou leurs intérêts. Les postes subalternes (étaient) accaparés par les Juifs de la façon suivante : les Anglais ne (payaient) que la moitié des appointements dus à tel ou tel poste, la Commission sioniste (payait) l'autre moitié. Ainsi les musulmans et les chrétiens (étaient) éliminés automatiquement…*

Les terres, les domaines, les immeubles étaient fatalement destinés à tomber entre les mains des grandes sociétés juives qui dispos(aient) de capitaux énormes et jouiss(aient) de l'appui du gouvernement local […] *les musulmans et les chrétiens, appauvris par la guerre… vend(aient) ces propriétés aux plus offrants qui (étaient) toujours des Juifs*[2] ».

---

1. AE – Papiers Tardieu, Sionisme, vol. 406, Interview avec M. J.H. Kahn, 30 novembre 1918.

2. AE, Levant 1918-1929, Palestine, vol. 14, Extrait d'un rapport de Beyrouth d'un particulier, 20 octobre 1920.

Aussi ne faut-il pas s'étonner des protestations qu'une telle politique suscita chez les Arabes humiliés de la sorte. Le Comité islamo-chrétien de Jaffa, par exemple, après avoir rappelé que la guerre de 1914 avait été déclenchée soi-disant au nom du « droit des peuples à disposer d'eux-mêmes », constatait avec le plus grand regret qu'on entendait parler « *tous les jours d'une nouvelle promesse faite aux sionistes en vue de leur donner nos pays arabes (la Palestine). Nous lisons dans nos journaux qu'il leur a été permis d'immigrer et d'habiter nos pays, bon gré, mal gré. Nous constatons de nos yeux que les sionistes sont transportés à bord des bateaux en Palestine, sans aucune objection. Nous voyons les soldats sionistes se promener avec fierté dans nos pays… Nous constatons que la plupart des employés* [sic] *dans les administrations sont occupés par des Juifs.*

… Nous constatons qu'à chaque fête ou cérémonie, les Juifs présentent des protestations contre nous, protestent que nous voulons les massacrer et le gouvernement occupant prend en considération leurs protestations et nous envoie des observations et des ordres à ce sujet…

Chaque fois que nous protestons contre quelque fait, nous voyons des changements et des ratures sur nos protestations qui restent éternellement oubliées.

Où est la justice ? Où est l'égalité ? Où sont les principes libéraux pour lesquels vous êtes entrés dans cette guerre[1] » ?

Ce tract n'est qu'un exemple des innombrables protestations publiées par les comités islamo-chrétiens. Elles restèrent bien évidemment sans effet, bien qu'elles aient posé de bonnes questions et que, dans ce cas tout au moins, elles aient bien mis en valeur ce qui constituait le fond de la tragédie en train de naître en Palestine et qu'on pourrait résumer ainsi : tout pour les Juifs, rien pour les autres.

Et pourtant, comme le rappelèrent ceux-ci dans un tract répandu à Naplouse lorsqu'ils apprirent que la Palestine, sous l'égide de la Grande-Bretagne, serait livrée aux Juifs : « *Inutile de répéter que nous sommes la seule nation qui tient cette contrée et qui possède seule le droit de décider de l'avenir de son pays… Nous répétons que les sionistes n'ont aucun droit à réclamer, aucune prétention à exiger, aucune immigration à faire dans ce sol arabe où ils sont très peu nombreux. Nous déclarons aux peuples civilisés du monde entier que nous défendrons l'héritage de nos*

1. *Ibid.*, vol. 13, copie de la protestation du comité islamo-chrétien de Jaffa, 4 mars 1919, joint à la lettre de Durieux, délégué du haut-commissaire de France en Palestine à F. Georges-Picot, haut-commissaire de France en Syrie et en Arménie, 12 mars 1929.

ancêtres par tous les moyens possibles et imaginables et nous n'accepterons jamais que notre contrée soit séparée de sa sœur la Syrie arabe[1] ».

On ne pouvait donc trouver position plus opposée : deux peuples humiliés, au nom de l'histoire, réclamaient la même terre. En raison du principe du « droit des peuples à disposer d'eux-mêmes » proclamé par les Alliés, les Arabes déclaraient leur « *refus absolu de céder (leur) pays à n'importe quel peuple par voie d'immigration*[2] »… tandis que les sionistes proclamaient qu'ils étaient non seulement le peuple élu, mais qu'ils devaient être aussi les seuls maîtres d'une terre qui leur avait été promise, par Dieu d'abord, par l'Angleterre ensuite et par toutes les démocraties enfin. Il ne faut pas oublier que Herzl, lui-même, avait été mis en minorité au sixième congrès sioniste et que Nordau, son compagnon, fut victime à Paris de deux coups de pistolet tirés par un étudiant juif au cri de « Mort à Nordau, l'Africain[3] », parce que celui-ci, comme son chef, avait été partisan d'accepter l'offre de Joseph Chamberlain, secrétaire d'État aux Colonies, d'établir le foyer national juif en

1. *Ibid.*, vol. 13, tract des Arabes de Naplouse joint à la lettre de Durieux, délégué du haut-commissaire de France en Palestine, à Fr. Georges-Picot, haut-commissaire de France en Syrie et en Arménie, 12 mars 1919.

2. *Ibid.*

3. J.P. Ale m, *op. cit.*, p. 14.

Ouganda. La majorité des sionistes considèrent cela comme une trahison. C'est dire qu'au racisme du sang, s'ajoutait celui de la terre. Un Israélien raconte d'ailleurs qu'en 1939, à la suite de la publication du livre blanc britannique, des manifestants sionistes portaient des banderoles affirmant: «*Ce n'est pas le mandat britannique mais la Bible qui constitue notre droit sur cette terre*[1] ». Autrement dit, si c'est Dieu lui-même qui a donné la Palestine aux Juifs, il n'y a plus à discuter: les Palestiniens n'ont aucun droit sauf celui de plier bagage. C'est ce que les Juifs leur firent comprendre très rapidement.

Dans *la Lanterne* du 10 février 1919, un certain Branstein, sioniste et écrivain de son état, terminait une tribune libre ainsi:... «*Nous répéterons sans cesse que la Palestine n'est pas la Syrie, comme la Syrie n'est pas la Palestine. Nous réclamons une Palestine intégrale, sans aucun partage*[2] ».

Et le même personnage, probablement, déclarait dans un discours lors de la conférence annuelle des sionistes de France à la fin de cette même année: «*Aujourd'hui l'homme malade*[3] *n'agonise plus: il se meurt, il est mort. Nous sommes ses seuls héritiers légitimes en Palestine. C'est*

1. Israël et Eretz Israël, dans *Les Temps modernes*, *op. cit.*, p. 372.
2. AE, Levant 1918-1929, Palestine, vol. 17, La Lanterne, 10 février 1919.
3. C'est-à-dire la Turquie.

à nous que revient la Palestine et non aux Arabes. Pour les Arabes il y a une Arabie, il y a une Mésopotamie, une Syrie, une Égypte, etc. Et pour les Juifs ? Quel pays avons-nous[1] »?

Ainsi la Palestine apparaissait-elle comme une terre trop promise puisqu'elle l'avait été aux Arabes dans un premier temps, internationalisée ensuite – ce qui eût été sans doute la solution la plus sage – avant que d'être livrée aux Juifs comme étant leur terre.

En agissant ainsi, c'est-à-dire en dépouillant les Palestiniens de tous leurs droits, en faisant d'eux des parias et des humiliés, l'Angleterre et les États-Unis ont commis une immense injustice qui dure encore. Sous prétexte de ressusciter une patrie mystique afin de satisfaire des gens qui se sont toujours voulus différents, c'est-à-dire supérieurs aux autres, les vainqueurs de 1914 ont humilié un peuple sans défense mais non sans fierté. Heureusement il s'est trouvé un Français, qui plus est un Juif, qui eut le courage de dénoncer ce scandale devant le Conseil des Dix, le 27 février 1919.

Après que Sokolow eut rappelé les promesses faites par les grandes puissances et que le docteur Weizmann eut soutenu que la Palestine étant une région peu peuplée, on

1. *Ibid.*, *Le Peuple juif*, 2 février 1920.

pouvait sans problème en faire une terre de colonisation juive ; Sylvain Levi eut l'honnêteté de mettre ses coreligionnaires en garde contre les illusions qu'ils se faisaient. Il ajouta : « *Il me paraît choquant pour la raison, comme pour le sentiment, qu'à peine sortis du droit d'attente pour obtenir l'égalité des droits, nous demandions pour les Juifs de Palestine des privilèges et une situation exceptionnelle. Toute exception finit toujours par se retourner contre celui qui la demande et qui en bénéficie*[1] ».

Interrogé aussitôt après par Lansing, secrétaire d'État américain, pour savoir si le « home national » voulait dire un gouvernement autonome, Weizmann répondit par la négative mais il ajouta que le mouvement sioniste espérait envoyer 70 000 à 80 000 émigrants par an, chiffre énorme compte tenu de la population totale et il ajouta : « *Quand cette nationalité formera la majorité de la population, c'est alors que le moment sera venu de réclamer le gouvernement de ce pays*[2] ».

Cela voulait dire que les sionistes comptaient dans les dix ans à venir devenir les maîtres de la région et qu'à ce moment-là les Arabes seraient à leur discrétion. Cela ne

---

1. AE, Conférence de la Paix, Conseil des Dix, vol. 5, séance du 27 février 1919.
2. *Ibid.*

parut pas émouvoir le moins du monde les représentants des grandes puissances sorties vainqueurs d'un conflit qu'elles avaient baptisé «guerre du Droit»!

Quant au malheureux Levi qui avait eu l'honnêteté de mettre en garde les sionistes contre les conséquences de leur idéologie, il fut l'objet de leur vindicte. Dans une lettre ouverte par «La Revue sioniste» du 25 mars 1919, on peut lire: En quittant la séance du Conseil des Dix où vous crûtes devoir prendre la parole au nom des Juifs de France que représentait déjà M. André Spire, Weizmann et Sokolow refusèrent de saisir la main que vous leur avez tendue.

•••••

Ainsi, pour avoir osé dire que les Juifs et les Palestiniens ne devaient pas être traités différemment, que les uns ne devaient pas humilier les autres, Levi le Juste fut rejeté immédiatement et banni par les siens. Ainsi, par un curieux retour des choses, alors que c'est un Juif autrichien qui donna naissance au sionisme politique à la suite du sentiment d'humiliation qu'il ressentit lors de la dégradation de son coreligionnaire, le capitaine Dreyfus, c'est un Juif français qui s'éleva pour défendre la dignité de tout un peuple victime de cette idéologie perverse.

Chapitre XVI
De l'humiliation à la révolte

Rappelons qu'en 1905 Negib Azoury avait commencé l'avant-propos de son ouvrage *Le réveil de la nation arabe* par cet avertissement prophétique :

« *Deux phénomènes importants, de même nature et pourtant opposés, qui n'ont encore attiré la tension de personne, se manifestent en ce moment dans la Turquie d'Asie : ce sont le réveil de la nation arabe et l'effort latent des Juifs pour reconstituer sur une très large échelle l'ancienne monarchie d'Israël. Ces deux mouvements sont destinés à se combattre continuellement, jusqu'à ce que l'un d'eux l'emporte sur l'autre. Du résultat final de cette lutte entre les deux peuples représentant des principes contraires, dépendra le sort du monde entier*[1] ».

---

1. N. Azoury, *op. cit.*, p. V.

Negib Azoury ne croyait pas si bien dire car le conflit actuel dure depuis un siècle. Il a ses racines dans l'injustice fondamentale commise vis-à-vis des Palestiniens lors de la déclaration Balfour, dans l'humiliation infligée à ce peuple fier. La France avait la chance d'avoir de nombreuses œuvres sur place et partant de nombreux amis. Elle était étrangère à la conception judéo-britannique de cette déclaration. Elle aurait voulu s'en tenir à une conception modérée, en acceptant quelques colonies supplémentaires, sans permettre la judaïsation de la Palestine. Dans ces conditions n'avait-elle pas une dernière carte à jouer?

Une dernière carte à jouer?

Ce mépris total affiché par les Juifs et par les Anglais des droits les plus élémentaires des Palestiniens ne pouvait manquer d'avoir de graves conséquences en provoquant des émeutes dont les diplomates français allaient se faire l'écho, témoignant ainsi que la révolte des Arabes, chrétiens et musulmans confondus, contre la situation qui leur était faite ne date pas d'hier, mais de 1918.

C'est ainsi qu'à l'occasion du premier anniversaire de la déclaration Balfour, des manifestations sionistes eurent lieu à Jérusalem, des contre-manifestations furent organisées par les Arabes qui piétinèrent et lacérèrent deux drapeaux sionistes. Ces manifestations auraient rapidement pris de l'ampleur si la police anglaise n'était intervenue. Mais les esprits restèrent très montés[1].

Il était néanmoins difficile pour les Palestiniens de protester trop ouvertement, car les autorités anglaises, voyant le mécontentement grandir contre les Juifs, notifièrent «*aux musulmans qu'ils seraient responsables de tous les désordres*[2]».

Mais les événements qui se déroulaient à ce moment-là en Égypte échauffèrent les esprits d'autant que les protestations arabes qui se multipliaient ne trouvaient aucun écho chez l'occupant. Bien au contraire. C'est au moment même où se tenait à Damas un congrès palestinien qui rappelait que la Palestine était partie intégrante de la Syrie et qui dénonçait le danger sioniste que le général Bols, administrateur général du pays, choisit pour faire des déclarations projuives au journal arabe *Miradt-El-Chark*. Immédiatement de grandes manifestations antisionistes eurent lieu à Jérusalem, à Caïffa, à Jaffa et à Naplouse[3].

---

1. AE, Levant, Palestine, 1918-1929, vol. 11, Durieux à Defrance, 5 novembre 1918.
2. *Ibid.*, vol. 14, F. Georges-Picot à Pichon, 15 novembre 1919.
3. *Ibid.*, vol. 14, Gouraud à Millerand, 9 mars 1920.

Cette agitation gagna les campagnes puisque la colonie juive de Metula fut détruite[1]. C'est sur ce terreau conflictuel qu'eurent lieu les fêtes du « Nabi Moussa » à Jérusalem au début du mois d'avril 1920.

Ces fêtes traditionnelles et spécifiques aux musulmans palestiniens étaient célébrées chaque année, au cours de la semaine suivant le Vendredi saint, pour honorer « saint Moïse ». Le début de la semaine se passa normalement. Le dimanche suivant arrivèrent les gens d'Hébron. Une querelle éclata entre un cireur arabe et un agent de police juif. « *Aux premiers coups échangés, la bataille devint générale. Une heure après on annonçait que 4 musulmans et 18 Juifs avaient été tués et 80 Juifs, environ, blessés*[2] ».

Le comité islamo-chrétien de Jérusalem, dans le récit qu'il envoya à Raïs, délégué du Haut-Commissaire et consul général, présenta une autre version des faits qui accablait les Juifs. L'inverse se serait produit si l'on avait écouté les sionistes. Peu importe de savoir qui avait commencé et qui avait tort ou raison. L'essentiel pour les Anglais, qui s'étaient laissés surprendre par l'ampleur

1. *Ibid.*, Article de l'Office de presse juif annexé à la lettre du consul général de France à Anvers à Millerand, 26 mars 1920.

2. AE Nantes, Beyrouth, vol. 2350, Raïs, consul général à Jérusalem au général Gouraud, haut-commissaire en Syrie, 8 avril 1920.

de cette manifestation et par son caractère sanglant, eût été d'en tirer des leçons. Ces incidents montraient, en effet, le profond sentiment d'hostilité existant entre Juifs et Arabes.

Les sionistes, Weizmann en tête, eurent peur que ces désordres n'ouvrent les yeux des représentants des cinq grandes puissances réunies à San Remo, mais la France, prisonnière des promesses de Clemenceau et trop heureuse de sauver ses mandats sur la Syrie et sur le Liban, n'évoqua même pas cette affaire ! C'eût été pourtant un bon moyen de faire préciser par Lloyd George ce qu'il entendait par foyer national juif.

Assommés par les décisions des cinq puissances, si contraires aux droits et aux principes qu'elles proclamaient, les Palestiniens se tinrent cois durant quelques mois et pourtant, comme l'avouait le *Haaretz* du 31 janvier 1921, le calme apparent qui régnait a fait croire que les sionistes pouvaient désormais régner en maîtres. « *Les derniers événements nous ont montré notre erreur. Le congrès de Caïffa, les méfaits des autorités de Naplous* sic] *qui prétendent nous imposer une zone interdite dans notre patrie, les manifestations, les intrigues et les complots…*

tout cela nous prouve notre naïveté d'avoir compté sur le bon sens, le droit et les intérêts réels de nos voisins[1] ».

Avec des gens qui refusaient la réalité… « *il faut employer la manière forte et non des gants de soie. Les Arabes s'illusionnent. À Caïffa, leurs délégués, non élus se sont arrogé le droit de demander au nom du peuple l'annulation des décisions de San Remo, l'interdiction de l'immigration, etc* ». Le journal réclamait qu'on mît au pas les meneurs qui abusaient les masses. On constate donc que la théorie du complot très en vogue de nos jours ne date pas d'hier puisqu'elle était déjà utilisée par les sionistes il y a cent ans.

Cette distinction entre quelques meneurs qu'il conviendrait de mater et une foule trompée par eux était typique des erreurs commises en toute bonne foi par les Juifs. Dans un rapport, un dénommé Béal, qui séjourna en Palestine du 3 au 9 juin 1921, raconte qu'il a rencontré durant son court séjour un sioniste acharné, le docteur Krieger, qui lui dit que « *les derniers mouvements antisionistes ne seraient… le fait que de quelques agitateurs… quelques* « *Effendis* » *exploiteurs ou* « *fellah* », *dont la seule préoccupation serait de sauvegarder leur influence locale aux dépens du bien*

1. AE, Levant, Palestine, 1918-1929, vol. 15, Haaretz, 30 janvier 1921. Les citations suivantes sont tirées du même article.

général. L'ensemble de la population aurait évidemment tout intérêt à ce que les Juifs mettent leur pays en valeur[1] ».

Béal reconnaissait que c'était vrai sur le plan matériel, car les Juifs avaient réalisé beaucoup de choses. Pourtant, ajoutait-il, « *je ne pouvais me défendre de l'impression que, quoi qu'ils fassent, ces gens-là seraient fatalement voués, dans ce pays, à l'insuccès, voire à la persécution, se rendant rapidement insupportables en se frottant à des naturels trop foncièrement différents. Je ne sais quel ton doctoral satisfait, quelle prétention naïve (mais inadmissible), à vouloir le bien du prochain malgré lui, constitue entre leurs mains, une sorte de « gaffe » perpétuelle* »...

Cette analyse pleine de finesse explique, en partie, la multiplication des heurts entre les deux communautés. À cela s'ajoutait, évidemment, la partialité britannique. C'est ainsi que de sanglants incidents se produisirent à Caïffa, à la fin du mois de mars 1921. La police anglaise tua un musulman et un chrétien qui voulaient porter une adresse à Churchill, à l'époque secrétaire d'État aux Colonies, de passage en Palestine, à qui ils cherchaient à faire connaître l'hostilité de tous les Arabes, toutes confessions confondues,

1. *Ibid.*, vol. 4, Rapport du stagiaire Bréal, 12 juin 1921. La citation suivante est extraite du même rapport.

au sionisme[1]. Ils rappelaient aussi leur hostilité à toute séparation de leur pays de la Syrie et à la création d'un foyer national juif[2].

Loin de ménager les susceptibilités de la majorité de la population, le Haut-Commissaire britannique, Herbert Samuel, sioniste modéré mais sioniste affiché, n'hésita pas à attribuer ses faveurs aux éléments de sa race « *qui n'ont perdu aucune occasion de se vanter auprès des musulmans et chrétiens d'être désormais les maîtres de la situation et du pays*[3] ».

Une étincelle allait mettre le feu aux poudres à Jaffa. Le 1er mai 1921 les judéo-bolcheviks organisèrent une manifestation contre leurs rivaux socialistes, mais celle-ci dégénéra. Les Anglais incitèrent probablement les ouvriers du port à se grouper autour de la police indigène afin de « *lui prêter éventuellement main-forte* »... Un musulman fut-il bousculé? Personne ne peut le dire.

« *Quoi qu'il en soit, la ville entière de Jaffa fut rapidement le théâtre de scènes d'une sauvagerie extrême. Musulmans*

1. *Ibid.*, vol. 15, Le consul à Caïffa à Briand, 29 mars 1921.

2. *Ibid.*, du même au même, 24 mars 1921.

3. AE Nantes, Jérusalem, B 94, Durieux, premier drogman chargé de la Chancellerie à Jaffa à Raïs, consul général à Jérusalem, 5 mai 1921. Les citations suivantes sont extraites de la même note.

et chrétiens assommaient à coups de bâtons tous les Juifs qu'ils rencontraient sur leurs chemins, et les israélites ripostaient en faisant usage des armes à feu que les autorités britanniques avaient naguère laissées en leur possession, lors du désarmement de la population indigène».

Lors d'une première bagarre il y eut une cinquantaine de morts et des centaines de blessés. Le lendemain, lors de nouveaux incidents, la police anglaise fit feu, tuant une vingtaine de musulmans et quelques israélites. Il y en aurait eu bien plus parmi ces derniers si Durieux, avec l'aide de ses drogmans, n'avait pas sauvé «*d'une mort certaine une trentaine de nos infortunés compatriotes, tapis dans des sous-sols ou des greniers, mais dont la découverte eût été malgré tout assez facile*». Durieux les fit héberger «*dans les divers établissements religieux français de cette ville mis généreusement à ma disposition par les supérieurs des communautés intéressées*».

Le calme étant revenu dans la soirée du 2 mai, les autorités britanniques évacuèrent les Juifs dispersés dans les quartiers arabes vers Tel-Aviv.

Mais la population remarqua que les officiers anglais des automitrailleuses étaient accompagnés de policiers sionistes. Il y eut des protestations et même une rébellion chez les policiers palestiniens «*qui déclarèrent refuser tout service au cas où ces israélites ne seraient pas sur-le-champ invités à descendre*».

Des sionistes déguisés en soldats anglais s'amusèrent alors à tirer sur la foule, ce qui excita la colère des Arabes et les persuada «*que les troupes britanniques étaient d'accord avec les Juifs pour exterminer la population islamo-chrétienne*».

Cependant, grâce à l'entregent de Durieux et de ses collègues, les vice-consuls d'Espagne et d'Italie, les choses s'apaisèrent à Jaffa même car dans les environs l'agitation continua. «*Les colonies juives de Petah-Tikwah (Molabes) et de Sabich auraient été attaquées par des Bédouins et des paysans et l'émeute s'étend. On annonce également que le train de Caïffa aurait été arrêté par diverses bandes et pillé*», rapporta Durieux.

À Molabes, les Anglais firent intervenir des troupes indiennes afin de protéger les colons juifs. Cent trente Arabes furent tués et plus de deux cents blessés[1] alors que seuls deux ou trois israélites perdaient la vie. Il est vrai que ces troupes appuyées par des automitrailleuses et par un

1. AE, Levant – Palestine, vol. 15, Durieux à Briand, 8 mai 1921.

avion agissaient « *de concert avec les colons israélites*[1] ». Cela renforçait les Palestiniens dans l'idée que les sympathies anglaises étaient acquises aux israélites et qu'(ils) n'avaient nullement à compter sur la moindre bienveillance du gouvernement local[2].

Durieux expliquait la multiplication de ces incidents sanglants par le fait que les Palestiniens étaient particulièrement ulcérés, que « *les immigrants sionistes originaires des pays centraux (aient pu) jouir de libertés et de privilèges qui leur (étaient) refusés à eux-mêmes, sur une terre que leurs ancêtres occup(aient) depuis de très nombreux siècles et au sortir d'une guerre à laquelle les israélites prirent part le plus souvent dans les rangs des ennemis de l'Entente*[3] ».

Il faut ajouter que les sionistes ne faisaient rien pour calmer les esprits. Ainsi, les ouvriers juifs demandèrent-ils à leurs organisations et aux colons de ne plus employer de main-d'œuvre chrétienne et musulmane. En réponse le comité islamo-chrétien fit défense aux commerçants arabes de vendre à des Juifs[4].

---

1. *Ibid.*, Durieux à Raïs, 10 mai 1921.
2. *Ibid.*
3. *Ibid.*, du même au même, 5 mai 1921.
4. *Ibid.*, Durieux à Briand, 12 mai 1921.

À la suite de ces événements, une commission d'enquête fut constituée. Elle essaya de « *rejeter la responsabilité de ces troubles sur les agents français en Palestine*[1] »..., alors que tout le monde savait que c'étaient deux colonels anglais, ayant eu des postes importants dans l'administration et ayant démissionné après la nomination de Sir Herbert Samuel comme Haut-Commissaire, qui, revenus en Palestine, avaient incité les Arabes à se révolter contre les Juifs et à télégraphier au roi pour exiger le rappel de Samuel et de son secrétaire israélite Segal Bentwich qui était l'auteur d'un livre intitulé *La Palestine aux Juifs*.

Sentant le danger, le Haut-Commissaire fit suspendre l'immigration juive[2]. Mais les Palestiniens eurent peu de confiance dans cette mesure[3], bien qu'elle eût été solennellement réaffirmée par celui-ci dans un discours qu'il prononça le 3 juin 1921 à l'occasion de l'anniversaire de George V en même temps qu'il promettait le rétablissement des élections municipales et l'étude d'une nouvelle constitution de façon à accorder à la population une part dans le gouvernement. Cela parut aux israélites, qui revendiquaient partout ailleurs l'égalité des droits, « *la ruine de*

1. *Ibid.*, Durieux à Raïs, 11 mai 1921.
2. *Ibid.*, Durieux à Briand, 14 mai 1921.
3. *Ibid.*, du même au même, 6 juin 1921.

leurs espérances[1] », ce en quoi ils se trompaient. En effet, dès le 14 juin, on annonçait l'arrivée de 500 émigrants juifs à Jaffa. Les esprits s'échauffèrent. Des incidents éclatèrent : trois Juifs furent tués, un musulman blessé. Les bateliers refusèrent de prêter leur concours[2]. Les forces britanniques procédèrent au débarquement de quelques Juifs. Au cours des troubles qui s'ensuivirent, il y eut deux tués et quelques blessés[3].

Les bateliers de Jaffa ne se laissèrent pas impressionner. En dépit des pressions qui s'exerçaient sur eux, ils ne permirent de débarquer qu'à très peu d'israélites[4]. Leur antisionisme avait des racines profondes. Il prenait sa source dans « *les abus de pouvoir commis contre eux par les autorités britanniques*[5] ». Ils constataient tout simplement que « *les idées des droits admis dans tous les pays ne s'appliqu(aient) pas à la Palestine*[6] »...

Ainsi, « *les articles 2, 3 et 4 de la loi dite sur les* « *crimes* » *donn(aient) notamment aux gouverneurs le droit d'arrêter n'importe quelle personne et d'exiger d'elle, sous peine*

1. *Ibid.*, Raïs à Briand, 8 juin 1921.
2. *Ibid.*, du même au même, 14 juin 1921.
3. *Ibid.*, Durieux à Briand, 30 juin 1921.
4. *Ibid.*, vol. 4, Le premier drogman à Jaffa à Briand, 23 juillet 1921.
5. *Ibid.*
6. *Ibid.*

de prison, une caution en argent en garantie de sa bonne conduite[1] ».

Une escadre anglaise vint faire à ce moment-là une visite qui était en fait une démonstration de force devant Jaffa. La réception réservée aux marins par la population fut aussi froide que possible. Le contre-amiral, commandant l'escadre, s'abstint, par prudence, de toute réception à son bord et lorsque Sir Herbert Samuel vint dans la ville, les rues étaient désertes, les volets clos. Il passa escorté d'automitrailleuses, entre deux haies de soldats en armes[2].

À l'occasion du quatrième anniversaire de la déclaration Balfour, des troubles éclatèrent à Jérusalem. Deux musulmans et trois Juifs furent tués. Les émeutes furent le résultat, comme le dit Raïs, des déclarations tendancieuses, si ce n'est des provocations du comité sioniste et de la presse qu'il encourageait. «*Alors qu'ils constituent encore une minorité inférieure au dixième de la population totale, ils (les sionistes) proclament leur droit de gouverner le pays, dont seuls ils seraient capables par leur intelligence, leur instruction et leurs capitaux d'assurer la prospérité*[3] ».

1. *Ibid.*, du même au même, 26 juillet 1921.
2. *Ibid.*, vol. 16, Le premier drogman chargé du consulat à Jaffa à Briand, 26 juillet 1921.
3. *Ibid.*, Raïs à Briand, 3 novembre 1921 et 17 novembre 1921.

N'hésitant pas à verser encore un peu plus d'huile sur le feu, la revue *Hator*, analysant ces incidents, écrivait le 11 novembre 1921 : « *Nous voulons savoir si le pays est à nous ou à nos adversaires. Tout le judaïsme est uni dans cette demande. Et le sang versé ne sera pas pardonné tant que nos réclamations ne seront pas accordées*[1] ». Avec de telles paroles, la paix n'était évidemment pas pour le lendemain, d'autant que joignant les actes au langage, les sionistes n'hésitaient pas à s'armer.

Le 15 décembre, les dockers déchargeaient quatre-vingt-seize caisses, prétendues contenir des ruches destinées au directeur des ouvriers juifs de Caïffa lorsque l'une en tombant laissa échapper des pistolets et des cartouches. Les caisses furent saisies. On trouva 363 pistolets automatiques, 11 000 cartouches et 600 chargeurs de provenance autrichienne. Inutile de dire que l'affaire fit grand bruit[2].

Cette affaire était pourtant moins ennuyeuse pour les sionistes que celle qui allait suivre.

Lord Northcliffe, propriétaire et directeur du *Times*, jadis très favorable aux thèses sionistes, revenant d'un voyage aux Indes et à Java, décida de s'arrêter en Palestine. Il fut

1. *Ibid.*, revue *Hator*, 11 novembre 1921.
2. *Ibid.*, Raïs à Briand, 13 janvier 1922.

reçu par les notabilités de Jérusalem à qui il déclara, selon le journal juif *Doar Hayoum* du 13 février 1922 : « *J'avoue qu'en revenant en Palestine, j'ai été véritablement surpris qu'on m'ait reçu avec des automobiles blindées. Je n'aurais jamais cru que les choses en arriveraient là*[1] ».

Est-ce à une autre occasion ou est-ce ce jour-là, le noble Lord n'hésita pas à dire que « *si l'on n'us(ait) pas du plus grand tact, la Grande-Bretagne aura une autre Irlande sur les bras et elle ne sera(it) pas en mesure d'y faire face*[2] ». Il encouragea les Palestiniens à défendre leur cause en leur disant que c'était la même qu'il l'avait rencontrée aux Indes et à Java. Autrement dit, il les encouragea à la révolte. Lorsqu'il revint en Angleterre, il n'hésita d'ailleurs pas à dire dans son journal ce qu'il avait vu.

L'agitation continua évidemment. Le drogman chargé de la Chancellerie à Jaffa écrivait à Raïs le 25 mars 1922 que les commerçants et les artisans musulmans de cette ville avaient décidé de ne pas travailler le vendredi afin d'être désagréables aux Juifs qui avaient l'habitude de faire leurs provisions le vendredi matin pour le samedi[3].

1. *Ibid.*, Raïs à Poincaré, 15 février 1922.
2. *Ibid.*, vol. 5, du même au même, 10 février 1922.
3. *Ibid.*, Le drogman chargé de la Chancellerie à Jaffa à Raïs, 25 mars 1922.

Ainsi, comme on le voit, la tragédie qui ensanglante la Palestine ne date pas d'hier. Elle a son origine dans la déclaration Balfour et dans la politique mise en œuvre à la suite de cette déclaration.

On pouvait lire dans une déclaration du comité islamo-chrétien de Jaffa annexée à une dépêche du premier drogman dans cette ville que « *les troubles sanglants occasionnés par les Juifs et qui ont éclaté à Jérusalem l'année dernière démontrent, sans doute possible, que la Palestine ne pourra jamais être, à la fois, le foyer national des musulmans et des chrétiens habitant ce pays et celui des Juifs venant des quatre coins du monde*[1] ». En cela ce comité rejoignait ce qu'avait écrit Nedib Azoury quinze ans plus tôt.

En écho à cela, Zangwill, dans son livre *La voix de Jérusalem*, déclarait qu'en Palestine il fallait soit expulser les Arabes soit les assujettir, signe que de tous côtés on avait conscience que la politique menée par certains Juifs et par les grandes puissances, spécialement par l'Angleterre et par les États-Unis, ne pouvait mener qu'à une sanglante impasse. On en avait vu un exemple lors des fêtes du « Nabi Moussa » à Jérusalem au début du mois d'avril 1920, c'est-à-dire peu

1. AE Nantes, Jérusalem, vol. B 94, déclaration du comité islamo-chrétien de Jaffa annexée à la lettre du premier drogman à Jaffa à Raïs, 5 juin 1921.

de temps avant la conférence de San Remo. Il aurait fallu en profiter pour mettre les Anglais en face de leurs responsabilités en leur montrant, preuve à l'appui, que la politique suivie depuis la publication de la déclaration Balfour, et surtout l'interprétation unilatérale qu'ils en donnaient, était erronée et qu'elle était entre autres dangereuse. Il est étonnant que la France, en particulier, n'ait pas saisi l'occasion. Certes, Ph. Berthelot en a parlé mais de façon allusive sans aller au fond des choses ; sans mettre à profit les événements, préludes à la tragédie que nous connaissons depuis un siècle.

Comment expliquer ce silence ? Par ignorance ? Par lâcheté ?

Un silence coupable ?

La France avait pourtant une belle carte à jouer. Certes lors de l'enquête entreprise par la commission américaine les Palestiniens protestèrent contre le sionisme et demandèrent le rattachement de leur pays à une Syrie autonome si ce n'est indépendante bien que certains eussent accepté une tutelle anglaise ou américaine. À part les catholiques latins, très peu d'entre eux réclamèrent que l'ensemble soit placé sous protection française[1].

---

1. AE Nantes, Beyrouth, vol. 2349, « Notes sur l'enquête faite en Palestine par la Commission américaine », note non datée.

Ces déclarations semblent avoir été faites dans l'espoir de plaire aux commissaires américains car en fait, l'Angleterre, à la suite de la déclaration Balfour, avait perdu beaucoup de son prestige chez les musulmans qui ne cachèrent pas en mars 1919 leur sympathie pour le chérif de La Mecque. La France ne venait «*qu'après, mais il la préfère* sic] *à l'Angleterre et à la manière anglaise, cependant quand ils parlent de la France ils ont peur d'être traités comme les Tunisiens si la France obtenait le pays; ils savent que les Juifs tunisiens ont certains droits que les Arabes n'ont pas, et leur haine du Juif leur fait craindre notre gouvernement pour cette raison*[1] ». On ne dira jamais assez combien les mesures racistes prises par la IIIe République, comme le décret Crémieux qui ne fut aboli qu'en 1940 par le gouvernement du maréchal Pétain, avant d'être rétabli en 1943 par De Gaulle, causèrent un tort immense à la France en Afrique du Nord et ailleurs. Ces mesures furent en partie à l'origine des émeutes de Guelma et de Sétif et surtout des événements de 1954 et de l'insurrection qui s'ensuivit.

Pourtant au ministère des Affaires étrangères, qui a longtemps été la plus nationale de toutes les administrations, on a eu très tôt conscience de la tragédie en train de naître. On

1. *Ibid.*, Lieutenant de Ganay, commandant le détachement de cavalerie à Jérusalem, au général Hamelin, commandant des troupes au Levant, 11 mars 1919.

tenta d'y parer… Ainsi, quelque temps après les manifestations qui avaient eu lieu à Jérusalem à la suite du premier anniversaire de la déclaration Balfour, le ministre envoyait la copie de trois rapports qu'il avait reçus du haut-commissaire en Syrie à Paul Cambon. « *Il en ressort, écrivait-il, que les Juifs de Palestine en viennent aujourd'hui à déclarer ouvertement que cette région est désormais leur pays, qu'ils se font fort d'y fonder derechef leur patrie avec l'assentiment des puissances alliées et que leur attitude risque à la fois de provoquer de graves désordres dans cette contrée et de servir de prétexte au développement des intrigues poursuivies par certains chefs panarabistes*[1] ». Il lui demandait donc d'intervenir auprès du gouvernement britannique afin de veiller « *à ce que la propagande sioniste ne puisse devenir une source de troubles dans les pays du Levant* »… », en faisant savoir aux Juifs « *qu'il ne saurait être en aucun cas question de constituer en Palestine un État israélite indépendant ni même de former un organisme israélite souverain dans une partie de cette région* ». Pichon exprimait dans cette lettre la position équilibrée de la France, prônant des facilités d'installation pour les Juifs en Palestine, mais pas la judaïsation de ce pays.

1. AE Nantes, Le Caire, vol. 521, Pichon à Paul Cambon, 15 janvier 1919. Les citations suivantes sont extraites de la même lettre.

Cette dépêche et la demande qui dut suivre n'eurent bien sûr aucun effet puisque la situation ne cessa de se dégrader. Du moins peut-on noter que l'attitude des diplomates et des militaires français en poste là-bas, dont les Arabes connaissaient sans doute les sentiments, leur valut une grande estime de la part de la population.

Ainsi au retour d'un voyage en Galilée, le lieutenant de Ganay télégraphia à François Georges-Picot : « *population exaspérée par régime anglais, demande plus que jamais rattachement de la Palestine à la Syrie pour être sous protection française*[1] ». Il ajoutait que « *les musulmans regrett(aient) avoir demandé tutelle anglaise ou américaine à la commission*[2] »… car ils avaient beaucoup évolué depuis le passage de cette commission en raison de leur très « *grand désir d'échapper à la tutelle anglaise et celui encore plus grand d'échapper au péril juif*[3]. *Ce ralliement à la France tenait essentiellement au fait que c'était la nation qui semblait la plus opposée à l'idéal sioniste*[4] ».

---

1. AE Nantes, Beyrouth, vol. 2349, Lieutenant de Ganay à F. Georges-Picot, haut-commissaire en Syrie et en Arménie, 15 août 1919.
2. *Ibid.*
3. *Ibid.*, Lieutenant de Ganay, délégué du haut-commissaire à Jérusalem, à de Laforcade, gérant du haut-commissariat en Palestine, en Syrie et en Arménie, 9 septembre 1919.
4. *Ibid.*

À chaque incident un tant soit peu sanglant, on peut dire que les Palestiniens tournaient leurs regards avec espoir vers le gouvernement français. Ainsi, après les désordres de «Nabi Moussa», au début d'avril 1920, Raïs écrivait au général Gouraud que «*plusieurs musulmans m'ont prié verbalement d'exprimer à mon gouvernement leur désir de voir des troupes françaises venir leur assurer une protection impartiale*[1]».

De même le 2 mai 1921, lors des troubles de Jaffa, après l'enterrement d'un chrétien, «*une foule de 5 ou 600 personnes se rua à l'improviste sur cette chancellerie, aux cris de "Vive la France – À bas l'Angleterre – Mort aux Juifs*[2]"». Le lendemain, plusieurs milliers de Palestiniens forcèrent la porte du consulat, demandant à Durieux d'intervenir auprès du gouverneur de la ville avec ses collègues d'Italie et d'Espagne. «*Mais notre voiture automobile avait à peine démarré de la Chancellerie de France que la foule se précipita sur elle et la porta en triomphe jusqu'au palais du gouvernement aux cris de "Vive la France – À bas les privilèges juifs – Vive le droit des Gens*[3]"».

1. *Ibid.*, vol. 2350, Raïs, délégué du haut-commissaire au général Gouraud, 8 avril 1920.

2. *Ibid.*, Jérusalem, vol. 94, Le premier drogman chargé de la Chancellerie de Jaffa à Raïs, 5 mai 1921. Souligné dans le texte.

3. *Ibid.*, souligné dans le texte.

Un mois plus tard Durieux confirmait que « *les sentiments des populations islamo-chrétiennes continu(aient) à être très favorables à la France et à la politique française en Syrie.*

Tous les périodiques palestiniens ne sont remplis que de comparaisons entre les procédés de l'administration syrienne et ceux de l'administration palestinienne, en faisant ressortir que les Français reconnaissent à tous des droits égaux. On exalte les uns pour mieux dénoncer les autres[1] »…

Le 26 avril 1922, Durieux écrivait à Poincaré « *qu'à l'occasion de l'arrivée à Paris de la délégation palestinienne, le comité islamo-chrétien de Jaffa m'avait demandé d'accepter de transmettre à Votre excellence un télégramme par lequel les musulmans et les chrétiens de Palestine exprimaient leur attachement à la France et demandaient au gouvernement de la République de tourner vers eux ses regards bienveillants*[2] ». Après avis de Raïs, consul général à Jérusalem, qui jugea « *préférable que je m'abstienne, pour ne pas provoquer le mécontentement des autorités*

1. *Ibid.*, du même au même, 5 juin 1921.

2. AE, Levant, Palestine vol. 5, Le drogman chargé de la Chancellerie de Jaffa à Poincaré, 26 avril 1922.

britanniques[1] »..., Durieux décida de rester en dehors de cette affaire, ce qui surprit le délégué du comité.

Les Palestiniens avaient déjà été déçus du fait que Poincaré ait refusé de recevoir leur délégation alors qu'il avait accordé une audience au docteur Weizmann. Ils virent là «*une contradiction avec les principes libéraux de la France qui a pour devise «Liberté des peuples» et l'abaissement de la dignité du peuple palestinien représenté par sa délégation*[2] ».

Pourquoi Paris menait-il une telle politique alors que l'appui aux Palestiniens aurait servi le mieux «*les droits et les intérêts de la France: droits séculaires auxquels aucune puissance n'en peut opposer de comparables, intérêts qui étaient les plus importants au triple point de vue moral, économique et financier*[3] »?

Le général Gouraud, haut-commissaire en Syrie et au Liban, aurait voulu, lui aussi, qu'on appuyât l'opposition palestinienne plus favorable à la cause française que le sionisme, en recevant cette délégation, mais, comme l'écrivait Paléologue, secrétaire général du Quai d'Orsay, à Millerand qui se trouvait à ce moment-là à Londres: «*Il est délicat*

1. *Ibid.*
2. *Ibid.*, ASE [*sic*], Monsieur le Consul de France, Jaffa, 24 avril 1922.
3. AE Nantes, Beyrouth, vol. 2350, Note sur les aspirations des habitants de la Palestine, février 1920.

d'accorder notre patronage, même discret, à une délégation que les autorités britanniques s'efforceront d'empêcher de partir».

On a là l'une des clés de la passivité française : ne pas déplaire à «l'allié» britannique dans l'espoir de son appui en Europe, bien que l'allié en question ne se gênât point pour susciter à la France les pires difficultés en Syrie[1].

Rendant visite à Paléologue, le 2 juillet 1920, Mgr Baudrillart s'entendit dire par celui-ci : «*Nous avons connu des heures tragiques ; mais, diplomatiquement, jamais la situation n'a été plus délicate. Nous sommes forcés de suivre les Anglais en Orient, sinon nous sommes totalement lâchés par eux du côté allemand*[2] ».

Mais précisément n'y avait-il pas une carte à jouer vis-à-vis de l'Angleterre ? Connaissant l'importance géostratégique qu'elle attachait à cette région, la France aurait pu et même aurait dû, à chaque difficulté suscitée par elle sur le Rhin, utiliser toutes celles qui se présentaient en Palestine, d'autant que, comme le signalait Robert de Caix à Leygues à propos des ennuis que les Anglais ne cessaient

1. AE, Levant, Palestine 1918-1929, vol. 14, Paléologue à Millerand, 24 février 1920.

2. A. Baudrillart, *op. cit.*, 1er janvier 1919-31 décembre 1921, 2 juillet 1920.

de créer dans la zone d'influence française pour détourner l'attention arabe de leur politique prosioniste, il fallait, lui avouait-il, beaucoup de stoïcisme «*pour écarter les occasions qui se présentent chaque jour de montrer aux Anglais que la Palestine et la Transjordanie nous offriraient... beaucoup plus de moyens de les gêner qu'ils n'en trouvent en Syrie pour donner cours à l'hostilité qui n'a cessé d'inspirer toutes leurs relations avec nous depuis l'entrée des troupes alliées en Palestine et en Syrie*[1] ». Malheureusement la politique générale de Paris qui considérait le théâtre du Levant comme secondaire par rapport à ce qui se passait en Europe, son souci de tranquillité et une certaine fascination stupide vis-à-vis de tout ce qui vient de Londres, empêchèrent la France d'avoir une politique audacieuse. Un bon exemple de cette paralysie est fourni par ce petit fait. Lors de la visite de Churchill au Proche-Orient en 1921, Mgr Hajjar de Caïffa fit savoir à l'un des diplomates français que «*tous les éléments musulmans et chrétiens de Palestine n'attend(aient) qu'un geste de notre part pour demander leur rattachement à la Syrie*[2] ». Quelqu'un a écrit en marge «*Impossible*». Lorsqu'une politique est déclarée a priori impossible, il ne reste plus qu'à rester figé au garde-à-vous,

1. AE, Levant, Palestine, vol. 3, R. de Caix, adjoint au général Gouraud à Leygues, 14 novembre 1920.

2. *Ibid.*, vol. 4, de Caix à Briand, 17 mars 1921.

en attendant la suite des événements qui ont malheureusement peu de chances d'être favorables.

À ce premier élément de paralysie s'en ajoutait un autre : l'engagement du gouvernement français, prisonnier des promesses qu'il avait faites pendant la guerre, en faveur des sionistes.

Il s'agissait d'un engagement limité puisque, comme le télégraphiait Millerand au général Gouraud peu après la conférence de San Remo : « *Le gouvernement français et ses délégués dans les conférences n'ont jamais admis que la Palestine puisse devenir un "État sioniste" ni qu'un "régime sioniste" puisse être instauré en Palestine.*

Il n'a jamais été question d'autre chose que de l'installation d'un "home national juif[1]" afin de faciliter l'établissement et le développement propice de colonies juives agricoles et industrielles[2] ».

Comme on le voit, la France s'est accrochée autant qu'elle a pu à sa conception originelle, à savoir permettre

1. Souligné dans le texte.

2. AE Nantes, Beyrouth, 2350, Millerand à Gouraud, 9 mai 1920 et AE, Levant, Palestine, 1918-1929, vol. 14, du même au même, 7 mai 1920. Les citations suivantes sont extraites de la même dépêche.

l'installation de quelques colonies juives, sans plus, afin de ne pas aller à l'encontre des intérêts légitimes des Palestiniens. Mais cette position excellente sur le plan éthique, était-elle défendable en fait.

Nul doute que Millerand l'ait crue puisqu'il ajoutait que le gouvernement s'était engagé formellement à San Remo à ce «*que les groupements israélites ne jouiraient à aucun degré de droits politiques, civils ou religieux supérieurs à ceux des autres populations ou chrétiennes ou musulmanes*»... Mais, l'on sait que Lord Curzon s'était refusé précisément à formaliser les droits politiques des Palestiniens en prétextant qu'en Angleterre ceux-ci étaient englobés dans les droits civils... C'est pourquoi lorsque Millerand terminait en assurant qu'à San Remo «*les explications échangées entre Lord Curzon et moi n'ont laissé aucun doute sur ces points*», cela peut sembler de la naïveté. En effet, après les incidents rapportés précédemment et dont il avait connaissance par les diplomates français en poste au Levant, Millerand ne pouvait ignorer que parler d'égalité des droits entre une majorité désarmée et une minorité possédant tous les privilèges, et ayant pratiquement tous les moyens de coercition à sa disposition, relevait de la galéjade.

En fait, bien que la majorité des Français fût hostile aux sionistes comme on pouvait le constater à travers la lecture des grands journaux populaires comme *Le Matin*, *Le Petit Parisien*, *Le Journal*[1] ainsi que certains organes de presse touchant les milieux intellectuels comme «l'Action française», tout laisse à penser que la franc-maçonnerie, qui a constitué de tout temps l'armature de la République en même temps que le lieu où se prennent toutes les décisions importantes, a toujours été favorable au sionisme.

Dans une note du 16 novembre 1917, donc peu de temps après la déclaration Balfour, on pouvait lire que le «*foyer sioniste est non pas l'Angleterre mais les États-Unis où la cause du sionisme est soutenue par toute la maçonnerie qui a déjà décidé l'an dernier la reconstruction du Temple de Jérusalem par les francs-maçons et sa remise aux sionistes ensuite*[2]». Lorsque l'on connaît les liens qui unissent entre eux les francs-maçons des diverses obédiences et des différents pays, on peut être assuré que cette politique était partagée par la maçonnerie française.

On constate d'ailleurs que le 7 novembre 1919 le Grand Maître de la Grande Loge nationale de France protesta auprès de Pichon contre les atrocités dont auraient été

1. AE, Levant, Palestine 1918-1929, vol. 16, Haaretz, 22 novembre 1921.
2. AE Nantes, Le Caire, vol. 521, Note, 16 novembre 1917.

victimes en Europe orientale des israélites[1]. Jamais de telles démarches ne furent effectuées en faveur des Palestiniens, ce qui prouve bien la partialité de cette secte.

En fait, le gouvernement français voulut avoir les mains libres en Syrie. Aussi, comme l'écrivait Millerand à Gouraud qui ne demandait qu'à agir… «*pleinement respectueux de l'entière liberté de l'Angleterre d'organiser ses mandats en Palestine et en Mésopotamie selon ses vues, nous comptons sur une attitude exactement semblable de sa part dans notre mandat syrien*[2]»… Ce langage avait au moins le mérite de montrer quelle valeur il convenait d'attacher aux «grands principes» en même temps qu'il fournit la clé de l'attitude de la France à San Remo où Millerand et Berthelot ont livré des combats d'arrière-garde plutôt que d'engager une vraie bataille en refusant de se rallier à la conception anglaise d'un foyer national en Palestine. Mais comme l'écrivait Durieux: «*La France elle-même ne s'(était)-elle pas désintéressée des Palestiniens en s'associant aux promesses faites aux sionistes*[3]»?

---

1. AE, Levant, Palestine 1918-1929, vol. 14, Le Grand Maître de la Grande Loge nationale de France à Pichon, 7 novembre 1919.

2. AE Nantes, Beyrouth, vol. 2358, Millerand à Gouraud, 20 juin 1920.

3. AE, Levant, Palestine 1918-1929, vol. 1, Durieux, délégué du haut-commissaire en Palestine au haut-commissaire en Palestine, en Syrie et en Arménie, 16 avril 1919.

C'est le prince Fayçal qui sut le mieux décrire l'un des maux dont souffre la France depuis plus de deux siècles lorsqu'il dit cruellement mais justement au colonel Cousse, officier de liaison du haut-commissaire en Syrie et en Arménie à ses côtés : «... *en France, vous n'avez jamais voulu comprendre toute l'ampleur de la question arabe ; vous tenez à vous cantonner dans une politique locale mesquine, sans voir que la question syrienne ne peut se régler qu'en même temps et au même titre que les autres questions qui intéressent la nation arabe, celles de Palestine et de Mésopotamie notamment. Au fond, vous avez peur de mécontenter les Anglais. Vous avez même peur de mécontenter les Juifs*[1] ».

Et le prince d'ajouter : « *La France néanmoins peut encore jouer un grand rôle et s'acquérir des droits à la reconnaissance non seulement des Syriens mais de tous les pays arabes, de tout l'islam. Déclarez hautement, ouvertement que vous tenez à assuré* sic] *l'intégrité de la Syrie ; déclarez que la Palestine, cette province de la Syrie, ne sera pas livrée aux sionistes ; déclarez que vous reconnaissez les doits* sic] *du pays ainsi défini à une légitime indépendance, accordez-moi en un mot l'appui que je vous ai demandé*

1. AE Nantes, Beyrouth, vol. 2325, le lieutenant-colonel Cousse au haut-commissaire en Syrie et en Arménie, 3 septembre 1919 et AE Turquie-Arabie, 1918-1929, vol. 6.

et qui me permettra sic] *de parler haut à mon tour, et vous verrez le pays venir à vous de lui-même, tout prêt à accepter une loyale collaboration*[1] ». Mais pour cela encore aurait-il fallu que les Français défendent leur position vis-à-vis du sionisme au lieu de laisser prévaloir l'interprétation large et dangereuse de la déclaration Balfour.

•••••

On sait que la France écartelée entre ses analyses lucides et son rêve syrien, adopta une attitude ambiguë. Elle préféra détourner les yeux de la tragédie qui commençait à naître en Palestine. Certes elle se réjouit discrètement des difficultés rencontrées par les Anglais dans cette région mais c'était oublier un peu vite qu'à l'heure même où se produisaient des troubles antijuifs à Jaffa, au printemps 1921, d'autres plus graves se déroulaient à Constantine[2]...

1. *Ibid.*
2. A. Baudrillart, *op. cit.*, 1er janvier 1919-31 décembre 1921 Troubles antijuifs à Jaffa et aussi peut-être encore plus graves à Constantine !, p. 831.

Conclusion

Nous l'avons dit dès le départ, 1917 a été l'année de tous les bouleversements, tant sur le plan militaire avec Pétain et Ludendorff que sur le plan politique. La guerre est devenue idéologique. Après les tentatives de paix en 1916, en particulier celles du pape et de l'empereur Charles, la guerre devint totale, ce qui conduisit les belligérants à s'engager dans des alliances les plus audacieuses. C'est ainsi que l'Allemagne impériale, monarchie conservatrice s'il en était, n'hésita pas à financer et à aider par tous les moyens possibles les bolcheviks afin de faire disparaître le front de l'est, donnant ainsi une deuxième chance au plan Schlieffen mise en œuvre cette fois par Ludendorff. La stratégie de Pétain le fit échouer de justesse.

Le 3 décembre 1917, Kuhlmann, ministre des Affaires étrangères du Reich écrivait en effet : « *L'éclatement de l'Entente et l'établissement consécutif d'accords politiques qui nous sont favorables constituent l'objectif de guerre le plus important de notre diplomatie. La Russie paraissait être le maillon le plus faible dans la chaîne ennemie. La tâche était donc de le desserrer graduellement et, si possible, de le briser. Ce fut le but de l'activité subversive que nous avons provoquée et mise en exécution en Russie derrière le front – au premier rang de laquelle il faut placer la promotion des tendances séparatistes et le soutien des bolcheviks. Les bolcheviks n'ont été capables de lancer leur organe principal, la Pravda, de mener une propagande énergique et d'étendre de façon appréciable la base étroite de leur parti, qu'à partir du moment où ils ont reçu de nous un apport régulier d'argent par des canaux variés et sous différentes étiquettes*[1] ».

Ainsi, après avoir mis la main sur les États-Unis comme le montra clairement la fondation de la banque fédérale américaine en 1913 par treize banques privées juives, cette même minorité s'empara de la Russie en mars 1917 avec Kerensky puis avec les bolcheviks dont la plupart des dirigeants appartenaient à cette communauté.

---

1. Z.A.B. Zeman, *Germany and The revolution in Russia 1915-1918*, Londres, Oxford University Press, 1958, dépêche n° 94 du 3 décembre 1917 : Le ministre des Affaires étrangères à l'officier de liaison du ministère des Affaires étrangères auprès du Haut quartier général.

Au même moment, leurs coreligionnaires réfugiés en Angleterre prenaient pied au Proche-Orient avec l'aide de ce pays. L'affaire n'était pas facile puisque les accords Sykes-Picot avaient prévu un condominium sur cette région, ce que la Grande-Bretagne commençait à regretter amèrement. L'artisan principal de ces accords, Sir Mark Sykes fut aussi celui qui les torpilla fort adroitement. Il avait en main toutes les données. Il connaissait, pour avoir participé à leurs réunions, les aspirations sionistes qui étaient de confier à la Grande-Bretagne et à elle seule le mandat sur la Palestine afin qu'elle les aide ensuite à mettre la main sur toute cette contrée.

Le seul pays qui pouvait s'opposer à ce rêve fou, en apparence, était la France en raison de ses droits historiques qui en avaient fait au cours des siècles précédents la protectrice des chrétiens et des musulmans car ses œuvres éduquaient, soignaient et faisaient évoluer sans distinction de races et de religions tous les habitants de ce pays.

Grâce à François Georges-Picot, confiant dans son honnêteté, il fut associé au jeu français qui voulait bien favoriser la colonisation telle qu'on l'entendait au XIXe siècle afin de favoriser l'entrée des États-Unis, où les Juifs étaient tout-puissants, dans la guerre, mais sans aller plus loin. Tel était le sens de la déclaration de Fr. Georges-Picot le 9 avril

1917 et de la lettre de Cambon le 4 juin à Sokolow. En agissant ainsi, les Français crurent avoir marqué un point alors qu'ils étaient en train de perdre la partie d'autant qu'ils invitèrent ce dernier à aller en Italie où Sir Mark le précéda ce qui lui permit de découvrir que le Saint-Siège, lassé de subir tant d'avanies et depuis tant d'années de la part de la France, était prêt à lâcher ce pays au profit de l'Angleterre en Terre sainte, tandis que Sokolow enregistrait l'assurance de Benoît XV que nous serions de bons voisins. Tout cela démontrait l'isolement de la France dans cette partie du monde.

L'échec de la prise de Gaza par le général Murray permit à Sir Mark Sykes de revenir à Londres afin d'aider Weizmann et ses amis à faire face à la campagne des Juifs antisionistes. C'était leurs pires ennemis. Alors pour vaincre cet obstacle, il n'hésita pas à utiliser ce que le gouvernement français avait cru être un atout pour renverser la situation en faisant venir François Georges-Picot devant le cabinet britannique. En avouant tout, il découvrit le jeu de la France, mais aussi ses faiblesses.

En effet, le diplomate anglais avait bien saisi là où se situait la ligne de fracture fondamentale entre la position de Paris et celle de Londres. Elle n'était pas seulement politique, elle était idéologique comme nous l'avons vu en faisant l'analyse de la déclaration Balfour. Au départ il y a deux façons de considérer la judaïté : les Juifs sont-ils des hommes comme les autres ou forment-ils, au contraire, un peuple à part?

La Révolution française et, par la suite, les hommes politiques héritiers de celle-ci, ont choisi résolument la première conception politique à savoir que les Juifs devaient être traités comme tout le monde sans avoir plus de droits que les autres citoyens. Cette idéologie allait directement à l'encontre du sionisme qui considère que les juifs constituent un peuple, un peuple à part, un peuple élu ne pouvant vivre qu'en Palestine, sur sa terre promise, une terre promise par Dieu !

Ce nationalisme juif né à la fin du XIXe siècle ne pouvait que se heurter au nationalisme arabe né à la même époque comme l'avait bien vu dès 1905 Negib Azoury. Cette concurrence des revendications nationales aurait pu continuer sur un plan théorique un certain temps si la guerre de 1914 n'était pas venue bouleverser la donne. Les sionistes comprirent tout de suite les avantages à tirer de la situation nouvelle. Pour triompher, il leur fallait l'appui d'une grande puissance. Dans un premier temps ils pensèrent à l'Allemagne que le sort des armes semblait favoriser, mais ensuite ils se tournèrent vers l'Angleterre.

Celle-ci, engagée envers le Chérif de La Mecque, aurait dû refuser, mais, habituée à jouer double jeu, comme le prouvent les accords Sykes-Picot, elle n'hésita pas, après le remplacement du gouvernement Asquith par celui de Llyod George, à ajouter une corde à son arc de la duplicité. Sous la pression américaine et sous l'emprise des nécessités financières, elle prit le parti du sionisme. Se posait néanmoins un petit problème : comment remettre le sort de plus de 90 % d'une population entre les mains d'une infime minorité ? Rien ne fut plus simple ! On qualifia cette minorité de peuple, ce qui lui conférait tous les droits, en particulier le droit des peuples à disposer d'eux-mêmes, tandis que l'immense majorité des habitants du pays se virent retirer tous les siens sous prétexte que ce n'était que des gens appartenant à des communautés, non juives qui plus est.

Cet escamotage juridique fut si bien mené que les hommes politiques français, mis à part peut-être Clemenceau, n'y virent que du feu. Son propre ministre des Affaires étrangères, Stephen Pichon, se rallia à la déclaration Balfour sans comprendre que celle-ci annulait les accords Sykes-Picot, en ce qui concernait tout au moins la Palestine. Ses dépêches à Paul Cambon du 15 décembre 1917 et à André Tardieu du 21 février 1918 sont éloquentes à ce sujet.

Les arguments de Pichon, et en particulier sa défense des Arabes, étaient solides. La France, puissance musulmane et pays hôte du premier congrès nationaliste syrien en 1913, avait raison de mettre en garde contre le parti pris en faveur des sionistes au détriment des Palestiniens. C'était assurément ouvrir un conflit sans fin.

Les Anglais, en partie pour chasser la France du Proche-Orient, et les sionistes par idéologie, ont cru jouer au plus fin en rédigeant une lettre ambiguë, mais, comme l'a dit Camus : « *Mal nommer les choses, c'est ajouter au malheur du monde* ». Cette phrase ne s'est jamais autant vérifiée que depuis que la politique anglo puis américano-sioniste a étendu son ombre sur la Palestine. Pour s'imposer, les Juifs n'ont eu de cesse d'utiliser la ruse et la violence. Ainsi ont-ils réussi à remplacer un peuple ancestralement attaché à sa terre par un autre, composé d'immigrants venus de tous les pays du monde.

Comme l'a dit Arthur Koestler à propos de la déclaration Balfour : « *Une nation a solennellement promis à une seconde le territoire d'une troisième* ». Le mot solennellement peut prêter à discussion. En 1917 on devrait plutôt dire qu'une nation a « sournoisement » promis à une autre nation le territoire d'une troisième. La solennité n'est venue qu'ensuite dans le texte du mandat adopté le24 juillet 1922 par la Société des Nations qui a repris publiquement le distinguo scandaleux entre Juifs qualifiés de peuple et les populations non juives considérées comme de simples communautés.

L'article 2 du mandat prévoyait en outre que le mandataire, c'est-à-dire l'Angleterre, assurerait « *la responsabilité d'instituer dans le pays un état de choses politique, administratif et économique de nature à assurer l'établissement du foyer national pour le peuple juif* »... Pour y aider il était créé un organisme afin de donner des avis à l'administration de la Palestine (article 4). En clair cela voulait dire que la puissance mandataire devait faciliter l'immigration juive en accord avec l'organisme juif prévu à l'article 4 en attribuant aux Juifs les terres nécessaires y compris celles de l'État et en donnant aux nouveaux arrivants la nationalité palestinienne.

Ainsi, le texte du mandat adopté le 24 juillet 1922 jeta-t-il le masque : il s'agit de remplacer une population par une autre. Certes, on concédait aux non-juifs des droits civils et religieux dans la mesure où cela ne coûtait rien et ne gênait pas les Juifs mais on ne leur donnait aucun droit réel sur un pays qui était jusqu'alors le leur. Ces droits étaient retenus par la puissance mandataire avec pour but de ne les faire jouer que lorsque les Juifs seraient devenus majoritaires.

Pour contraindre la France à avaliser cette politique, l'Angleterre n'a consenti à lui octroyer ses mandats sur la Syrie et sur le Liban en juillet 1922 qu'en contrepartie de son abandon total du sort de la Palestine. C'est si vrai que les votes sur ces trois mandats ont été liés.

Il n'en reste pas moins que pendant quatre ans, à l'exception de Clemenceau et de ses amis, les hommes politiques français ont essayé de prévenir la tragédie qui se préparait et à laquelle nous assistons depuis cent ans en s'efforçant de modérer les exigences totalitaires de l'une des parties. Ils n'ont pas été entendus. Pourquoi?

Parce qu'il ne suffit pas d'avoir raison. Encore faut-il avoir les moyens de défendre son point de vue. Or, la France ne les avait pas au Proche-Orient lorsque s'est décidé sur le terrain le sort de la Palestine. Trop occupée à sauver ses frontières après la défection russe, la France n'avait qu'une force dérisoire dans la région. Les Anglais, poussés par les Américains et les sionistes, ont donc décidé du sort du Proche-Orient sans elle et même contre elle.

S'il y a donc une leçon à tirer de cette affaire, c'est qu'une diplomatie ou un droit qui n'est pas appuyé par la force est sans valeur. Pour s'en convaincre, il suffit de se rappeler que six semaines après la publication de la lettre de Balfour à Lord Rothschild, le général Allenby faisait son entrée dans

Jérusalem à la tête de son armée qui comprenait des bataillons juifs mais pas de régiment français. Apparemment la messe était dite. *De facto* la France était évincée.

Bibliographie

I. Archives

Ministère des Affaires étrangères (Paris)

Série A. Paix, vol. 12 à 17, vol. 31, vol. 170 à 182

Série Levant-Palestine 1918-1929, vol. 1 à 18

Série Arabie 1918-1929, vol. 1 à 11

Série SDN, mandats Palestine, vol. 616 à 618

Série guerre 1914-1918, Turquie, vol. 867 à 884

Série guerre 1914-1918, Sionisme, vol. 1197 à 1201

Série correspondance politique et commerciale 1914-1940, série Y, vol. 195

Papiers Tardieu, vol. 280-406-407-450

Papiers Gout, vol. 9

Papiers Jules Cambon, vol. 82-92-100

Papiers Paul Cambon, vol. 9

Conférence de la Paix, vol. 5-6

Ministère des Affaires étrangères (Nantes)

Beyrouth, vol. 2325-2330-2349-2350-2358-2364

Le Caire, vol. 521

Jérusalem, vol. B93-B94-B100-B113-B114

Papiers personnels de M. Dominique Lewandowski :

– dossier : négociations à Petrograd.

– conférence de F. Georges-Picot le 1er mars 1939 ;

– lettre de F. Georges-Picot à son épouse, le 23 octobre 1917.

II. Revues et journaux

L'Asie française, années 1913, 1914, 1915, 1916, 1917, 1920, 1921, 1922,1923

Historia, Michèle Battesti, avril 1998

III. *Journal officiel*

20 et 30 juillet 1882 (Chambre des députés)
11-12 et 22 mars 1914 (Chambre des députés)
21 novembre 1917 (Chambre des députés)
26 juin 1920 (Chambre des députés)
28 juillet 1920 (Sénat)
6 avril 1921 (Sénat)

IV. Articles sur Internet

https://www.iamthewitness.com/books/Denis. Fahey/Waters. Flowing.Eastward/1.5 Zionits

https://www.iamthewitness.com/books/Denis.Fahey/Waters. Flowing.Eastward/1.6.Ten.Years

http://www.facebook.com/clyattionimohamedbadine/photos/ pb:17

V. Article

Mgr Baudrillart, «Quel doit être l'avenir de Jérusalem», *Le Petit Journal*, 25 décembre 1917.

VI. Livres

Alem (Jean-Pierre), *La déclaration Balfour aux sources de l'État d'Israël*, éd. Complexe, Paris, 1982, 150 p.

Azoury (Negib), *Le réveil de la nation arabe dans l'Asie turque*, lib. Plon, Paris, 1905, 257 p.

Barbier (Jean-Baptiste), *Un frac de Nessus*, Rome, 1951, 1387 p.

Baudrillart (Mgr Alfred), *Les carnets du cardinal Alfred Baudrillart*
1er janvier 1919-31 décembre 1921
1er janvier 1922-12 avril 1925
13 avril 1925-25 décembre 1928

26 décembre 1928-12 février 1932
Cambon (Paul), *Correspondance*, Grasset, Paris 1940, t. I.
Cohen (Israël), *Le mouvement sioniste*, éd. de la Terre retrouvée, Paris, 1948, 379 p.
Dieckhoff (André), *L'invention d'une nation. Israël et la modernité politique*, Gallimard, Paris, 1993, 353 p.
Esdras (Livre 1), L'Ancien Testament, Club bibliophile de France, 1949, t. 2.
Fleg (Edmond), *Naissance d'Israël*, Gallimard, Paris, 1957 (avant-propos du livre de Chaïm Weizmann).
Helbronn (Jacques) *Le sionisme et ses avatars au tournant du xxe siècle*, éd. Ramkat, Bruxelles, 2002, 438 p.
Herzl, *Écrits, Organisation sioniste mondiale*, Jérusalem, 1948.
Hoyakem (Antoine) et Bittar (Marie-Claude), *L'Empire ottoman, les Arabes et les grandes puissances*, éd. universitaires du Liban, Beyrouth, 384 p.
Kerlecq (Jean de), *Israël et la Palestine*, éd Maurice d'Hartoy, Paris, 1933, 233p.
Laqueur (Walter), *Histoire du sionisme*, Gallimard, Paris, 1994, 881 p.
Laurens (Henry), *La question de Palestine. L'invention de la Terre sainte*, Fayard, Paris, 1999, 719 p.
– *L'Orient arabe, arabisme et islamisme de 1798 à 1945*, A. Colin, Paris, 2000, 336p.
Lazare (Bernard), *L'antisémitisme, son histoire et ses causes*, Les Éditions 1900, Paris, 1990, 425p.
Lugan (Bernard), *Histoire de l'Égypte des origines à nos jours*, éd. du Rocher, Paris, 2002, 293 p.
Lyautey (Hubert), *Lyautey. Textes et lettres*, Plon, Paris, 1945, t. IV.
Maurras (Charles), «La politique religieuse», dans *La démocratie religieuse*, Nouvelles éditions latines, Paris, 1978, 580 p.
– *Le pape, la guerre et la paix*, Nouvelle librairie nationale, Paris, 1917, 272 p.
Nordau (Anna et Maxa), *Max Nordau. L'homme. Le penseur. Le sioniste*, éd. de la Terre retrouvée, Paris 1948, 319 p.
Nordau (Max), *Écrits sionistes*, lib. Lipschutz, Paris, 1936, 322 p.

Pédroncini (Guy) *Pétain, le soldat et la gloire, 1856-1918*, Perrin, Paris, 1989, 438 p.
Prévost (Philippe), *La France et la tragédie palestinienne, retour sur les accords Sykes-Picot*, éd. Érick Bonnier, Paris, 2012, 286 p.
Rachet (Guy), *La Bible. Mythe et réalités*, éd. du Rocher, Paris, 2003, t. 1 et 2.
Rogan (Eugène), *Histoire des Arabes de 1500 à nos jours*, Perrin, Paris 2013, 726 p.
Saint-Prot (Charles), *Le mouvement national arabe. Émergence et maturation du nationalisme arabe de la «Nahda» au Baas*, éd. Élipses, Paris, 2013, 176 p.
Sanné (Georges), *La Syrie*, éd. Brossard, Paris, 1920, 22 p.
Sinoué (Gilbert), *Le dernier pharaon*, éd. Pygmalion, Paris, 1997, 638 p.
Soutou (Georges-Henri), *L'or et le sang. Les buts de guerre économique de la Première Guerre mondiale*, Fayard, Paris, 1989, 961 p.
Stein (Léonard), *The Balfour Declaration*, Simon and Shuster éd., New York, 1961, 696 p.
Thiesse (Anne-Marie), *La création des identités nationales, Europe XVIII-XXe siècle*, éd. du Seuil, Paris, 1999, 310 p.
Weizmann (Chaïm), *Naissance d'Israël*, NRF, Gallimard, Paris, 1957, 550 p.
Zangwill (Israël), *La voix de Jérusalem*, éd. Rieder et Cie, Paris, 1929, 308 p.
Zeman (Z.A.B.), *Germany and The Revolution in Russia 1915-1918*, Londres, Oxford University Press, 1958.

Index des noms

S

T

U

Table des matières

Éditions Érick Bonnier
5, rue du Helder
75009 Paris

N° d'impression : 160978